W0375522

# DEVENIR UN ANGE
## Le Chemin de l'Illumination

AUTOBIOGRAPHIE

KAYA

# DEVENIR UN ANGE
## Le Chemin de l'Illumination

AUTOBIOGRAPHIE

KAYA

UNIVERS/CITÉ MIKAËL
ORGANISME SANS BUT LUCRATIF

**UNIVERS/CITÉ MIKAËL (UCM)**
Organisme sans but lucratif
Maison d'édition et de diffusion
53, rue Saint-Antoine
Sainte-Agathe-des-Monts, QC
Canada J8C 2C4

Télécopieur : 1-514-352-5272
Courriel : info@ucm.ca
Sites Web : www.ucm.ca, www.72anges.ca et www.kayadreams.com

Pour organiser une conférence, un séminaire ou un stage, contactez-nous : info@ucm.ca
Découvrez aussi les Séminaires Web de Kaya sur les rêves, signes et symboles sur notre site Internet.

1re édition : 4e trimestre 2014
Restructuration, révision et correction d'épreuves : Rita Haidu, Maryse Moffet et Maryvonne Denis
Aide à la relecture : Patrick et Régine Thomas, Geoffrey Gagnon
Graphisme et éditique : Édith Lacroix
Photos : Anthony Di Benedetto

Dépôt légal : 4e trimestre 2014
Bibliothèque nationale du Québec
Bibliothèque nationale du Canada
Bibliothèque nationale de France
**ISBN : 978-2-923654-68-3**

Imprimé au Canada

© Univers/Cité Mikaël (UCM), organisme sans but lucratif
Tous droits de traduction, d'adaptation ou de reproduction par quelque procédé que ce soit, réservés pour tous les pays.

Imprimé sur du Rolland Enviro 100, contenant 100% de fibres recyclées postconsommation, certifié Éco-Logo, Procédé sans chlore, FSC Recyclé et fabriqué à partir d'énergie biogaz.

# JOIGNEZ-VOUS À NOUS !

Tous les profits du livre autobiographique de Kaya *DEVENIR UN ANGE, LE CHEMIN DE L'ILLUMINATION* seront versés à Univers/Cité Mikaël (UCM), association et organisme sans but lucratif, afin d'aider à la diffusion de la Connaissance et des Enseignements relatifs aux Anges, aux rêves, aux signes et aux symboles ainsi qu'à l'Angelica Yoga pour les générations présentes et futures.

Vous pouvez participer à la mission angélique en aidant à la diffusion de cet Enseignement, à la traduction des ouvrages de l'association, en faisant un don et/ou en vous joignant aux centaines de bénévoles partout dans le monde. Si vous ressentez que cette Connaissance Angélique est importante pour vous, nous vous invitons à visiter notre site Web à la rubrique *Je m'implique* et à consulter les différentes sections, y compris *Devenir bénévole* et *Donation* ; il est également possible de nous contacter à **bienfaisance@ucm.ca**, si vous avez des ressources permettant de créer un Centre Univers/Cité Mikaël (UCM) dans votre pays.

Nous vous remercions de tout cœur
pour votre aide et soutien.

L'Équipe UCM

# PRÉFACE

*De l'humain à l'ange*

Je peux confirmer de toute mon âme et en toute conscience que le but de l'être humain est de devenir un ange. Nous y arrivons en développant notre potentiel Divin et en l'utilisant pour explorer les possibilités infinies qui reposent en nous. Il est maintenant connu que nous n'employons qu'une petite partie de notre conscience, et je suis entièrement d'accord avec ce fait. J'ajouterais même que nous n'utilisons qu'une infime partie de nos véritables facultés. J'espère que le récit de mon cheminement saura inspirer les personnes qui cherchent à s'ouvrir aux multidimensions de la conscience, aux pouvoirs spirituels et à la faculté de voyager à travers l'espace et le temps. Vivre dans un état de conscience angélique est absolument fascinant ! Au début, cependant, cela peut être difficile et bouleversant, et ce, autant au niveau physique que sur les plans émotionnel, intellectuel et spirituel. Personnellement, ma quête a été si intense que j'aurais pu m'y perdre complètement. C'est pourquoi je suis heureux de partager mon histoire avec ceux qui souhaitent découvrir la voie angélique, car mon témoignage leur permettra de cheminer avec plus de facilité et de sécurité que je n'ai pu le faire moi-même.

Le langage symbolique, qui est le langage de Dieu, des Anges et de l'Univers, a ses secrets bien gardés que l'on découvre graduellement, un pas à la fois, dans la mesure où les différentes couches du voile qui couvre notre inconscient se lèvent, permettant l'expansion de notre conscience, l'accès à la Connaissance et le développement de la perception subtile, multidimensionnelle. Bien entendu, aucune voie spirituelle n'est facile, toutes peuvent s'avérer bouleversantes, car il est impossible de vivre des transformations profondes sans une remise en question des valeurs et principes sur lesquels nous avons fondé et construit notre vie. L'être humain peut être considéré comme un ordinateur vivant qui enregistre des mémoires tout au long de son existence, à travers ses multiples vies. Ses mémoires génèrent des schémas de pensées et des émotions qui créent des expériences concrètes en accord avec ce que nous avons à vivre pour évoluer et nous améliorer.

Tout cheminement spirituel commence par la sensibilité, grâce à laquelle nous ressentons que la vie n'est pas uniquement une question de matière. En effet, elle nous permet de prendre conscience que nous existons afin de développer des qualités et de devenir de meilleures personnes. Au début, ce n'est qu'un sentiment qui crée constamment en nous des doutes, nous faisant vaciller entre une vie parfois trop matérialiste et parfois trop spirituelle, voire extrémiste. Le mariage de l'esprit et de la matière est un des buts ultimes de la vie angélique, et ce livre fait découvrir sa signification profonde ainsi que les grandes responsabilités qui en découlent.

Le témoignage de mes différentes expérimentations angéliques montre comment le développement de nos sens métaphysiques (clairvoyance, clairsentience, clairaudience) nous ouvre aux autres dimensions, changeant intégralement notre expérience humaine et nous faisant découvrir une nouvelle manière de vivre et de concevoir le sens de la vie sur Terre. De même, ces ouvertures initiales transforment aussi totalement notre concept du positif et du négatif ainsi que notre façon de fonctionner. Tout le monde a déjà rêvé de connaître le futur, de voyager dans le passé et de savoir ce que nous devrions faire de notre vie quotidienne. Tout cela est possible. Toutefois, une attitude divine face à nos choix et décisions ainsi que le souhait de toujours faire ce qui est juste sont nécessaires, voire indispensables, pour que nos pouvoirs angéliques s'activent et fonctionnent pleinement.

Quel est le premier pas que l'être humain doit faire pour acquérir et intégrer la conscience angélique qui lui permettra d'exister non seulement sur la Terre mais aussi simultanément de manière consciente et concrète dans les mondes parallèles de l'Univers ? Selon moi, ce premier pas est de réaliser que nous sommes essentiellement un esprit qui habite un corps physique dans le seul but d'incarner les Qualités, Vertus et Pouvoirs Divins. L'ensemble de nos expérimentations sert à faire de nous de meilleures âmes, de meilleurs êtres.

J'ai eu le privilège de connaître l'abondance très jeune et de pouvoir expérimenter tôt dans la matière. Déjà à 26 ans, j'avais connu la gloire et la prospérité, et j'avais acquis sur le plan matériel tout ce dont beaucoup de gens rêvent. J'avais construit ma vie selon l'exemple de mes parents, et suivant le modèle proposé par la société en général. Mais toute cette abondance matérielle et ce mode de vie, qui m'amenaient à vivre dans une dynamique consistant à dormir, travailler et devenir de plus en plus riche et célèbre, ne me rendaient pas heureux; au contraire, je ressentais en moi un vide immense, un manque de sens existentiel. Je ne comprenais pas pourquoi je n'étais pas satisfait alors que tout le monde autour semblait être heureux pour moi. Sans le réaliser consciemment, j'étais à la recherche du lien manquant qui connecte la vie terrestre à des objectifs supérieurs, à quelque chose de plus grand. Je me trouvais dans une quête profonde, je voulais savoir qui j'étais, d'où je venais, si Dieu était réel ou seulement une illusion. Je voulais découvrir le sens véritable de notre existence sur Terre. Cette quête m'a amené à comprendre que dormir, travailler, fonder une famille, acquérir gloire et prospérité, ainsi que tout ce que nous faisons dans la vie, devaient être accomplis avec l'intention de développer les Qualités, Vertus et Pouvoirs Divins. Vivre selon des valeurs et des principes justes, autant pour nous que pour autrui, est ce qui nous rend réellement heureux. J'ai maintenant intégré le fait que nous devons donner à notre vie sur Terre un sens sacré afin d'en faire une véritable plateforme d'évolution, et non une roue perpétuelle d'insatisfactions et de recherche de sensations.

Aujourd'hui, je vis avec une conscience angélique en permanence, et mon souhait de m'améliorer pour devenir une meilleure personne est toujours présent. Je sais maintenant qui je suis et ce que je suis venu accomplir sur Terre.

KAYA

*« Être humain n'est pas suffisant. Nous devons devenir des anges et développer notre capacité de rêver et de voyager dans les multiples dimensions de l'Univers. La méditation est la clé pour reprogrammer notre âme et atteindre l'autonomie spirituelle. »*

*Je dédie ce livre à ma femme angélique Christiane Muller,
à ma fille Kasara et à mon fils spirituel Anthony Di Benedetto.
Ils ont été pour moi une source d'amour et d'inspiration tout
au long de mon intense transformation. Servir l'humanité
avec eux est une véritable bénédiction.*

*Je remercie du fond du cœur les bénévoles et bienfaiteurs de
l'Univers/Cité Mikaël à travers le monde qui contribuent par leur
aide altruiste et dévouée à diffuser cet Enseignement.*

KAYA

## CHAPITRE UN
# LE TOURNANT

Dans ce premier chapitre, Kaya parle de son enfance et dévoile les premiers pas de son intense cheminement spirituel. Il partage aussi les raisons qui l'ont amené à quitter le monde de la musique, une étape importante de sa vie où il a connu la fortune, la gloire et la célébrité en tant que chanteur au Canada. Il révèle ses premières expériences mystiques, bouleversantes et inspirantes à la fois, qui montrent à quel point le parcours initiatique peut être puissant quand le Ciel nous invite à découvrir notre nature angélique et à déployer nos ailes.

*

## 1- Le Forgeron en or

Ma vie a complètement basculé à l'âge de 26 ans, quand j'ai commencé à recevoir des rêves très intenses. J'étais déjà une personne spirituelle dans mon enfance, mais comme chez la plupart des gens, ma spiritualité était sans preuves concrètes, basée uniquement sur mon ressenti et une compréhension abstraite. Entre l'âge de 7 et 26 ans, je n'ai pas reçu de rêves, mais j'ai vécu de nombreuses expériences mystiques. De plus, mon observation continuelle de la vie déclenchait en moi de grands questionnements. Ma quête de sens s'est développée à partir d'une profonde réceptivité et d'une compassion naturelle envers les autres. Étant de nature solitaire, j'aimais observer et contempler la vie et mon environnement. Ma plus grande difficulté était ma sensibilité qui me rendait comme une éponge qui absorbe toutes les énergies ambiantes. Je me sentais hésitant, fragile et inconfortable en société parce que je ne savais pas qui j'étais ni comment me manifester socialement. J'imitais les autres, essayant de devenir comme eux et comme la société voulait que je sois. J'étais *trop* gentil, je disais toujours oui, et comme un mouton je suivais facilement, docilement et sans aucune agressivité. Tout était beau pour moi, et je n'ai que des souvenirs heureux de ma jeunesse qui s'est passée sans réels problèmes. J'ai eu de bons parents et j'ai suivi le courant de la vie jusqu'à ce que les grands changements intérieurs commencent.

À l'âge de 10 ans, j'ai reçu mon premier disque de platine, et à 18 ans, j'ai signé un contrat avec la multinationale CBS Records. Tout jeune, j'ai développé grâce à ma carrière artistique un grand sens des responsabilités en lien avec mon rôle social. Parce que j'étais connu et reconnu dans mon pays, je me faisais un devoir d'être un exemple et un modèle pour les autres. Ce rôle n'était pas lourd pour moi, au contraire, il nourrissait mon esprit altruiste, le goût naturel d'aider et d'inspirer les autres. Mon côté très perfectionniste n'était pas facile à vivre, mais il me poussait à m'améliorer continuellement. Au moment où j'ai compris que le but de la vie consiste à développer des qualités et des vertus, ma recherche de perfection s'est dirigée naturellement dans la voie de perfectionnement de ma conscience.

Ces années de gloire et de succès ont été pour moi une expérience et un voyage merveilleux. Je ne regrette rien de cette étape de ma vie, même si au fond de mon être, je ne me sentais pas du tout chanteur. Je n'avais aucune idée de qui j'aurais pu être, mais le fait de chanter n'était pas essentiel pour moi ; c'était tout simplement mon travail, et ce qui m'importait le plus était de rendre les gens heureux.

Voici le premier rêve qui a déclenché mon changement de vie. Un samedi après-midi, alors que je m'étais assoupi, j'ai rêvé *qu'il y avait dans le Ciel un forgeron tout en or. Il était comme un Ange, d'une beauté indescriptible tellement la Lumière était puissante et rayonnante autour de lui. C'était comme si je l'avais toujours connu, comme si c'était mon frère qui venait me chercher. Je me trouvais sur la Terre, debout, habillé d'un pantalon et d'un veston bruns, et je le regardais dans le Ciel. Le forgeron m'a demandé avec une voix multidimensionnelle, profonde et respectueuse : « Est-ce que tu es prêt ? » Je lui ai répondu : « Prêt à quoi ? » Il a répété sa question : « Es-tu prêt ? On recommence... » Et à nouveau, j'ai demandé : « Mais on recommence quoi ? Je ne comprends pas... »*

C'est seulement plus tard que j'ai compris que ce rêve me révélait un nouveau programme qui s'était activé dans ma conscience mettant en route une transformation fondamentale de ma vie et de mon devenir. Après ce rêve puissant, j'ai commencé à recevoir de 10 à 50 rêves par nuit. C'était tellement intense ! Parfois de beaux rêves m'annonçaient un futur merveilleux, mais la plupart du temps, c'étaient des cauchemars violents et déstabilisants qui déprogrammaient mon être, forgeaient ma conscience et me faisaient découvrir les mémoires de mon âme et de l'inconscient collectif. Maintenant je sais ce que signifie le symbole du forgeron dans un rêve, car j'ai été martelé pendant des années afin d'intégrer progressivement une nouvelle sagesse, une nouvelle Connaissance.

Chaque nuit, j'étudiais mon inconscient, purifiais les mémoires qu'il contenait, visitais différentes facettes et scénarios de ma vie et de celle d'autres personnes. Lorsque je me réveillais, j'avais l'impression de ne plus être le même. Je vivais des hauts et des bas, des états d'humeur instables que je ne me connaissais pas, car j'avais toujours été joyeux, heureux et enthousiaste face à la vie et aux projets dans lesquels je m'impliquais.

J'étais fasciné par les voyages que je faisais dans mes rêves, même si cela était intense et que j'avais parfois peur de fermer les yeux. Dans mes prières, je demandais toujours la pureté et la Protection Divine. Pourtant, je n'avais pas été élevé dans une famille particulièrement religieuse; en fait, j'étais le seul de la famille qui allait régulièrement à l'église. Souvent, pour me réconforter et demander de l'aide durant la nuit, je récitais le *Notre Père* en boucle, comme un mantra, pendant des heures.

Ce que je vivais chaque nuit était si puissant que j'aurais pu facilement finir dans un hôpital psychiatrique. Simultanément, le fait de traverser tout cela était pour moi un acte de foi, un acte sacré. Je n'avais pas lu de livres sur la spiritualité car j'étais dyslexique, jusqu'à ce que j'en sois guéri, ce qui m'a permis d'écrire moi-même des livres. Essentiellement, tout ce que je faisais était de *lire mes rêves* chaque matin, d'essayer de les comprendre et d'en tirer une leçon, un sens. J'étais convaincu que les voyages que je faisais dans mes rêves et ce qu'ils me montraient n'étaient pas le fruit de mon imagination. Pour moi, c'était le Divin qui me parlait, qui m'expliquait et m'enseignait. À ce moment-là, je ne comprenais pas vraiment ce qui m'arrivait ni ce que toutes ces informations voulaient dire. Je les écrivais dans mon journal en espérant les comprendre un jour.

## 2- La fin de la gloire et de la fortune

Au début, ces voyages perpétuels dans l'au-delà m'amenaient principalement dans le cœur de mes mémoires, me révélant mes distorsions et mes faiblesses. Ayant toujours cherché le sens de l'existence, je trouvais désormais dans mes rêves une source extraordinaire de connaissances qui se présentaient à moi comme des équations mathématiques composées de symboles. Cela a pris de plus en plus d'importance pour moi et, avec le temps, je me suis désintéressé de la musique, de la fortune et de la gloire. Les rêves sont devenus mes nouvelles partitions musicales, sauf qu'au lieu de notes de musique, c'étaient désormais des symboles qui exprimaient mes états d'âme et mes mouvements de conscience.

Quand j'ai annoncé à Vito Luprano – à cette époque directeur de Sony Musique Canada (anciennement CBS Records) et responsable de la carrière, entre autres, de Céline Dion – que je quittais définitivement la musique et que je me retirais complètement, il a été bouleversé et est resté sans mots. Il ne comprenait pas ce qui m'arrivait, car il venait tout juste de me proposer le renouvellement de mon contrat et il avait un plan de carrière phénoménal pour moi. Je dois mentionner que toutes ces personnes (mes managers, attachés de presse, etc.) étaient très bonnes avec moi et que je n'arrêtais pas parce que j'avais des problèmes avec elles. J'étais au sommet de la gloire au Québec (Canada), un parcours magnifique se trouvait tracé devant moi et des millions de dollars avaient été investis pour que je continue ma carrière internationale. Je me souviendrai toujours de ce que Vito m'a dit : « Tu as de l'argent ; voyage, prends une année sabbatique, puis tu reviendras et nous continuerons... » Mais je savais au fond de moi, sans pouvoir me l'expliquer vraiment, que je devais passer à autre chose, que la vie spirituelle m'appelait. Je n'étais pas en mesure de lui partager ouvertement que ma vie angélique s'activait. Ainsi, je suis parti ce jour-là en le remerciant de ce qu'il avait fait pour moi et en lui disant que c'était terminé. Et, effectivement, je ne suis plus retourné dans son bureau par la suite.

## 3- L'émission de télé truquée

Maintenant je comprends que ce changement de vie était préparé et programmé bien à l'avance pour moi. Je me souviens d'une émission de télé à laquelle j'avais participé trois ans plus tôt. J'avais été invité à faire une émission spéciale d'une heure sur ma vie, et cela avait été annoncé et diffusé à grande échelle dans les médias québécois. Il y avait tellement de fans qui m'attendaient à l'extérieur du studio de télévision *Musique Plus*, que les policiers ont dû intervenir dans la rue. Je me rappelle encore très bien ce moment où, entouré de gardes du corps, je me faufilais dans la foule pour entrer dans l'édifice. Arrivés aux portes, un homme s'est adressé à mon agent de promotion et lui a dit: « Je dois lui parler en privé, c'est important. » Mon agent lui a répondu: « Qui êtes-vous? Il n'a pas le temps, vous voyez bien. » On nous bousculait de toutes parts et nous avions de la difficulté à entrer. L'homme a expliqué qu'il était astrologue et qu'il allait parler de moi à la télé lors du spécial de *Musique Plus*. « D'accord, a répondu mon agent, mais vous n'avez que trois minutes, pas plus. »

Je me suis donc retrouvé avec l'astrologue dans une loge de la chaîne télé. L'homme m'a regardé longuement sans rien dire. Je le sentais mal à l'aise, nerveux, n'étant pas sûr de ce qu'il allait me révéler. Finalement, il s'est prononcé: « J'ai fait ta carte du Ciel et je vais en parler à la télé dans quelques minutes. Est-ce que tu sais que tu es très spirituel? » J'ai baissé les yeux ne sachant trop quoi dire, car il venait d'entrer dans mon monde secret.

Depuis mon enfance, la spiritualité avait été toute ma vie, l'essence de qui j'étais, mais je ne l'avais jamais révélé en entrevue, ou même à mes parents ou amis. Discrètement, je lui ai dit que je le savais. « Mais, tu n'es pas juste spirituel, a poursuivi l'astrologue, tu es très, très spirituel… tu n'as que ça dans ta carte du Ciel, la spiritualité... tu n'as rien d'un musicien et d'un chanteur. Est-ce que tu sais cela? »

Pour la première fois de ma vie une personne mettait des mots concrets sur ce que je ressentais et que je combattais intérieurement. Je ne peux pas dire que j'aimais la musique, pour moi, elle était tout simplement un moyen de communication, rien de plus. Je lui ai répondu que je comprenais ce qu'il voulait dire, et il a ajouté précipitamment: « Tu ne comprends pas vraiment ce que je te dis, pas en profondeur. Cela viendra bientôt… tu as une grande mission sur Terre… Je ne révélerai pas ta carte du Ciel dans l'entrevue qui se fera dans quelques minutes. Je vais plutôt en inventer une, car tu dois être protégé. Il ne faut pas que les gens sachent maintenant qui tu es. Ce sera pour plus tard… Voici ta carte astrologique, je te la donne, mais ne la montre à personne. Tu pourrais te perdre dans la spiritualité avant que le moment soit venu. » À cet instant-là, mon agent est arrivé pour m'avertir qu'il était temps d'y aller, que les trois minutes étaient écoulées et que j'étais attendu sur le plateau. Les dires de l'astrologue ne m'avaient pas impressionné, car je savais au fond de moi qu'il avait raison, sans toutefois comprendre ce que cela signifiait réellement...

## 4- Une enfance à l'église

À l'âge de cinq ans, quand j'étais seul, mon jeu favori était de mettre un crayon sur la table et de me concentrer pour le faire bouger. Je pouvais passer des heures en silence, concentré pour faire bouger le crayon. Personne ne m'avait montré comment faire, je le faisais par moi-même, tout simplement.

Un jour, la dame responsable de la chorale de l'église de Saint-Félicien, madame Simone Ouellette, est passée devant notre maison et a entendu quelqu'un chanter. Comme elle a été touchée par cette voix, elle a sonné à la porte pour en savoir plus, c'est alors que ma mère lui a dit que c'était son petit garçon de cinq ans qui chantait dans son bain. Elle m'a tout de suite invité à participer à la chorale et, dans les semaines qui ont suivi, je suis devenu soliste et servant de messe. Le service communautaire me remplissait de joie.

Dès l'âge de six ans, je passais beaucoup de temps à l'église ; c'était l'endroit où je me sentais le mieux. La plupart du temps, j'aimais m'y rendre après l'école et aider à toutes sortes de tâches. Dans ma famille, j'étais le seul à y aller régulièrement, mes parents ne s'y rendaient qu'occasionnellement.

À partir de l'âge de sept ans, je me suis retrouvé au centre d'évènements musicaux importants, de festivals et d'émissions de télé. Puis, vers mes neuf ans, j'ai été choisi pour participer à l'Opéra rock musical *Starmania* de Luc Plamondon et Michel Berger. J'avais obtenu le rôle d'un enfant extraterrestre qui représente la morale et apporte le message que l'être humain était en train de se perdre dans sa recherche de succès matériel et de renommée à tout prix, sans reconnaître que la vie était beaucoup plus que cela.

J'ai su bien à l'avance que j'allais être choisi pour ce rôle. Deux ans avant cet évènement, j'avais tracé et découpé toutes les lettres de l'alphabet, les avais placées en cercle sur la table et déposé un verre au centre. Je voulais m'amuser à contacter les esprits et leur poser des questions. Entre autres, je leur ai demandé quelle serait ma prochaine mission. Le verre a bougé, se déplaçant d'une lettre à l'autre pour former ces mots: s-t-a-r-m-a-n-i-a et l-u-c-p-l-a-m-o-n-d-o-n. À l'époque, je n'avais aucune idée de ce que cela voulait dire et je ne connaissais même pas cette personne. Mais au moment de l'audition, je savais très bien que j'allais être choisi, car cela faisait partie de mon destin.

Un jour, j'ai aussi surpris profondément ma grand-mère en lui faisant une séance qui nous a révélé que son frère, qu'elle croyait mort parce qu'il n'était pas revenu de l'Allemagne après la guerre, était encore vivant mais amnésique; il vivait en Allemagne et avait une femme et des enfants. On nous avait même donné le nom de la ville où il demeurait, mais ma grand-mère a eu tellement peur qu'elle n'a pas osé vérifier ces informations par la suite.

À cette période de ma vie, ma sensibilité était si grande que j'étais somnambule presque chaque nuit, mais je me souvenais toujours de ce que je vivais. Très souvent, j'étais debout dans mon lit et mon père arrivait pour intervenir. Dans mon somnambulisme, *je me voyais fréquemment dans un ancien temple, tout en pierre, un lieu magnifique, qui me paraissait très réel. Je voyais un insecte qui s'approchait de moi et voulait m'attraper*. En réalité, c'était mon père qui entrait dans ma chambre: parce qu'il était dans une conscience ordinaire et ne comprenait donc pas ce que je vivais, il avait peur, et je percevais son énergie anxieuse sous forme d'un insecte qui voulait m'attraper.

Enfant, j'avais tout naturellement une vision positive du monde, des difficultés, des problèmes et de la mort. C'est comme si j'avais su que tout ce qui arrivait, autant le positif que le négatif, était des évènements évolutifs pour tous. Bien sûr, à cet âge, je n'étais pas capable d'expliquer ces choses, je vivais mes expériences spirituelles avec détachement, comme si tout cela était normal. Je n'en parlais à personne, n'en faisais pas cas et ne me sentais pas plus important que les autres.

À 11 ans, j'étais camelot pour le journal du matin. Même si je faisais des spectacles à l'opéra six soirs par semaine, que je revenais tard la nuit et que j'avais un professeur privé pour mes études à la maison, j'avais demandé à mon père la permission de livrer le journal. Je voulais aussi avoir une vie normale. Chaque nuit, je rentrais du théâtre vers 1 h du matin, me couchais vers 2 h et me levais à 5 h pour distribuer les journaux, après quoi je me recouchais. J'aimais beaucoup ces moments du matin où la plupart des gens dormaient encore pendant que je livrais les nouvelles dans leur boîte aux lettres. Cela me fascinait de servir ainsi les gens et de savoir que de nouvelles pensées allaient émerger dans leur tête en lisant le journal.

Une fois, alors que je me trouvais à la banque pour faire le dépôt hebdomadaire de mes recettes de camelot, il y a eu un vol à main armée. J'étais devant le comptoir du caissier et pendant que le voleur prenait l'argent dans le tiroir-caisse, je le regardais droit dans les yeux, à travers le bas de nylon noir qu'il avait sur la tête. Mon regard l'a tellement mis mal à l'aise, qu'à un moment donné il a pointé son arme sur mon front et, en hurlant de toutes ses forces, m'a ordonné de baisser les yeux. Comme j'étais dans un état de béatitude extraordinaire, sans la moindre peur, je ne les ai pas baissés. Après plusieurs secondes, il est parti en courant, apeuré. Les gens de la banque étaient complètement bouleversés et m'ont aussitôt entouré de leur présence. On m'a même donné du cognac. Pourtant, moi je n'avais pas eu peur, je n'avais même pas pleuré. J'ai alors pensé que je n'étais pas normal. Je n'arrêtais pas de réfléchir à ce qui venait de se passer et de m'analyser. Ce fut pour moi une expérience très particulière. J'ai quitté la banque en me questionnant intensément, me demandant intérieurement, et même de vive voix : « Mais pourquoi n'ai-je pas eu peur ? » J'étais mécontent de ne pas être comme les autres, de ne pas avoir eu peur comme les adultes. Je me souviens encore de cette expérience comme si c'était hier.

Je me suis trouvé dans une situation semblable au décès de mon grand-père. Je voulais pleurer comme les autres, ainsi je me forçais à le faire en me mettant en état d'hyperventilation. C'était la première fois qu'une personne mourait dans mon entourage et cette expérience s'est enregistrée au plus profond de mon cœur et de mon être comme une énigme de la vie.

## 5- La confidence du grand-père

Mon grand-père était un être intériorisé et très spirituel. Tous les jours, il allait prier à l'église, mais ne s'exprimait jamais sur son cheminement. Il ne parlait que rarement mais nous faisait profiter de sa sagesse par sa simple présence et son calme réconfortant. Il avait de nombreuses connaissances sur le monde et les évènements internationaux. Bien des fois je me suis demandé comment il faisait pour savoir tout ça. Il a eu un destin particulier : ayant étudié la philosophie et les religions à l'université, il aurait pu devenir professeur, mais à la surprise de tous, il s'est retiré dans la forêt pour devenir bûcheron, puis contremaître. Pour moi, il était comme une énigme. Quand j'étais chez lui, je m'assoyais souvent sur les marches qui surplombaient la cuisine et le salon, et je l'observais. J'aimais l'étudier en silence. Lorsqu'il posait son regard sur moi, je ressentais quelque chose de différent de ce que je ressentais lorsque mes parents ou des gens que je côtoyais au quotidien me regardaient. Son regard était profond et observateur, comme si lui aussi m'étudiait en secret.

À l'adolescence j'ai vécu un moment qui restera gravé à tout jamais dans mon cœur. Après la messe de minuit, mon grand-père m'a regardé droit dans les yeux et m'a demandé de rentrer à pied avec lui. C'était une nuit magique avec quelques flocons de neige qui tombaient. Je ne comprenais pas ce qui se passait, car jamais mon grand-père ne m'avait demandé de marcher avec lui. J'en étais surpris, mais en même temps, c'était comme si j'avais su quelque chose. Ce sentiment de savoir, sans savoir exactement, me revenait souvent. Déjà tout jeune, ma façon de fonctionner était bien particulière, car je ressentais intuitivement où je devais être, et j'anticipais continuellement les évènements et les situations qui se présentaient à moi. Ce soir-là, tous les autres petits-enfants de mon grand-père étaient rentrés avec leurs parents, alors que moi, je revenais avec lui, après cette belle messe de Noël, sur le chemin couvert de neige. Je me rappelle très bien le long silence qui régnait pendant que, d'un pas lent et progressif, nous marchions ensemble dans la neige scintillante. Puis, mon grand-père a commencé à parler solennellement:

- Je vais bientôt partir...
- Mais où vas-tu aller grand-papa?
- Je vais bientôt mourir.
- Ne dis pas ça grand-papa, tu es en pleine santé. Tu n'es pas malade! Pourquoi devrais-tu partir maintenant?
- Non, je ne suis pas malade, mais mon heure est venue... Toi, tu as une grande mission à accomplir et je vais continuer à t'aider, à veiller sur toi, ne t'inquiète pas...

Normalement, dans de telles situations, les gens sont bouleversés et se mettent à pleurer, mais pour moi, apprendre cette nouvelle de la bouche de mon grand-père était quelque chose de tout à fait naturel. La maturité avec laquelle je réagissais dans des situations qui touchaient à la dimension spirituelle m'était inexplicable.

Mon grand-père a continué à marcher en silence, et nous n'avons plus parlé le reste du chemin. Aujourd'hui, en écrivant ces lignes, je réalise que je n'en avais même pas parlé à mes parents, comme si tout cela avait été un rêve, une information divinatoire qui devait demeurer voilée. Je me souviens avoir pensé que si j'en parlais à mes parents, à ma grand-mère ou à mes cousins, ils auraient sans doute été mal à l'aise que mon grand-père ne se soit confié qu'à moi. Sans trop me questionner et sans remords, je savais que cela devait être ainsi car les autres n'auraient pas compris.

Mon grand-père est décédé, comme il me l'avait annoncé. Le 5 janvier suivant, soit 12 jours plus tard, il a eu une crise cardiaque dans son sommeil. Il n'avait souffert d'aucune maladie auparavant. Je me souviens de mon état intérieur quand mon père m'a annoncé son décès; je me disais: « Il faut que je pleure maintenant, c'est important... c'est comme cela que font les êtres humains... il faut que je pleure... il faut que je pleure... » Je répétais ces mots jusqu'à ce que j'arrive à pleurer réellement. Mais au fond de moi, je ne ressentais aucune tristesse. Dans mon âme et conscience, la mort était déjà inscrite comme un passage naturel dans une autre dimension, et non comme quelque chose de dramatique ou comme une punition. À cette époque, je vivais une grande dualité intérieure relativement à ma façon d'être et de réagir en société. J'essayais toujours de me comporter comme les autres, de vivre, d'agir et de réagir comme eux. Simultanément, j'analysais tout, car je voulais être juste. Les états intérieurs générés par cette dualité constante étaient ce qu'il y avait de plus difficile pour moi, avant que je n'aie accès à la Connaissance et que j'arrive à manifester ma nature angélique qui était déjà gravée dans mon âme et dans mes mémoires.

## 6- Le grand-père guide

Quand est venu le temps des funérailles de mon grand-père, ma grand-mère a demandé à mon père si je pouvais chanter à la cérémonie, ce que j'ai accepté avec joie. Mon père raconte encore aujourd'hui ce qui s'est passé quand j'ai commencé à chanter ce jour-là. C'était une journée nuageuse et nous étions tous réunis à l'église pour l'enterrement. Moi qui normalement n'éprouvais aucun stress quand je chantais, je me suis mis à trembler intensément au moment de chanter le *Notre Père*. Dès les premières notes, et pendant tout le chant, mon corps s'est soulevé légèrement du sol pendant qu'un rayon de lumière traversait le vitrail et m'illuminait complètement. La foule a poussé un son de surprise et d'étonnement. Le phénomène s'est arrêté au moment où j'ai terminé ma prestation. Même les prêtres se sont tournés pour voir ce qui se passait. Suite à cette puissante expérience mystique, j'ai su que je pouvais dire à mon père et à ma famille proche que mon grand-père m'avait annoncé son départ. À ma grande surprise, cet évènement, qui était pour moi une révélation importante, est rapidement devenu pour eux un fait anodin.

Cette expérience m'a incité à poursuivre mes réflexions profondes sur la vie et la mort, le passage dans l'au-delà et la possibilité de communiquer avec les êtres qui s'y trouvent. Après le départ de mon grand-père, je lui parlais tous les soirs. Je savais que la communication entre nous était établie quand mon oreille gauche se mettait à siffler légèrement. Ensemble, nous avions convenu d'un code qui définissait une haute fréquence comme un oui et une basse fréquence comme un non. Ainsi, j'ai pu lui poser toutes mes questions. De plus, il apparaissait régulièrement dans ma chambre. Ces expériences étaient tellement réelles pour moi que j'avais hâte de me coucher pour m'intérioriser et communiquer avec lui.

Entre l'âge de 12 et 18 ans, j'ai conversé tous les soirs avec mon grand-père, sans exception. Par ses réponses, il m'apprenait des choses et m'aidait à valider mes choix et mes expériences. Je lui parlais de tout ce que je vivais, et il me guidait, m'amenant à penser différemment. Parfois, face à quelque chose que je tenais à faire, il me disait oui, m'encourageant ainsi à le faire, même s'il s'agissait d'une expérience négative. De cette façon, il respectait mon libre choix et m'aidait à comprendre que l'expérience avait été nécessaire pour moi. Je n'ai jamais parlé de tout cela à mes parents, car je n'en ressentais pas le besoin. Et sans pouvoir me l'expliquer, il ne me semblait pas non plus nécessaire de faire valider ces expériences ou de me justifier.

Aujourd'hui bien sûr, je comprends que j'avais en moi un programme qui m'incitait à me construire spirituellement, à apprendre à méditer et à communiquer avec le Divin. Maintenant, je sais aussi que, durant toutes ces années, ce n'était pas toujours avec mon grand-père que je conversais, mais qu'à partir d'un certain moment, des guides des mondes parallèles ont pris la relève tout en conservant le système de communication établi. Ainsi, ils ont pu m'aider et m'orienter dans ce que j'avais à vivre. Je me réfugiais souvent dans ma cachette secrète sous les escaliers pour réfléchir sur mes échanges nocturnes et intégrer les compréhensions que j'en retirais. Des années plus tard, quand mes rêves se sont déclenchés avec intensité, j'ai rencontré plusieurs fois dans les réalités oniriques les mêmes guides qui m'avaient aidé durant mon adolescence. À présent, je suis conscient que j'ai été protégé, car si j'avais parlé de tout cela, j'aurais probablement inquiété mes proches, et on aurait pu me marginaliser ou m'empêcher de vivre ces expériences spirituelles que j'avais intégrées à ma vie quotidienne. En gardant le silence, j'ai pu grandir en douceur, sans déranger personne, et je remercie le Ciel de sa Guidance et de sa Bienveillance.

Je suis très touché quand je vois des parents spirituels qui n'ont pas peur des amis *imaginaires* de leurs enfants et encouragent le développement de leurs facultés extrasensorielles. Personnellement, j'ai pu accompagner ma fille Kasara dans ce parcours et elle est devenue une jeune femme saine et spirituelle, capable de bien marier l'esprit et la matière, de recevoir ses propres réponses et de vivre sans décalages avec ses pouvoirs angéliques sur Terre. J'en suis très heureux, car le développement de l'autonomie spirituelle et la vie angélique au quotidien sont à mes yeux des éléments essentiels pour notre évolution.

## 7- La vie de star terrestre

Parallèlement à cette vie spirituelle que je vivais intérieurement, j'expérimentais un très grand succès dans le monde concret. D'abord dans mon village, quand j'ai commencé à chanter à l'église, car tout le monde me connaissait, me parlait et me témoignait de l'affection ; puis au fil de mes expériences, à l'échelle du pays. Je pense aujourd'hui que ce paradoxe créait un équilibre, car la musique et la vie de star terrestre n'était pas le centre unique de mon existence.

Puisque mon développement spirituel était animé d'une soif de comprendre le monde dans lequel j'évoluais, je continuais à observer la vie et les gens, comme je le faisais depuis mon enfance.

J'étais un autodidacte en permanence. Très sincèrement, je ne pense pas que mes parents m'ont enseigné beaucoup de choses. J'aurais aimé que mon père m'apprenne la menuiserie, car il était très doué, mais il me gardait toujours loin de ses activités pour éviter que je ne me blesse ou me fasse mal. Maintenant, avec le recul, je lui suis reconnaissant, parce que cela m'a permis d'avoir des périodes de contemplation et de prière ainsi que du temps pour mes activités à l'église. J'avais très peu d'amis et, en général, je ne les fréquentais qu'un à la fois. Bien entendu, cela ne m'empêchait pas de connaître aussi les moments normaux de la vie d'un enfant. Cependant, une conscience observatrice et analytique était sans cesse à l'œuvre en moi, comme un ordinateur qui télécharge continuellement des données.

Plusieurs fois dans mon enfance et mon adolescence, j'ai vécu des expériences troublantes où par exemple *je ressentais ma chambre devenir froide et de l'électricité entrer dans ma tête. Je voyais des nombres, des équations, des données s'inscrire très rapidement dans ma tête, tellement d'informations, qu'il m'arrivait de crier et de trembler de tout mon corps.* C'était extrêmement intense ! Je n'étais pas endormi, j'étais éveillé, comme dans un rêve lucide, et l'expérience était physique et puissante. Je m'en souviens comme si c'était hier.

Je ne parlais pas beaucoup, car la musique parlait pour moi et créait le succès autour de moi. Avec ma conscience d'aujourd'hui, je réalise que cette reconnaissance faisait en sorte que ma gêne et ma timidité n'étaient pas perçues comme dérangeantes. Je m'étais créé cette image d'une personne timide afin de pouvoir me donner du temps pour être seul, dialoguer intérieurement, me questionner sur ce que je vivais. J'utilisais la gêne seulement quand j'en avais besoin. C'était une dynamique très particulière, mais elle fonctionnait à merveille pour moi et m'aidait en tout temps à conserver une certaine autonomie.

À l'âge de sept ans, un de mes jeux favoris était de m'asseoir, parfois durant des heures, sur un banc à un arrêt d'autobus, et de regarder les gens passer, en les analysant et en essayant de comprendre pourquoi telle personne parlait avec gentillesse ou avec méchanceté à son chien ou à son enfant, pourquoi telle autre avait un chapeau rouge, etc. Quel était le sens profond derrière tout cela ? Si vous saviez à quel point je me suis posé des questions dans ma vie ! Même à sept ans, j'avais la certitude que tout ce que nous faisions, que chacun de nos agissements avait un sens caché. Ainsi, je cherchais les réponses et le sens profond des choses en observant les gens et les situations.

Plus tard, durant mes études de musique au conservatoire, les cours de littérature musicale que tous craignaient étaient pour moi un véritable régal, car j'analysais le vécu des compositeurs en fonction des états d'âme véhiculés par leur musique. C'était fascinant et toujours révélateur. Même dans mes examens, je parlais principalement de la symbolique, du lien entre l'état d'âme véhiculé et l'écriture musicale. Je ne m'intéressais pas vraiment à l'histoire du compositeur, aux dates marquantes de son parcours, mais je plongeais plutôt dans l'étude de mon ressenti qui se validait dans ce que je découvrais. C'était magique pour moi, mais déroutant pour mes professeurs, et j'ai dû m'expliquer plusieurs fois devant la directrice, qui était une religieuse. Je lui ai dit que ma note ne m'importait pas, que ce qui était essentiel pour moi était de découvrir le langage de Dieu, les états d'âme et le fonctionnement de la conscience. Je me rappelle que la première fois qu'elle m'a entendu dire ça, ses yeux se sont remplis d'eau tellement elle ressentait ma sincérité et en était touchée. Avec le temps, impressionnés par les liens symboliques que je trouvais, les professeurs et la directrice ont choisi de me laisser faire et m'ont permis de passer mes examens selon ma propre méthode de recherche divine.

Le plus déroutant était certainement le fait que j'avais l'air normal. Je n'étais pas un intellectuel ou un religieux coincé, je vivais comme tout le monde et m'intéressais à tous les sujets. Personne ne se doutait de la manière dont je fonctionnais réellement. J'ai maintenu cette façon de vivre même quand j'étais connu et célèbre, je ne voulais pas mener une vie différente de celle des autres. Ainsi, j'ai travaillé énormément. J'ai quitté la maison parentale à 15 ans et j'ai fait toutes sortes de travaux pour vivre et payer mes études. Je ne voulais pas demander d'argent à mon père, ni utiliser celui que j'avais gagné comme chanteur. J'expérimentais la vie, je travaillais, et j'étudiais à temps plein. Pourtant, je n'étais pas véritablement satisfait de ma vie, même si je réussissais tout ce que j'entreprenais. Je ressentais continuellement un vide en moi que j'essayais de remplir de l'extérieur, jusqu'à ce que je réalise, à l'âge de 25 ans, que cette manière de vivre ne mène nulle part. Ma quête perpétuelle m'a finalement conduit à quitter ma carrière et à vivre comme un ermite afin de pouvoir aller plus loin, au delà de tout ce que j'avais découvert jusque-là. Je voulais savoir qui j'étais et qui nous sommes au niveau spirituel. Avec le temps, j'ai compris que devenir un ange est un processus de transformation intense qui demande l'intégration progressive de la Connaissance et la manifestation des Qualités, Vertus et Pouvoirs Divins dans la vie quotidienne.

## 8- L'arrivée de Kasara

J'ai rencontré la mère de ma fille sur un plateau de télévision. Elle était chorégraphe et productrice d'évènements internationaux, une femme extraordinaire, une *superwoman* remplie de talents et de dynamisme. À cette époque, dû à ma grande sensibilité et à ma réceptivité, je fonctionnais davantage à travers ma polarité féminine, alors qu'elle, très active et émissive, se manifestait surtout à travers sa polarité masculine. Nos âmes se sont rencontrées pour nous apprendre mutuellement la vie de couple sur le plan terrestre. Nous étions jeunes et le succès de nos carrières éblouissait notre entourage. Elle avait acheté sa première maison à l'âge de 18 ans, sans avoir besoin d'aide financière de ses parents, et comme moi, elle avait vécu en accéléré son adolescence et la première phase de sa vie d'adulte. Ainsi, à 18 ans, nous vivions ensemble une vie super organisée et avions déjà sur le plan matériel tout ce que les gens atteignent habituellement à 50 ans et plus.

Le décalage entre nous a commencé à se manifester après quelques années, quoique nous ayons connu de merveilleux moments de bonheur. Aux yeux des gens, nous avions parfaitement réalisé le rêve américain, mais nos âmes n'avaient pas suffisamment intégré cette réussite matérielle. À la lumière de la compréhension que j'ai acquise dans cette expérimentation, je déconseille aux parents de faire de leurs enfants, des enfants stars. Je sais aujourd'hui à quel point il est important de respecter les étapes et le rythme de notre développement individuel avant de devenir des êtres collectifs avec une dynamique de vie fortement sociale, car il est très facile de se perdre dans le monde des illusions de la matière, du succès et de la célébrité. Avec ma vision actuelle des choses, je sais que si nous n'avions pas vécu si tôt cette plongée dans la matière, et si nous avions reçu une éducation plus spirituelle dès notre enfance, basée sur l'apprentissage des qualités et vertus, notre destin de jeune couple aurait pu être différent, car la mère de ma fille est une belle âme, un être exceptionnel.

L'arrivée de notre fille Kasara, en 1993, a été l'élément déclencheur d'un nouveau programme autant pour sa mère que pour moi. Notre couple n'allait pas bien et nous pensions tous les deux, mais sans en parler, qu'avoir un enfant nous conduirait à une autre étape et au réel bonheur. Cette naissance a été pour moi un évènement merveilleux. La mère de Kasara a repris rapidement son travail, alors que moi, je pouvais rester plus facilement à la maison avec notre fille, puisque mon travail me le permettait. Ma connexion avec l'âme de Kasara s'est faite instantanément et a changé complètement ma perception de l'existence. Du jour au lendemain, mon rôle de père a inspiré ma vie et mon âme. Par sa venue sur Terre, Kasara m'a propulsé à une autre étape de mon cheminement spirituel et de ma recherche de perfectionnement en tant qu'être humain. Ensemble, nous avons commencé à faire de la télépathie, c'était fascinant et si naturel pour nous. J'étudiais ses agissements, son développement, et cela me transportait aux plus hauts niveaux d'amour et de sagesse.

## 9- L'histoire du garde du corps

Presque deux ans s'étaient écoulés depuis l'arrivée de Kasara quand j'ai sorti mon troisième album avec Sony Music. Les chansons qu'il contenait, comme *L'autre frontière, Autour de moi*, dont le style était complètement différent, révélaient pour la première fois mes états d'âme et ma spiritualité qui étaient devenus si puissants que je n'arrivais plus à les contenir. Ces chansons exprimaient aussi mes questionnements et mes malaises au niveau social, dont je dévoilais certains angles. Je devais toujours peser mes mots afin que les textes restent accessibles et n'effraient pas les gens. Cette dualité constante, cette double vie, m'incitait tout au long de mon cheminement à maintenir un état de prudence et d'extrême vigilance. Même pendant mes voyages, chaque fois que je passais les douanes entre deux pays, j'avais cette peur d'être accusé, découvert, et pourtant, je savais bien que je n'avais rien fait qui puisse justifier une peur aussi intense. Révéler ma spiritualité à des gens qui vivaient avec une conscience ordinaire égalait pour moi *souffrance*.

Ce troisième album a été le dernier avant que je me retire de la scène musicale pour vivre comme un ermite. Je me souviens d'un évènement survenu alors que j'avais été nominé comme *Most Promising Vocalist* au Juno Awards de Vancouver au Canada anglais. Sony était en train de me préparer une ascension semblable à celle de Céline Dion, étant donné que j'avais la même équipe de management et que les associés de René Angélil (le manager et mari de Céline) s'occupaient de ma carrière. Je me trouvais dans la limousine avec Céline et René, comme d'habitude lorsque nous participions ensemble à un évènement. À nos côtés, mon producteur Vito Luprano était furieux à cause de mon attitude évasive, fuyante et non participative. Il m'avait fait rencontrer peu avant le président mondial de Sony qui voulait m'emmener dans son avion et avait des projets merveilleux pour moi, mais je m'étais retiré dans un coin pour jouer du piano et me sortir de cette intense énergie mondaine et superficielle. Je n'étais plus capable de supporter les faux bonjours, les fausses promesses. Je ressentais un décalage grandissant, une forme d'extrémisme, et je souhaitais uniquement m'éloigner de tout ce brouhaha médiatique ; tout en restant gentil et poli, car je n'ai jamais eu un comportement rebelle ou agressif. C'est pour cela que Vito ne me comprenait pas et ne me reconnaissait plus. Et je dois dire que moi aussi, je ne me reconnaissais plus. Depuis mon enfance, j'avais nourri ma vie spirituelle et vécu des expériences mystiques profondes sans jamais en parler. Même la mère de ma fille ne savait pas qui j'étais vraiment et ce que je vivais intérieurement. J'avais toujours agi normalement et suivi gentiment le cours de la vie et ce que j'avais à faire.

Durant cette même période, où je n'avais plus envie de suivre ma carrière musicale et souhaitais me retirer de la vie active et sociale, j'ai reçu une lettre d'un notaire me demandant de le contacter le plus vite possible. Il m'a appris au téléphone que j'étais l'héritier d'un homme qui avait été un de mes gardes du corps. Cet homme nous avait proposé ses services et, avec le temps, il était devenu un membre régulier de notre équipe lors d'évènements publics.

Je ne le connaissais pas vraiment puisque nous n'avions eu que quelques conversations courantes. Par conséquent, l'annonce de cet héritage était pour moi une très grande surprise. Le notaire m'a dit que l'homme en question s'était suicidé. Ma première réaction a été: « Mais je n'ai rien à voir avec cet homme. Je ne le connais pas, je ne peux pas accepter cet héritage ! » Le notaire m'a alors informé qu'il s'agissait d'un orphelin, sans famille, et que si je n'acceptais pas l'héritage, il serait versé, conformément à la loi, au Gouvernement du Québec. Il m'a suggéré de prendre quelque temps pour y réfléchir avant de lui donner ma réponse finale.

Moi qui était complètement détaché de la matière, qui vivais à ce moment-là un profond décalage intérieur avec des états d'âme bouleversants comme jamais auparavant, me poussant à me questionner sur tout, voilà que cet évènement s'ajoutait à tout le reste. C'était toute une énigme, et plusieurs mois se sont écoulés sans que je puisse me décider.

Puis, le notaire m'a appelé à nouveau, me demandant de vérifier si j'avais reçu de la correspondance de cet homme, car le testament était contesté par certains de ses amis. J'ai d'abord pensé que c'était un signe me disant que cette fortune ne devait finalement pas me revenir, et c'était très bien ainsi. Puisque cet homme n'avait laissé aucun document pouvant prouver que c'était bien lui qui avait écrit ce testament, le notaire espérait que j'aie en ma possession une lettre venant de lui. À l'époque, je recevais des milliers de lettres des fans de ma musique auxquels je répondais personnellement (même si l'équipe de Sony trouvait que c'était trop pour moi). Il y avait toujours des dizaines de boîtes remplies de lettres dans les garde-robes de mon bureau, mais je n'avais pas vraiment envie de chercher et encore moins de trouver une telle lettre. Je me suis quand même rendu à mon bureau où j'ai expliqué la situation à la mère de ma femme, qui était alors mon assistante. J'ai ouvert la garde-robe avec la certitude que cela mettrait un terme à cette aventure et j'ai pris au hasard une des nombreuses boîtes remplies de lettres. Puis, j'ai parlé de vive voix à Dieu: « Si cela est juste, mon Dieu, je dois trouver la lettre maintenant, sinon ce n'est pas pour moi... » Promettant de ne faire le geste qu'une seule fois, les yeux fermés, j'ai plongé ma main au centre de la boîte et en ai sorti une lettre. Après avoir rouvert les yeux, mon assistante et moi étions sans mots: c'était une lettre que le garde du corps m'avait écrite et qui validait le testament en ma faveur, me permettant de recevoir un héritage important.

## 10- La guérison de la mère de Kasara

Durant cette même période, nous apprenions que la mère de ma fille était atteinte d'un cancer du cerveau. Cette première grande épreuve a secoué notre vie jusque dans ses fondements. Aux yeux du monde extérieur, nous avions réussi à nous construire une vie de château, mais nous nous étions perdus dans le monde du succès matériel, et notre couple n'était pas assez fort pour survivre à cette épreuve difficile. La mère de Kasara avait besoin de temps pour se reconstruire, et nous avons décidé d'un commun accord de prendre du recul par rapport à notre relation. Pendant des jours, seul avec moi-même, je pleurais toutes les larmes de mon corps, demandant à Dieu de m'aider à comprendre ce qui nous arrivait. Pourquoi je perdais ma famille, ma femme, ma fille ? J'avais toujours pensé que nous y arriverions, qu'avec le temps, ayant tout fait ce qu'il fallait sur le plan matériel, le bonheur viendrait à nous. J'avais toujours été gentil, attentionné, affectueux, présent, j'étais un père modèle, mais ce n'était pas suffisant. Nos destins devaient prendre des chemins différents, Dieu en avait décidé ainsi et avait brouillé nos consciences. Aujourd'hui, je sais que ce parcours était utile autant pour elle que pour moi, car il nous a permis d'évoluer en découvrant de nouvelles réalités. Mais, ô combien la séparation a été difficile et mon sentiment de culpabilité grand ! Je me suis alors mis à prier pour qu'elle guérisse. Même loin d'elle et sans rien lui dire, je priais et visualisais sa guérison. Je respirais et imaginais que par amour je fusionnais avec elle pour absorber son mal. J'étais prêt à mourir à sa place si Dieu le souhaitait, si telle était Sa Volonté.

Au fond de moi, je savais que tout ce qui arrivait était un appel pour servir Dieu ; je ressentais que ces évènements étaient un signe que je devais me retirer, quitter ce mode de vie trop focalisé sur la matière et le succès. Quand la mère de Kasara a vécu une guérison *miraculeuse* selon les mots de ses médecins, j'ai su que ma vie serait désormais vouée à la prière, à la guérison et au travail intérieur, et que c'était ce que Dieu avait décidé. J'ai gardé cela secret, comme je l'avais fait depuis mon enfance, et j'ai tourné la page pour me consacrer à mon développement et à ma vie angélique. La mère de ma fille a rapidement rencontré quelqu'un qui m'a remplacé, et cela m'a confirmé que je devais déployer mes ailes vers de nouveaux horizons. De toute mon âme, je lui souhaitais le bonheur et lui ai promis intérieurement de toujours veiller sur elle, sans qu'elle le sache.

## 11- La risée des médias

Cette première expérience de guérison miraculeuse m'a amené à vouloir me consacrer aux personnes en difficulté, pauvres et miséreuses. Pendant quelques années, j'ai assisté aux rencontres des alcooliques et des toxicomanes anonymes bien que je n'aie jamais eu moi-même de problèmes d'alcool ou de drogue. J'allais aux rencontres et écoutais les partages des gens, qui me touchaient au plus profond de mon être. C'était devenu ma nouvelle mission. J'aidais parfois financièrement des gens, d'autres fois, je les écoutais, les réconfortais, les guérissais en secret par la prière et la dévotion. J'ai écrit un premier livre sur le sujet – *L'Équilibre* – qui est vite devenu la risée des médias, car on ne comprenait pas ce souhait soudain d'aider l'humanité, ce dévoilement de ma spiritualité, moi qui n'étais qu'un simple chanteur pop. J'ai fait des entrevues pour partager mon changement et mon ouverture spirituelle, mais du jour au lendemain, je n'étais plus à la mode, le public me rejetait et les médias se moquaient de moi. C'est alors que j'ai décidé de me retirer, et c'est seulement 12 ans plus tard que j'ai à nouveau donné une entrevue.

## 12- La recherche de réponses

Durant cette phase, je me suis ouvert pendant quelques semaines à un prêtre de 84 ans. Je voulais savoir s'il n'y avait pas d'Enseignements cachés qui n'auraient pas été écrits dans la Bible et qui auraient dévoilé comment Jésus avait vécu avec ses rêves et son cheminement intense. J'étais sûr que l'Église nous cachait le vrai Livre, qu'elle gardait secrets les Enseignements véritables. Mais plus je m'ouvrais à lui, plus je lui racontais mes rêves initiatiques et les guérisons que je faisais, plus il devenait distant. Je ressentais qu'il ne comprenait pas ce que je vivais. J'ai aussi essayé de savoir comment il avait reçu son appel pour servir Dieu, mais il est resté vague, sans me donner de réponse concrète. Puis, il a cessé de retourner mes appels.

Par la suite, la vie a mis sur ma route un autre astrologue à qui j'ai demandé de faire ma carte du Ciel, car j'espérais tellement pouvoir mieux comprendre ce qui m'arrivait. Il m'a rappelé pour me dire que j'avais dû me tromper d'heure et qu'il avait donc fait ma carte du Ciel en prenant l'heure du matin plutôt que celle du soir, afin que cela corresponde à mon programme de chanteur. Quand je lui ai dit que la bonne heure était effectivement celle du soir, il s'est tu pendant quelques secondes avant de me demander lui aussi : « Est-ce que tu sais que tu es très spirituel ? » Je lui ai répondu que je le savais, ce à quoi il s'est exclamé : « Oh, là, là, il faut qu'on se parle ! » Je lui ai partagé que je faisais chaque nuit de nombreux rêves et cauchemars, et que j'y vivais des initiations avec des démons qui me lançaient parfois contre les murs pendant que je récitais le *Notre Père*. Je sentais qu'il me comprenait, mais qu'il avait en même temps peur pour moi. Il m'a parlé de grandes ouvertures spirituelles, de grands cheminements, mais j'ai vite compris qu'il plafonnait et que malgré sa belle ouverture, il ne pouvait pas m'aider.

C'était très intense au début, et dans ma recherche de réponses, je procédais de façon un peu extrême. Je me souviens des premiers temps où je m'assoyais sur une roche dans la forêt, attendant un signe de Dieu pour le suivre. Je méditais, prêt à rester là pendant des heures ou des jours s'il le fallait. Lorsque j'entendais un oiseau qui *m'appelait*, je courais dans sa direction, m'installais là et méditais à nouveau, attendant le signe suivant pour continuer. Une nuit, dans un rêve, *j'ai vu une sortie d'autoroute ainsi que le numéro de cette sortie, et j'ai senti que je devais m'y rendre en voiture pour ensuite me diriger vers une montagne proche de cet endroit*. Wow ! J'étais aux Anges, Dieu m'appelait concrètement ! Dès mon réveil, je suis parti en voiture pour me rendre sur cette montagne, sans rien à manger ni à boire, avec seulement une couverture, pensant qu'une soucoupe volante viendrait peut-être me prendre, ou je ne sais quoi. Je cherchais le plan spirituel dans la réalité concrète. C'était tellement important pour moi de prouver hors de tout doute que le mariage entre le spirituel et le matériel était quelque chose de réel.

J'ai pris la sortie d'autoroute que j'avais vue dans mon rêve et, en priant tout le long du chemin, je me suis rendu sur cette montagne, avec toute la conviction de mon âme et la volonté de servir Dieu sur Terre. Les gens que je croisais me regardaient bizarrement. On me reconnaissait, puisque mon histoire était dans tous les journaux et qu'on se moquait de moi à l'échelle du pays, surtout à la radio et à la télévision dans les programmes humoristiques. De semaine en semaine, j'étais la risée sur les ondes, et pendant des années, j'ai été la cible préférée des humoristes. Aujourd'hui, je les comprends de tout cœur car, effectivement, ce n'était pas facile de s'expliquer mon comportement de l'époque, déjà que je ne me comprenais pas moi-même. De plus, c'est très difficile, voire impossible, de comprendre les ouvertures de conscience sur le plan spirituel quand on n'en a pas vécu soi-même. Au début, on peut sembler bizarre, manquer de cohérence et être incapable d'expliquer ce qui se passe.

Ce rêve m'a amené sur le Mont Saint-Hilaire. Arrivé en haut, je me suis installé en prière, seul, et le temps passait… le temps passait sans que rien n'arrive. Il commençait à faire froid et la tombée de la nuit s'annonçait. Je me suis alors rendu compte que dans ma soif de savoir et de réponses, je n'avais pas pensé à apporter de la nourriture ni rien à boire. Je réalisais que dans mon rêve on ne m'avait pas donné de mesure de temps. Je me demandais si j'étais en train de devenir fou et si j'avais imaginé tout cela. De toute mon âme, je ne voulais pas douter de Dieu, mais uniquement de moi-même. Pendant cette conversation intérieure, je pleurais doucement en silence, comprenant que j'avais trop voulu rencontrer Dieu, que j'avais trop d'attentes et que c'était peut-être uniquement pour m'enseigner cela, me montrer cet aspect de moi, que Dieu m'avait amené sur cette montagne. Au moment où cette pensée commençait à me rassurer, à donner un sens à ma démarche, un oiseau passa et frôla de son aile mon troisième œil. Ah ! La joie que j'ai éprouvée à cet instant… je n'ai pas de mots pour exprimer à quel point c'était une expérience puissante ! Pleurant toutes les larmes de mon corps, je m'excusais auprès de Dieu d'avoir été trop sûr de moi, d'avoir été dans l'attente d'une preuve de Sa part. Je suis redescendu de cette montagne le cœur chantant et l'âme plus libre, guérie d'un petit morceau de mon égo.

Une nuit, dans un rêve, j'ai vécu une autre expérience intense. *Je me retrouvais dans la peau d'un itinérant. J'étais devenu l'itinérant et je vivais en errant sur Terre.* Je me suis réveillé avec toutes les sensations de l'itinérance, et cette initiation collective a duré trois jours avec, chaque nuit, des dizaines de rêves différents sur ce thème. J'ai souvent intégré des thématiques entières de cette manière : mon esprit était concentré sur un sujet et je visitais et nettoyais en rêve des morceaux de mon inconscient personnel et collectif. Je découvrais ainsi les modes de vie des gens et leurs souffrances, ce qui m'a permis de développer la compassion et une compréhension profonde. Aujourd'hui, quand je parle à un itinérant, je le comprends tellement, car même si je n'ai vécu l'itinérance que virtuellement, dans la réalité onirique, cette expérience est inscrite en moi, dans toutes mes cellules. Et je sais le temps que cela prend pour s'en sortir, se rebâtir un pas à la fois, reconstruire l'estime de soi par la prière, guérir les multiples blocages qui créent ce genre d'épreuves et ce désespoir profond.

Une autre fois, je suis allé voir une voyante. Pour être franc, je n'en avais pas vraiment besoin, car je recevais déjà beaucoup de réponses *via* mes facultés de clairvoyance, de clairsentience et de clairaudience qui s'étaient activées en moi. Mais comme pour le second astrologue que j'avais rencontré, cela me permettait d'avoir une conversation spirituelle avec quelqu'un d'autre que moi-même. J'ai rencontré cette voyante à quelques reprises et je me souviens que la première fois qu'on s'est vu, elle a fondu en larmes et s'est mise à pleurer très fort. Puis, elle m'a dit que je ne devais pas abandonner, que ce que je vivais allait aider des millions d'âmes et d'enfants sur Terre, car ils s'inspireraient de mon vécu, de mes enseignements et de mes initiations angéliques. Ses mots me touchaient, je sentais que le Ciel me parlait à travers elle à un moment de ma vie où, tout en poursuivant ma quête, j'aurais pu plonger dans un silence total et arrêter de me manifester.

En sortant de son bureau, j'ai ouvert la radio dans la voiture comme j'avais l'habitude de le faire pour avoir des réponses de Dieu à travers des chansons. J'ai entendu Ginette Reno, une chanteuse québécoise, et ce fut comme si Dieu me parlait en direct : *Quand tout te paraît dérisoire… quand ton cœur bat plus lentement devant la guerre ou la mort d'un enfant… quand tu ne comprends plus vraiment… plus que jamais il faut y croire et même désespérément se battre contre les moulins à vent... quitte à en souffrir et parfois même à en mourir... Comment te dire que je suis avec toi, que le meilleur, le pire, ne change rien à cela... que tu peux même douter, que tu peux même tomber... Moi je serai toujours là, toujours à côté de toi...* Ces moments magiques, où Dieu me parle et me guide, je les vis maintenant continuellement. Par exemple, à travers une personne qui parle d'un sujet quelconque, me donnant en même temps et à son insu la réponse à la question que j'étais en train de me poser intérieurement ; ou une inscription sur un camion qui passe, m'inspirant à faire telle ou telle action... C'est cela vivre avec une conscience angélique, et quand on l'a développée et intégrée dans notre façon de vivre, on ne peut qu'avancer, qu'aller toujours plus loin pour connaître la suite.

J'étais encouragé aussi par la révélation d'actions que je devrais un jour accomplir. Une fois en rêve, *j'étais avec un homme et une femme guides qui me remettaient une carte du monde en or, le Taj Mahal tout en diamants et en émeraudes, un éléphant également en pierres précieuses et plusieurs autres symboles d'une magnificence extraordinaire. Les plus importants de tous ces cadeaux symboliques étaient des colliers initiatiques, comme celui que je m'étais fabriqué, ainsi qu'une liste indiquant le nom des personnes, hommes et femmes, que je rencontrerais de par le monde et à qui je devrais remettre un collier initiatique afin qu'ils vivent, tout comme moi, les initiations nécessaires pour devenir angéliques. On me mentionna aussi que la liste avait été préparée voilà plus de 300 ans.* Au réveil, je ressentais dans toutes mes cellules que ces informations, cette Mission et ces richesses symboliques s'inscrivaient en moi, et qu'elles créeraient, tout au long de mon existence, des évènements importants, des rencontres significatives et des changements de vie majeurs.

Presque 20 ans après ce rêve, des centaines de milliers de personnes partout dans le monde s'inspirent de mes livres et des enseignements qu'ils contiennent. Je suis si heureux de pouvoir leur ouvrir la porte de la vie angélique et du langage symbolique pour qu'elles puissent faire leurs propres expériences. Même si les initiations qu'elles vivent sont difficiles, j'ai la certitude que la Connaissance qu'elles découvrent et la Sagesse qu'elles acquièrent sur cette voie les aident à se transformer et à participer à la construction d'une nouvelle façon de vivre. En déployant leur potentiel et en utilisant consciemment leurs pouvoirs spirituels, elles vivront une vie angélique sur Terre.

# CHAPITRE DEUX
# LA PRÉPARATION

Ce chapitre dévoile les questionnements et les initiations sacrées que traversent ceux qui se sentent appelés à suivre une voie spirituelle. Cheminer n'est ni évident ni facile lorsqu'on vit dans un monde matérialiste où la majorité des gens basent leur vie uniquement sur ce qui est tangible. Par ses partages profonds et uniques, Kaya nous amène à réfléchir sur le sens véritable de nos propres expériences dans la matière et sur le but de notre existence sur Terre.

*

## 13- La messagère

En tant qu'artiste, j'ai été impliqué dans des causes humanitaires auprès de différentes fondations. Aujourd'hui, comme conférencier, écrivain et éditeur, je continue mon engagement humanitaire par le biais d'une fondation que j'ai créée avec mon épouse et d'autres personnes dans le but de faire connaître le travail angélique. C'est pour moi tout à fait normal et naturel de donner et d'aider les autres quand on en est capable. Dès mon plus jeune âge, j'ai été appelé au chevet de gens malades dans les hôpitaux. Chacune de ces rencontres m'a amené un peu plus loin dans la dévotion et le service divins. Lorsque je me retrouvais seul avec un patient ou même un enfant en phase terminale, il y avait toujours un moment où nous abordions le sujet de Dieu et les grandes questions existentielles. Puisque je n'avais pas peur de la mort, ni des maladies ou des handicaps, être et converser avec ces personnes me rapprochaient de l'essentiel, des moments vrais et profonds.

L'une de ces rencontres a été déterminante pour moi. Un jour j'ai reçu une demande de la Fondation Rêves d'enfants. Une jeune femme de 19 ans, en phase terminale d'un cancer, avait rêvé qu'elle devait absolument me rencontrer avant de mourir. Très touché par cette demande, j'ai pris le premier avion pour aller la rencontrer à Sept-Îles, une ville de la Côte-Nord au Québec. Le personnel de l'hôpital et la famille avaient gardé ma venue secrète jusqu'à la dernière minute au cas où elle serait décédée avant mon arrivée.

Johanne était une jeune femme très courageuse qui avait vécu une rémission quelques années auparavant. Soutenue par sa famille, elle était devenue porte-parole pour aider les gens malades, un véritable flambeau d'espoir, d'amour et de gentillesse pour toute la communauté. Quand je suis arrivé sur le seuil de la porte de sa chambre, cette belle ambassadrice a ouvert les yeux et nos regards se sont croisés. Sa première réaction fut un soupir de joie, suivi d'un geste de gêne, car elle ne portait pas sa perruque. Je me suis retiré quelques instants pour permettre à sa mère de l'aider à se préparer, puis elle m'a appelé et a demandé gentiment au personnel soignant et à sa famille de quitter la chambre. Encore aujourd'hui j'ai les larmes aux yeux quand je me remémore cette rencontre marquante. Ses premières paroles ont été: « La Voix m'avait dit que tu viendrais avant mon départ… Dieu me l'avait dit en rêve… merci d'être là, merci… »

Elle m'a ensuite avoué qu'elle n'était pas une fan de ma musique et qu'elle était surprise d'avoir vu en rêve qui j'étais réellement. Je me suis assis à côté d'elle, près de son lit, et j'ai touché ses deux mains pour lui transférer de l'énergie. Ses yeux, qu'elle pouvait à peine garder ouverts, se sont illuminés. Elle m'a demandé avec un léger sourire: « Mais que fais tu? Je me sens si bien, ma fatigue et ma lourdeur s'en vont. » – « Je te transfère de l'énergie. » Je respirais et faisais circuler l'énergie de ma main gauche vers sa main droite, et je filtrais son champ d'énergie de sa main gauche vers ma main droite. J'avais pris l'habitude de faire cela dans mon enfance quand je rendais visite à des malades, mais la plupart du temps, je le faisais secrètement sans avoir besoin de tenir leurs mains. J'agissais tout naturellement car je n'avais lu aucun livre sur les soins énergétiques. Quand je ne pouvais pas toucher la personne, je filtrais son énergie à distance, à travers ma respiration. Les premières fois, j'étais très fatigué après les soins et je ressentais parfois un malaise parce que je n'étais pas toujours capable de transformer ce que je filtrais. Avec le temps, j'ai réussi à le faire plus facilement au fur et à mesure que je me renforçais énergétiquement.

Johanne m'a regardé pendant ce geste de fusion et m'a demandé: «Parle-moi de Lui, parle moi de Dieu, de notre Père Céleste.» Je lui ai alors partagé ma vision du sens de la vie et des raisons pour lesquelles nous venons ici sur Terre expérimenter la matière dans un corps physique. Je lui ai expliqué entre autres que la mort était comme un voyage, et que la meilleure façon de comprendre ce voyage était d'imaginer qu'on entre dans un rêve pour ne plus en revenir. Nous avons parlé ainsi pendant environ deux heures. Puis, elle m'a demandé si je pouvais intervenir pour qu'elle ait un peu plus de temps afin que ses parents et son frère puissent accepter sa mort et la laisser partir. Elle savait, et je le savais aussi, qu'il n'y aurait pas de rémission cette fois-ci; ses proches ne l'acceptaient pas et avaient beaucoup de peine. Je lui ai répondu que seul Dieu pouvait réellement intervenir, mais que je prierais pour elle afin de Lui demander cette faveur tout en acceptant Sa Volonté. J'ai également dit à Johanne qu'avant d'entreprendre son grand voyage, elle pouvait visualiser mes yeux et que je lui enverrais de l'énergie à distance pour la soutenir.

Quand j'ai quitté la chambre, j'ai rencontré sa mère et son jeune frère. Je leur ai dit que Johanne les aimait de tout son cœur et qu'il fallait maintenant laisser Dieu décider de la suite des évènements.

Je me souviendrai toujours du regard de son jeune frère qui venait de comprendre que le départ de sa sœur était imminent et que c'était la raison de ma présence.

Dans l'avion, pendant le retour à Montréal, je ressentais ses yeux dans les miens et son âme dans mon corps. J'inspirais et j'expirais en lui envoyant de l'énergie. J'ai dû rassurer mon agent assis à mes côtés, car je ne lui avais pas parlé de ce qui s'était passé et il s'inquiétait de me voir affaibli. J'ai toujours été discret concernant mes actions spirituelles. J'ai soutenu Johanne de cette façon pendant plusieurs jours. Elle est décédée deux semaines plus tard et, avant que je ne l'apprenne, elle est venue me visiter en rêve. Cette expérience onirique m'a propulsé encore plus loin dans la Connaissance et mon évolution angélique.

*J'étais assis à une table et Johanne était debout devant moi. Elle m'a remercié d'être venu la voir, m'a dit qu'elle ne m'oublierait jamais et que tout ce que je lui avais partagé était vrai. Elle a ajouté: « Ils sont très fiers de toi ici… Ils ont un cadeau pour toi. » Johanne m'a pris par la main et m'a emmené dans une pièce vide et toute noire. Il y avait une table, et au centre de celle-ci se trouvait un miroir dans lequel je pouvais voir un tunnel de lumière bleu cristal d'une beauté et d'une puissance inexplicables. « C'est le tunnel de Lumière que l'on voit quand on meurt, me dit-elle; habituellement, on ne le voit qu'au moment de notre mort physique; toi, tu l'auras vu de ton vivant. Parles-en, n'aie pas peur. Tu verras, Ils ont de grands projets pour toi sur Terre, une grande mission t'attend. »*

Je me suis réveillé avec des larmes de joie et de béatitude, un sentiment indescriptible m'habitait. Je ressentais que ce rêve avait modifié ma conscience à tout jamais. Cinq minutes plus tard, j'étais toujours au lit en train de réfléchir pour intégrer ce que je venais de vivre quand le téléphone a sonné. Mon agent, Jean Lamothe, qui m'avait accompagné à l'hôpital pour rencontrer Johanne, m'a annoncé qu'elle était décédée la veille et que la famille me remerciait d'être allé la voir avant sa mort. J'étais sans mots, incapable de partager l'expérience mystique que je venais tout juste de vivre.

## 14- La vie d'ermite

La rencontre avec Johanne et l'ouverture de conscience dont elle m'avait fait cadeau ont été la preuve ultime dont j'avais besoin pour prendre la décision de quitter ma carrière, de me retirer et de consacrer ma vie à la prière. Chacune de mes expériences spirituelles a renforcé ma certitude que je n'étais pas fou, que ma transformation était bien réelle et avait un sens, et ce, malgré tous mes questionnements qui se multipliaient. Après avoir tourné la page sur ma vie d'artiste, puis avoir été la risée du pays avec mon premier livre, le temps était venu de chercher à comprendre davantage qui j'étais et ce que j'étais venu accomplir sur Terre. Ma première idée, celle qui est restée pendant des années à la base de ma pensée, était de devenir un messager, un ange secret au service du Ciel et de ne plus me manifester dans le monde extérieur. Je voulais vivre en toute simplicité et accomplir dans mes rêves mon travail angélique pour le bien de l'humanité.

Après mon expérience avec Johanne, mes rêves et les enseignements que j'y recevais ont continué : autant je pouvais devenir un *superman*, vivre et agir de façon fantastique pour aider des personnes en différents lieux sur la Terre, autant je pouvais me retrouver dans des mondes virtuels où régnaient la guerre, le danger, la misère et la souffrance. De nuit en nuit, je visitais le bien et le mal, passant constamment de l'un à l'autre et me sentant souvent perdu et déstabilisé à mon réveil. Parfois je ne savais même plus où je me trouvais tellement mes rêves et cauchemars étaient puissants et réels. Je me réveillais tout engourdi et je regardais le plafond et les murs en essayant de revenir complètement dans mon corps. Il me fallait souvent un bon moment avant d'y arriver et de pouvoir à nouveau m'orienter dans le monde concret.

J'ai compris que ces cauchemars et rêves initiatiques servaient à me renforcer et à activer mes capacités métaphysiques. Avec le temps, j'ai développé une façon de retrouver ma stabilité intérieure lorsque j'étais chamboulé et sans points de repère après 30 à 40 cauchemars consécutifs : me rappeler mes 10 plus beaux rêves et expériences métaphysiques m'aidait à retrouver la Lumière et l'estime de moi.

Ma première sortie hors corps consciente a été toute une expérience. En plein milieu de la nuit, mon corps s'est mis à trembler si fort qu'il s'est soulevé du lit et, soudainement, ce fut l'envol. Je suis sorti de mon corps et j'ai vu mon enveloppe physique étendue sur mon lit. L'environnement était exactement le même ; j'étais pleinement conscient et je pouvais penser comme dans la vie ordinaire. C'était merveilleux ! Ma foi en Dieu était telle que, peu importe ce qui m'arrivait, j'avais toujours le réflexe de répéter *Que Ta Volonté soit faite !* J'étais persuadé que Dieu est au-dessus du bien et du mal, et que rien de dangereux ou de négatif ne peut nous arriver si on n'a pas une leçon à comprendre, un karma à nettoyer ou un état de conscience à étudier.

Dans mes sorties hors corps oniriques, j'expérimentais les ambiances, les lieux et les matériaux. *Une fois, j'ai voulu m'envoler pour quitter la maison et je suis resté coincé dans le mur : la moitié de mon corps était sortie et l'autre moitié était dans la maison. Je ressentais dans mon corps la densité de la matière qui constituait le mur et qui vibrait à une autre fréquence que mon corps physique.* J'ai noté mon expérience quand je me suis réveillé, puis j'y ai réfléchi en profondeur pour bien l'intégrer. De nuit en nuit, cela devenait plus passionnant et plus intéressant. J'étais assoiffé de connaissances et je voulais comprendre notre monde et les mondes parallèles.

Durant ma vie d'ermite, je restais parfois plus de 20 heures par jour au lit. Tout ce que je voulais était de rêver davantage afin d'en apprendre toujours plus. Je quittais rarement la maison, et quand je devais le faire, je percevais si intensément les décalages entre le monde concret et mon monde intérieur que je devais rentrer pour me recentrer et m'ajuster. Quand j'allais au centre commercial faire mes provisions, je ressentais avec une telle puissance toutes les énergies autour de moi que je devais parfois fermer les yeux ou m'asseoir pour ne pas tomber, m'évanouir ou me perdre dans les pensées et les émotions des gens que je captais métaphysiquement. Je me suis donc isolé de plus en plus. Ma famille était inquiète et tous ceux qui me connaissaient n'arrivaient plus à me comprendre.

Cet état a duré quelques années, qui ont été pour moi une période très intense d'étude, de reprogrammation de ma conscience et de purification sur tous les plans de mon être. Je réalise que j'aurais pu me perdre complètement en cours de route, mais en tant que pionnier sur cette voie, je devais défricher le chemin afin de le rendre plus facile pour ceux qui allaient suivre. Je suis heureux aujourd'hui de pouvoir inspirer et aider d'autres personnes en cheminement, car il n'est pas nécessaire de vivre des situations et états de conscience aussi extrêmes pour accéder à la Connaissance et mener une vie angélique.

## 15- La réceptivité

À cette époque, j'aimais tellement les symboles que j'y réfléchissais sans arrêt pour les décoder. C'est ce qui m'a ouvert l'accès aux écoles initiatiques des mondes parallèles. Je dois avouer que je ne connais ni le travail de Jung ni celui de Freud, et que je n'ai quasiment rien lu sur la symbolique des rêves. J'ai appris à les interpréter par la méditation et par les mantras angéliques. J'ai réalisé que plus on médite, plus on devient réceptif; c'est alors que les réponses et solutions se révèlent à nous. En s'intériorisant avec une intention juste et puissante, nous pouvons accéder à la Connaissance. Ce fut pour moi une véritable révélation.

En effet, sans savoir ce que cela déclencherait en moi, j'ai commencé à demander à Dieu et aux Anges de m'expliquer mes rêves. Je répétais sans arrêt pendant des heures la même question. Par exemple: Quelle est la symbolique de la chaise? Mon Dieu, enseigne-moi ce que signifie le symbole de la chaise! Quelle est la symbolique de la chaise? Je continuais ainsi des heures durant et m'endormais en répétant ma demande comme un mantra. Puis, en rêve, *je me retrouvais dans une classe avec un professeur qui disait: «Aujourd'hui, nous allons parler du symbole de la chaise», et il écrivait la définition en détail au tableau.* À mon réveil, je me souvenais de tout ce que le professeur avait enseigné et je le notais dans mon journal de rêves. C'était fascinant! En me concentrant intensément sur des questions précises, j'ai fini par découvrir un code: c'est l'intensité de notre intention qui nous conduit à nos objectifs et nous permet d'accéder à d'autres mondes et états de conscience.

La réceptivité, qui avait été pour moi pendant longtemps à la fois ma plus grande faiblesse et ma plus grande force, s'est avérée la clé avec laquelle j'ai pu étudier et comprendre le langage symbolique. Je me suis aussi rendu compte de l'importance des mantras et de l'effet puissant qu'ils ont sur notre faculté de concentration.

C'est ainsi que j'ai voyagé dans les mondes parallèles pour apprendre la signification des symboles. Aujourd'hui j'utilise aussi cette technique pour recevoir la Guidance du Ciel. Chaque fois que je l'interroge, je répète la question comme un mantra et je reçois une réponse en quelques secondes. Si je ne suis pas surpris par celle-ci, c'est qu'elle est le produit de mon mental. Alors je continue à poser ma question jusqu'à ce que je sois bien connecté. La réponse me vient parfois par des mots hors contexte qui s'infiltrent pendant que je répète ma question. Par exemple : « Est-ce que c'est juste de téléphoner à cette personne, est-ce le bon moment de téléphoner à cette personne, est-ce la *lumière est allumée* »... oups... en quittant les ondes alphas pendant quelques secondes, je me retrouve avec un mot ou une phrase incohérente qui me surprend – et souvent ma voix change aussi simultanément –, ce qui me confirme que j'étais branché à *Skynet*, un terme que j'utilise pour désigner l'Internet des mondes parallèles. De retour à mon état de conscience normal, j'analyse avec le langage symbolique ce que la phrase veut dire afin de décoder en détail le message qu'elle contient. Celui contenu dans *la lumière est allumée* est facile à comprendre, mais parfois la réponse est plus élaborée. Elle peut contenir des images, des sons ou des perceptions et ainsi offrir une compréhension très profonde et multidimensionnelle de la situation visitée.

Maintenant je procède comme ça en tout temps, les yeux ouverts ou fermés. Parfois je cherche la réponse en ouvrant un livre au hasard – tout en sachant que le hasard n'existe pas – et je pointe le doigt à un endroit ; ou encore c'est un panneau de signalisation qui m'interpelle, me *parle*. Nous pouvons recevoir les réponses à nos questions de multiples façons grâce aux signes et à la méditation. Vivre angéliquement est absolument merveilleux ; c'est un mode de vie qui nous permet d'expérimenter les multidimensions au quotidien.

Bien entendu, cette technique mantrique doit être pratiquée avec vigilance, en toute sécurité. Dans un premier temps et pour les questions importantes, il vaut mieux se fier aux rêves qui donnent des informations plus précises que les signes, car l'interprétation de ces derniers peut être influencée par nos besoins personnels. En effet, notre égo peut facilement biaiser la réponse. Pour cette raison, avant d'accéder aux pouvoirs spirituels, il est nécessaire de nettoyer notre inconscient et de purifier les mémoires enregistrées dans notre âme, qui nous sont révélées dans nos rêves et méditations. La Connaissance utilisée sans la pureté, dans un but personnel et égoïste, peut devenir source de grande confusion. On risque de se diriger vers un bien-être illusoire qui entraîne des actions karmiques négatives ou attire des situations éprouvantes. Il est essentiel d'utiliser avec beaucoup de prudence la force éducationnelle des États de Conscience Angéliques et de focaliser notre intention principalement sur le développement des Qualités, des Vertus et des Pouvoirs Divins, et non uniquement sur le résultat matériel.

Pour y arriver, nous devons expérimenter et accepter de faire des erreurs. Une des Lois Divines importantes à intégrer dit que l'illusion est éducationnelle. Comprendre ce principe nous aide à nous sentir bien dans ce monde qui navigue continuellement dans les méandres des injustices et des sous-entendus générés par les êtres humains. Dans une conscience ordinaire, nous ignorons généralement l'influence qu'exercent nos mémoires et programmations inconscientes sur nos choix, nos intentions et nos actions. La plupart du temps, nous pensons être justes et agir pour le bien alors qu'inconsciemment ce sont des considérations personnelles et égoïstes qui sous-tendent notre intention réelle. En nous basant uniquement sur les aspects concrets, il est facile de se créer des illusions et de les nourrir. Face à la Conscience Universelle, nous sommes encore comme des enfants et, tel un parent, l'Intelligence Cosmique nous laisse expérimenter dans ces illusions.

C'est de cette manière que nous apprenons et évoluons. Mais en dévoilant nos mémoires couche par couche par un travail sur soi, nous découvrons nos intentions et modes de fonctionnement inconscients, ce qui nous amène à vouloir changer et nous améliorer progressivement, autant sur le plan individuel que collectif. Ce qui compte surtout est de savoir qu'en fin de compte toute expérience est évolutive et nous fait grandir. Si notre intention est de devenir une meilleure personne, peu importe la méthode, nous serons guidés vers des voies d'apprentissage bénéfiques et moins bouleversantes que celles vers lesquelles nous conduirait notre égo.

## 16- Les premières clés : le + et le –

Une des premières clés pour comprendre le langage symbolique et développer une conscience angélique est de savoir que tout dans la Création est basé sur *le plus* et *le moins*. Chaque symbole et chaque signe ont une signification positive et négative, et c'est le contexte du rêve ou de la situation qui déterminera la tendance qu'il faut retenir pour l'interprétation. Cette compréhension est essentielle pour être en mesure de bien analyser les rêves et les signes concrets que nous recevons. Le rapport entre *le plus* et *le moins* est une équation qui nous dévoile où nous en sommes réellement dans notre évolution ; il indique les distorsions que nous devons transformer et transcender afin d'intégrer les Qualités, les Vertus et les Pouvoirs à l'état pur. Cette notion *du plus* et *du moins* est aussi à la base de la Loi de la résonance. Nous pouvons vibrer, positivement ou négativement, à une autre personne ou à une situation, selon les mémoires que celles-ci activent en nous. C'est ce qui explique l'attirance ou le dérangement que nous ressentons à l'égard d'autrui, d'un évènement, d'une activité, etc. Lorsque nous avons compris que nous attirons ce que nous sommes, dans *le plus* comme dans *le moins*, et que nous appliquons cette Loi au quotidien, nous pouvons atteindre de hauts niveaux d'évolution.

Il est important de se rappeler que les choix que nous sommes continuellement appelés à faire engendrent des expérimentations positives ou négatives, non seulement pour nous, mais aussi pour les autres, puisque nous sommes tous reliés. Notre objectif en tant qu'être humain est de résoudre l'énigme de la conscience et de nettoyer les mémoires de notre âme, afin d'atteindre une vision plus claire et un discernement multidimensionnel grâce auxquels nous saurons faire des choix conscients et justes.

## 17- Les bases du langage symbolique

Le langage symbolique, que l'on peut aussi considérer comme le langage universel, est à mon avis la clé primordiale pour sortir la spiritualité du domaine de l'abstrait. Dans l'Univers, tout est basé sur des mathématiques de conscience qui définissent à l'aide de symboles les dynamiques qui nous habitent. En principe, tout est symbole. Les rêves se présentent comme des équations codées en langage symbolique qui activent les programmes d'apprentissage inscrits dans notre plan de vie et génèrent les états d'âme, d'esprit et de conscience à travers lesquels nous évoluons. Par la méditation et l'intériorisation, nous pouvons connaître notre programmation intérieure et accéder au code source selon lequel fonctionne notre conscience. Par exemple, les yeux fermés, on s'intériorise et on se pose des questions: «Comment est-ce que je me sens en ce moment? Que se passe-t-il en moi? Quel est mon état d'âme actuel?» On inspire et expire profondément et, à un moment donné, on verra apparaître des symboles. Cela va très vite quand on est habitué à méditer, et chacun peut y arriver avec un peu de pratique. Si, en réponse à notre question, on voit apparaître l'image *de beaux chevaux qui courent*, cela voudrait dire que notre énergie vitale et notre force d'avancement sont puissantes, que nous avons une belle volonté pour aller de l'avant, et ce, au plan collectif puisqu'il n'y a pas seulement un cheval, mais plusieurs. Par contre, si on voit l'image d'une *pluie générant une ambiance de tristesse*, cela nous révélerait qu'à ce moment précis nous vivons un état d'âme de mélancolie.

Les symboles sont des codes fondamentaux qui nous montrent les forces actives à la base du fonctionnement de notre esprit. Pour faciliter la compréhension des multidimensions de notre être, j'aime comparer Dieu et la Création à un immense Ordinateur Vivant générant une Intelligence Cosmique. Tout ce qui existe est contenu dans cet Ordinateur comme dans une Matrice Universelle, sous forme de programmes d'évolution à différents niveaux, ou champs de conscience. Dans cette comparaison, l'être humain est lui-même un petit ordinateur personnel et individualisé qui expérimente tout en étant continuellement connecté à l'Ordinateur Cosmique et surveillé par le Programme Central.

## Les quatre éléments

En plus des aspects positif et négatif, la connaissance de la symbolique des quatre éléments – feu, air, eau, terre – est essentielle pour comprendre la variation des ambiances et des états d'âme, d'esprit et de conscience que nous traversons.

**Le feu** représente l'énergie vitale et la force de l'esprit.
**L'air** symbolise le monde des pensées et le plan mental.
**L'eau** représente le monde des émotions et des sentiments.
**La terre** symbolise le plan physique et l'action dans la matière.

## Les principes masculin et féminin

Les principes masculin et féminin sont également une notion importante à intégrer. Ces polarités complémentaires – auxquelles réfèrent aussi les termes *yin* et *yang* dans les traditions orientales – existent en chaque être humain : l'homme, qui incarne le principe masculin, a une femme intérieure ; et la femme, qui incarne le principe féminin, a un homme intérieur. On doit analyser les personnages féminins et masculins qui apparaissent dans nos rêves essentiellement en fonction des qualités ou distorsions qu'ils manifestent et comme symboles représentant pour la femme la polarité féminine, la réceptivité et le monde intérieur, et pour l'homme la polarité masculine, l'émissivité et le monde extérieur. Ainsi, quand nous voyons uniquement des femmes dans un rêve, nous sommes en contact avec des évènements et des situations qui relèvent de notre monde intérieur, des émotions et pensées que nous générons et nourrissons ; s'il n'y a que des hommes, le rêve nous montre des dynamiques en lien avec le monde extérieur et notre émissivité. Lorsque les deux sont présents, on nous dévoile de quelle manière nos deux polarités interagissent autant sur le plan intérieur qu'extérieur.

## Les règnes

À la base du langage symbolique se trouvent aussi les différents règnes : minéral, végétal, animal, humain et divin. Il est important de savoir que ceux-ci existent en nous sous forme d'états de conscience, ce qui explique pourquoi les plantes, les animaux, les paysages, les personnes et tout autre élément apparaissant dans nos rêves nous révèlent symboliquement des aspects de nous-mêmes, nos modes de fonctionnement, nos attitudes et comportements, nos intentions, etc.

En termes d'états de conscience, les cinq règnes se résument comme suit :

**Règne minéral** : Il est en lien avec l'élément terre et représente donc le monde de nos anciennes actions, l'archéologie des personnalités que nous avons expérimentées au fil de notre histoire.

**Règne végétal** : Il représente l'ensemble de notre monde émotionnel, la grande diversité et la richesse de nos sentiments et émotions, notre sensibilité et nos états d'âme.

**Règne animal** : Les animaux représentent différents aspects de notre énergie vitale instinctuelle et de nos besoins primaires, ainsi que les comportements que nous adoptons pour les combler.

**Règne humain** : Le règne humain définit l'expérimentation de l'altruisme, de l'implication individuelle et collective ainsi que de l'intelligence expansive.

**Règne Angélique ou Divin** : Ce règne correspond à nos plus grandes aspirations d'évolution et de développement en tant qu'être humain. Il représente notre capacité de rêver, de comprendre les symboles et les signes, d'avoir accès aux pouvoirs spirituels et de voyager dans les multidimensions de l'Univers physique et métaphysique.

En tant qu'êtres humains, nous sommes tous connectés à notre dimension angélique, que nous en soyons conscients ou non. D'une certaine manière, nous sommes des anges en formation, et le but de notre existence sur Terre est d'évoluer et de découvrir qui nous sommes réellement.

## 18- Le scientifique

Dans mes conférences, j'aime faire sourire les gens en disant qu'ici sur Terre, nous sommes tous des scientifiques à la recherche de notre nature profonde, angélique. En y réfléchissant bien, on constate que nous sommes continuellement en train d'expérimenter. Au départ, nous utilisons les systèmes de validation de nos parents et de nos ancêtres, et ce, dès notre plus jeune âge. Nous reprenons les mêmes schémas, les testons, les transformons et y ajoutons de nouveaux ingrédients afin d'améliorer nos vies et notre façon de fonctionner aux niveaux individuel et social. L'évolution est quelque chose d'absolument fascinant et nous en faisons tous partie; nous nous inspirons les uns les autres continuellement. Dans ce processus, nous devrions toujours nous dire, comme un scientifique, que dans la vie il n'y a pas d'erreurs, il n'y a que des expérimentations. Lorsqu'un savant réalise qu'une expérience ne fonctionne pas, il ne se tape pas sur la tête; il l'accepte, en prend note et annonce qu'il a fait une grande découverte, qu'il a trouvé une voie qui ne fonctionne pas. Cette attitude et cette vision des choses lui permettent de poursuivre son travail et de recevoir les budgets nécessaires pour continuer ses recherches.

## 19- Les rencontres avec l'au-delà

Un soir, je prenais une marche avec mon beau-frère et mon neveu qui avait alors huit ans. Ce dernier, après avoir sautillé joyeusement dans la neige ici et là, m'a regardé en disant qu'il aimait les extraterrestres. Je lui ai répondu en souriant: « Tu sais, j'ai déjà rencontré des extraterrestres... très souvent même. » Il m'a regardé avec de grands yeux, étonné par mon affirmation. Je lui ai alors expliqué que plusieurs fois dans des rêves qui me semblaient très réels – aussi réels que la réalité terrestre –, *j'avais été enlevé par des extraterrestres et emmené dans leur soucoupe où ils m'attachaient sur une table et m'opéraient dans les yeux et les oreilles. Cela faisait très mal et je hurlais de peur et de douleur*. Ensuite, je me réveillais dans mon lit, et parfois même à l'extérieur, dans le jardin. C'était tellement puissant! Mais grâce à ma connaissance du langage symbolique, je savais que dans ces rêves, j'avais visité des parties de mon être qui étaient dures avec moi sur le plan spirituel. Je voulais tellement être clairvoyant pour *voir* et comprendre en profondeur que je manquais de gentillesse envers moi-même; j'étais devenu trop perfectionniste, et c'est pour cela que je voyais en rêve des extraterrestres qui n'étaient pas gentils avec moi.

Mon neveu me regardait toujours avec ses grands yeux, fasciné par le sujet. J'ai ajouté qu'une fois, dans un rêve, *j'étais en train de prendre un bain avec un extraterrestre identique à E.T.* (du film de Spielberg). *Il était comme mon frère et on jouait ensemble dans l'eau.* C'était un beau rêve qui me montrait mes états d'âme du moment. J'ai expliqué à mon neveu que cette nuit-là, j'étais en train de purifier mes forces intelligentes multidimensionnelles, tout en me sentant bien dans ma relation avec l'autre, car nous étions 2 dans le bain, et le 2 symbolise la relation avec l'autre.

Il est important de savoir que toutes les composantes d'un rêve représentent des parties du rêveur. Que ce soit les personnages, les objets, les animaux, etc., chaque élément donne une couleur au tableau. Dans cet exemple, j'étais donc à la fois moi, en tant qu'être humain, et l'extraterrestre qui symbolise une intelligence multidimensionnelle et de grands pouvoirs. Comme ce dernier était gentil et humble malgré ses grandes facultés, et qu'on jouait ensemble, on me montrait que je me sentais à l'aise avec ces forces et que je n'en avais pas peur. Le bain indiquait que je purifiais ces aspects de moi. C'est fascinant de comprendre que tous les éléments du rêve révèlent des états de conscience, des façons d'être et des modes de fonctionnement. Ainsi, dans un rêve violent, on est autant la victime que l'agresseur. C'est le rapport entre tous les symboles qui nous montre notre dynamique intérieure et/ou extérieure. La connaissance des symboles et la faculté de les interpréter correctement accélèrent notre évolution, car on voit clairement ce que l'on doit changer pour arriver à se manifester de façon juste. Même un enfant peut activer sa conscience angélique, et ce, dès le début de son développement, car il porte l'essence du langage symbolique en lui. Mais il doit acquérir la Connaissance pour savoir s'en servir sur le plan conscient.

Combien de gens ont vécu des états extrêmes, combien de livres ont relaté des récits de personnes disant avoir été enlevées par des extraterrestres sans comprendre qu'en réalité, elles avaient visité des aspects extraterrestres dans les multidimensions de leur univers intérieur. Bien sûr, je crois à l'existence d'êtres intelligents dans d'autres mondes. Pour moi, une personne décédée devient un extraterrestre, car elle continue à exister dans une autre dimension, au-delà de la Terre. Et je peux vous assurer que les guides des mondes parallèles n'ont pas besoin de soucoupes volantes pour se rendre sur notre planète. Ils sont toujours ici… ils surveillent notre monde en permanence et sont capables de se déplacer dans l'espace-temps à la vitesse de la lumière, et plus encore. Bien entendu, je n'exclus pas non plus l'existence d'extraterrestres voyageant dans des vaisseaux spatiaux à travers l'Univers, ni qu'ils puissent entrer en contact avec nous. La Terre n'est pas la seule planète où la vie comme nous la connaissons soit possible. L'univers physique dans lequel nous évoluons n'est qu'un parmi des milliards d'autres. Et tout comme nous avons réussi à développer une technologie permettant d'explorer l'espace, d'autres l'ont déjà fait, et certains ont des années-lumières d'avance sur nous.

La technologie que nous utilisons actuellement n'est que le début de ce que nous découvrirons dans l'avenir. Elle sera même totalement transcendée, intégrée à l'énergie physique dans laquelle nous vivons. J'utilise parfois des ordinateurs dans d'autres mondes pour des opérations complexes et pour *lire* certains programmes en cours. C'est captivant! On peut même entrer dans l'ordinateur et voyager. Cela est possible pour nous tous. Plus nous activons nos pouvoirs angéliques, plus les portes s'ouvrent sur ces expériences. Mais le *passeport universel* qui est nécessaire pour passer le seuil de ces portes n'est pas facile à obtenir. Il faut avoir développé les qualités et savoir agir avec amour et sagesse avant de pouvoir multiplier nos facultés métaphysiques, sinon nous multiplierons plutôt nos faiblesses, nos défauts, nos besoins égoïstes et nos émotions négatives. Sans compter que dans les rêves où nous visitons l'âme d'autres personnes, nous pourrions causer des dégâts considérables.

## 20- La grotte

Le type de rêve qui suit est classique. J'ai rencontré plusieurs personnes ayant vécu des expériences similaires où elles sont allées à l'origine de leurs comportements, de leurs façons d'être pour y changer des données fondamentales. Ce rêve fait partie d'une série de rêves que j'ai reçus au début de mon cheminement, avant ma période d'isolement: *Je me trouvais dans une grotte très ancienne et je sortais de mes oreilles des bouchons qui n'en finissaient plus... des bouchons très longs... jusqu'à ce qu'il n'y en ait plus.* Ce rêve peut sembler anodin quand on ne connaît pas le langage symbolique, mais il me révélait que j'avais commencé à m'ouvrir à une nouvelle réceptivité. La grotte est reliée à l'aspect maternel du principe féminin. Comme elle fait partie du règne minéral, elle réfère aussi à nos actions très anciennes dans le monde physique, à une dynamique préhistorique en lien avec le début de nos incarnations et de nos expériences en tant qu'être humain. Ce rêve m'a amené à l'origine de ma réceptivité et m'a montré que j'avais réalisé un déblocage profond de mes oreilles qui allait me donner accès à la clairaudience. J'ai mis des mois à intégrer et à gérer cette nouvelle réceptivité.

Je me souviens comment je me sentais au réveil, c'était comme si je redécouvrais le monde. Ce jour-là, je suis allé déjeuner avec ma mère et me suis rendu compte que ma compréhension de ce qu'elle disait était tout à fait différente, car j'étais maintenant en mesure de capter, dans les subtilités de sa voix, ses émotions et ses états d'âme. Je ressentais toutes les insécurités qui l'habitaient et que je ne voyais pas auparavant. C'est cela, entrer dans les multidimensions. J'aurais pu lui dire tellement de choses sur elle et sur ce qu'elle vivait intérieurement, mais je savais qu'elle n'en était pas consciente et que lui dévoiler ce que je percevais dans son énergie l'aurait peinée et perturbée.

Quand on écoute en profondeur, les différentes tonalités de la voix nous révèlent tellement de choses. La plupart du temps, les gens cachent derrière leurs mots ce qu'ils ressentent ou pensent réellement. Ils ne savent pas qu'en parlant de la météo ou du climat, par exemple, ils révèlent simultanément des aspects d'eux-mêmes. Ainsi, une personne peut se réjouir de la pluie, alors qu'une autre la trouvera lourde et triste. En fait, ni l'une ni l'autre ne parlent uniquement de la pluie, les deux parlent symboliquement d'elles-mêmes. Cela s'applique même à une personne qui se prononcerait sur un match de foot. Selon ses commentaires, elle pourrait exprimer inconsciemment des émotions et de l'agressivité refoulées, son besoin de réussir sa vie, de gagner, d'atteindre ses objectifs rapidement, ou encore sa peine de travailler à l'usine où elle se sent enfermée et limitée. Les sports sont un bel exemple du lien causal qui existe entre ce que l'on fait, écoute ou encourage, et ce que l'on est au fond de soi, autant positivement que négativement.

Plusieurs personnes de différents pays m'ont partagé par courriel ou lors de séminaires Web* des rêves similaires à celui de la grotte, où elles s'extrayaient des vers du corps, des objets gluants du nez, de la bouche ou des yeux. J'aime lire ces messages qui contiennent des rêves et des questionnements sur la métaphysique, car ils

---

* *Voir les informations à la fin du livre.*

me révèlent les programmes d'évolution en préparation ou déjà activés dans la vie de ces gens. Je peux comprendre ce qu'ils vivent, car au fil des années, j'ai vécu moi-même de nombreuses initiations à travers ce genre de rêves. Avec le temps, j'ai remarqué qu'après des rêves qui se terminaient bien, mes perceptions métaphysiques s'étaient affinées ; quand les rêves finissaient mal, je devais travailler fort dans la journée pour nettoyer et transformer les énergies bloquées qui s'en dégageaient. Je peux confirmer qu'il faut beaucoup d'humilité pour cheminer avec les rêves qui nous immergent dans les mondes parallèles ! Ce sont des mondes où l'on rencontre des vérités hautement dimensionnées, c'est-à-dire où une vision et une compréhension multidimensionnelles permettent de se rapprocher de plus en plus de la Vérité.

## 21- Le mal est éducationnel

Je pense que la vérité la plus difficile à intégrer est le fait que le mal est éducationnel et qu'il est au service du bien. J'ai reçu un grand enseignement à ce sujet au début de mon cheminement, quelque temps avant de quitter le monde de la musique et de changer complètement ma vie.

Je m'étais vêtu tout en blanc et j'avais habillé ma fille Kasara, qui avait alors environ deux ans, avec une belle robe blanche. Je voulais me rendre à l'Oratoire Saint-Joseph, la plus grande église de Montréal, avec l'intention de consacrer ma vie à Dieu. Arrivés sur place, Kasara et moi avons gravi lentement, en priant, les nombreuses marches qui conduisent au sommet de la montagne où est situé l'Oratoire. Une fois dans l'église, je me suis assis sur le premier banc en avant pendant que Kasara jouait et gazouillait joyeusement autour de l'autel. C'était l'après-midi et il n'y avait presque personne dans l'immense église. Pendant que je récitais ma prière, des larmes coulaient sur mes joues, car je ne savais pas ce que j'allais devenir. Dans ma prière, je ne demandais à Dieu qu'une seule chose : qu'Il s'occupe de ma fille, qu'Il la protège pour que rien ne lui arrive et, en échange, je Lui donnerais ma vie, Le servirais et remplirais chaque mission qu'Il me confierait. Ce fut pour moi un moment très solennel, mystique et de dévotion totale. Mon cœur était tout grand ouvert à Dieu et je regardais ma fille qui était assise dans sa robe blanche étincelante sur les marches de l'autel. Je l'aimais, et l'aime toujours, de toute mon âme, et je souhaitais alors que tout se passe bien pour elle et qu'elle n'ait pas à vivre la même chose que moi, toutes ces nuits remplies de cauchemars si intenses et violents. Après avoir proposé à Dieu cette alliance de Le servir éternellement en échange de Sa protection pour ma fille, j'ai redescendu la montagne avec elle.

En allant vers le stationnement, Kasara s'est mise à courir à petits pas et elle est tombée de tout son corps sur le sol asphalté. Comme elle criait de douleur, j'ai accouru pour la prendre dans mes bras. Le sang giclait de son nez et a tout taché sa robe. Pendant que je la tenais dans mes bras, je regardais vers le sommet de l'église en pleurant de toute mon âme avec elle. C'était comme si on m'avait frappé avec une batte de baseball sur la tête tellement je me sentais perdu face à cet évènement survenu tout juste après avoir conclu mon alliance avec Dieu.

Puis, dans la nuit, j'ai rencontré Dieu en rêve. *J'ai entendu Sa voix puissante me poser ces questions: « Tu veux que je protège ta fille? Que je la mette dans une bulle? Tu veux l'empêcher d'apprendre, de faire ses expérimentations? Sais-tu qu'un virus peut servir à renforcer le système immunitaire? Tu dois comprendre que le mal est éducationnel. »* Je me suis réveillé et ne pouvais plus m'endormir. À genoux au sol, je m'excusais et rendais grâce à Dieu d'être venu me parler. J'étais tellement touché! Dans les nuits suivantes, j'ai reçu d'autres rêves puissants qui m'ont fait découvrir en profondeur l'implication de cette Loi Divine qu'Il venait de m'enseigner. Depuis cette nuit révélatrice, cette Loi est une des pierres fondamentales de ma foi et de ma vision du monde. Elle explique l'inexplicable et donne un sens aux injustices que nous rencontrons sur notre route.

## 22- La rencontre avec le Roi Salomon

Une autre grande rencontre onirique fut celle avec le roi Salomon. *J'étais devant l'Arche d'Alliance dans un temple ancien. Tout était si réel et si majestueux! Devant moi, se tenait debout le roi Salomon dans des vêtements blancs ornés de pierres précieuses et de diamants. Il avait une longue barbe blanche et il se dégageait de lui une telle noblesse, une telle sagesse. À sa droite, se trouvait une princesse égyptienne dont le vêtement était également orné de pierres précieuses; à sa gauche, se tenait une princesse juive, elle aussi habillée de vêtements blancs décorés de pierres lumineuses. Ils étaient tous les trois absolument magnifiques. Le roi Salomon se préparait à marier les deux princesses, mais je ne voyais pas leurs futurs époux. Puis, j'ai entendu la voix de Dieu me dire: « Tu dois résoudre l'Énigme de l'Étoile de David. »* À mon réveil, j'ai voulu résoudre cette énigme tout de suite. Je me suis rendu à l'église la plus proche afin de trouver une bible et lire les passages sur le roi Salomon. Puisque ma famille n'était pas vraiment religieuse, je ne connaissais que vaguement l'histoire de ce roi et je souhaitais ardemment comprendre ce puissant rêve.

Arrivé à l'église dès 7 h 15, je me suis retrouvé devant une porte fermée. J'ai dû attendre que la librairie du village ouvre avant de trouver une bible. Dans la librairie, je tentais discrètement de trouver de l'information sur le roi Salomon, l'Étoile de David et l'Arche d'Alliance. Me voyant chercher ainsi, le propriétaire, qui m'a reconnu et qui connaissait sans doute aussi mon histoire puisqu'elle circulait dans tous les journaux et magazines, s'est approché de moi et m'a dit avec compassion: « Je connais une dame qui a immigré de la Suisse et qui vit dans la région. Elle connaît les symboles… elle pourrait peut-être t'aider? Si tu le souhaites, laisse-moi ton numéro de téléphone et elle pourra t'appeler si elle accepte. » Je l'ai remercié de sa gentillesse et lui ai laissé mon numéro de téléphone.

Cette dame était Christiane, celle qui allait devenir mon épouse deux ans plus tard. J'ai reçu son appel le lendemain. Sa voix était tellement réconfortante! À ce moment-là, je ressentais déjà en profondeur les différentes tonalités de la voix et je pouvais capter les intentions véritables, celles qui se cachent derrière les mots. C'était la première fois de ma vie que j'entendais une voix si pure, si authentique. Je me suis senti en confiance tout de suite. Nous avons convenu de nous rencontrer quelques jours plus tard.

## 23- Le début du travail avec les Anges

C'est Christiane qui m'a guidé vers le travail angélique. Elle étudiait les États de Conscience Angéliques depuis plusieurs années déjà et se préparait à donner sa première conférence sur le sujet dans la région. Le thème de la conférence était l'accompagnement des personnes en phase terminale basé sur le travail avec les Anges. Lors de notre premier rendez-vous, j'ai eu la même sensation que dans le rêve où j'ai rencontré le forgeron tout en or. Christiane était radieuse comme le soleil ! Elle m'a rassuré en me disant qu'elle aussi avait traversé pendant plusieurs années des initiations intenses, passant de hauts exaltants à des bas générés par des cauchemars puissants et révélateurs. Elle m'a donné quelques clés sur les symboles, mais a dû avouer que ce que je vivais était pour elle unique, qu'elle n'avait jamais eu connaissance d'un cheminement aussi intense. Elle m'a dit que j'étais sur la voie des grands initiés qui traversent des épreuves de transformation fulgurantes, celles qui donnent l'accès à la Connaissance. Oh ! Quelle joie j'ai ressentie pendant notre rencontre ! Je sentais qu'elle n'avait pas peur lorsque je me révélais, au contraire, elle était émerveillée par ce que je vivais. C'était tellement nouveau pour moi, après avoir été rejeté de tous et m'être senti si seul avec toutes ces questions et tous ces enseignements secrets et difficiles à décoder. J'ai été également très touché quand elle m'a dit : « Tu sais, tous les grands initiés ont été incompris au départ. Ils ont connu le rejet par leurs proches, leur entourage et leur pays. Ils ont traversé des déserts sans fin. C'est cela intégrer la Conscience Angélique afin de devenir un ange sur Terre et incarner les Qualités, les Vertus et les Pouvoirs Divins. Tu es sur ce chemin... » Ce qu'elle m'apprenait m'encourageait tellement. Je me sentais écouté et compris pour la première fois dans ma vie.

Elle m'a également expliqué que les Anges et les Archanges sont des États de Conscience Divins qui représentent les Qualités, les Vertus et les Pouvoirs à l'état pur ; que chacun de leurs noms hébreux avait une vibration et une signification spécifiques – par exemple, Mikaël signifie *À la ressemblance de Dieu,* Gabriel, *La Pureté de Dieu,* etc. – et que le but de notre existence était d'activer ces Essences Angéliques en notre être, de les intégrer dans notre vie afin d'incarner notre divinité dans la matière et de devenir un ange sur Terre. Elle m'a aussi appris que l'image représentant les Anges sous forme humaine avec des ailes est une métaphore exprimant la faculté de l'être humain de développer et de manifester les Forces et les Pouvoirs Célestes ; cette image est le symbole idéal pour représenter le rêveur et sa capacité de voyager dans les multidimensions de l'Univers grâce à ses facultés de clairvoyance, clairaudience et clairsentience. Ses mots résonnaient en moi si vrais, si réels, comme une Connaissance naturelle. Pour moi qui avais demandé à Dieu de m'enseigner la symbolique des rêves, c'était tout à fait logique: l'Ange est le symbole du rêveur, de l'être humain qui accède à sa nature divine. Christiane a ajouté que, selon la Tradition ancienne, il y a 72 Anges et 10 Archanges dont les Noms sacrés peuvent être invoqués. En les répétant comme des mantras, on active en nous les Qualités, les Vertus et les Pouvoirs qu'ils représentent. Ce travail intense de transformation angélique déclenche également les rêves et aide à reconnaître plus facilement les réponses, les enseignements et la guidance multidimensionnelle qu'ils offrent.

Il ne m'en fallait pas plus pour que je me mette à travailler avec les 72 Anges. Au début, je les invoquais tous en même temps, et en trois semaines je connaissais leurs Noms par cœur. Je répétais en boucle ces Noms sacrés: Vehuiah, Jeliel, Sitael, Elemiah, Mahasiah, Lelahel, Achaiah, Cahetel... Wow! Cette récitation a eu tout un effet sur moi! J'ai fait des rêves où il y avait des bombes nucléaires, des tremblements de terre et des éruptions volcaniques, ce qui m'a permis de comprendre en profondeur les passages de la Bible sur l'Apocalypse: il ne s'agit pas du tout de la fin *du* monde, mais de la fin *d'un* monde, et ce, à l'intérieur de soi, c'est à dire la fin de la conscience ordinaire et le début de la mutation de la vie humaine vers la vie angélique. Au fil des rêves, tout devenait plus clair dans ma tête. Les Sceaux de l'Apocalypse représentent en fait des ouvertures de conscience et la purification des forces négatives, destructrices comme on les rencontre dans les cauchemars et la vie concrète.

Quel bonheur de partager mes découvertes avec mon amie Christiane que je voyais régulièrement. Elle me faisait aussi des soins énergétiques avec les Anges; recevoir cette énergie d'amour inconditionnel et de sagesse m'aidait énormément. Sa seule présence m'inspirait! De son côté, elle était stupéfaite de me voir avancer si vite avec les Anges. C'était comme si j'avais toujours connu cet Enseignement. Elle m'a toutefois suggéré de n'invoquer qu'un Ange à la fois. J'ai suivi son conseil et effectivement cela se passait mieux. C'était tout aussi puissant, mais plus précis. En peu de temps, j'ai réalisé qu'en invoquant un seul Ange, tous mes rêves, ainsi que les situations que je vivais au quotidien, correspondaient à son Rayon ou Champ de Conscience; les beaux rêves à ses Qualités et Vertus, et les cauchemars aux distorsions humaines, c'est-à-dire aux défauts et faiblesses que l'être humain manifeste quand il fait un mauvais usage des Énergies Angéliques qu'il porte en lui.

Quoique très simple, ce travail angélique a des effets puissants et multidimensionnels, je peux le confirmer puisque je m'y consacre depuis de nombreuses années. Dès le départ, ce que j'ai trouvé magnifique dans cette pratique, c'est que, en me connectant aux Anges, je communiquais simultanément et directement aussi avec Dieu, dont ils représentent les Qualités, les Vertus et les Pouvoirs à l'état pur. Mon cheminement est devenu de plus en plus concret et j'ai commencé à recevoir des réponses plus précises. Et c'est encore ainsi aujourd'hui : je me réveille plusieurs fois par nuit et note, comme un scientifique, les réponses et les enseignements obtenus qui me permettent de continuer mon évolution et d'aider les autres à devenir des anges sur Terre.

La *pratique récitatoire* – aussi appelée *mantra* ou *récitation angélique* – est la pierre angulaire du travail avec les Anges et consiste à répéter le Nom d'un Ange pour une période d'au moins cinq jours. On peut invoquer à voix haute ou intérieurement, et ce, le plus souvent possible : au réveil, pendant les activités journalières, en conduisant la voiture, avant de s'endormir, etc. Pour le choix de l'Ange on se laisse guider par son intuition, en ciblant les Qualités qu'on souhaite développer et les distorsions qu'on doit transformer, ou encore on suit le Calendrier Angélique du plan physique, lequel attribue à chacun des 72 Anges une période de cinq jours durant l'année.

La pratique récitatoire est une méditation active par laquelle on intègre à tous les niveaux – corps, cœur, tête et esprit – la vibration de l'Ange invoqué. Le Champ de Conscience qu'il représente se déploie alors comme une carte géographique dans notre inconscient personnel et collectif, nous permettant de voyager en toute sécurité dans les multidimensions de notre être et dans les mondes parallèles de la Création. De plus, nos rêves et les signes reçus correspondent toujours aux caractéristiques de l'Ange invoqué et/ou aux défauts et faiblesses humains qui sont à travailler. Les beaux rêves révèlent des aspects en lien avec ses Qualités et les cauchemars dévoilent nos distorsions. C'est facile à valider.

L'exemple qui suit montre de quelle manière sont présentées les Qualités Angéliques et les distorsions humaines dans l'Angéologie Traditionnelle :

## 8 CAHETEL

**Qualités**

* Bénédiction Divine
* Gratitude
* Matérialise la Volonté Divine
* Enfantement, accouchement
* Réussite facile, progrès, aide à changer de mode de vie
* Grande capacité de travail, vie active
* Richesse matérielle
* Terres fertiles, récoltes abondantes, nourriture pour l'âme
* Harmonie avec les Lois Cosmiques
* Patron des quatre éléments : feu, air, eau, terre
* Libère des mauvais esprits

**Distorsions humaines**

• *Personnalisme, prédateur*
• *Échec matériel, ruine*
• *Activité inutile et stérile*
• *Volontarisme excessif, rigidité*
• *Despotisme, orgueil, mauvais caractère, blasphème*
• *Fortune utilisée uniquement à des fins matérielles*
• *Pluies torrentielles, inondations, eaux polluées*
• *Climat catastrophique, incendies*
• *Sentiments troubles, agression, transgression*
• *Agit à l'encontre des Lois, corruption, écrase les autres*

## 24- La morsure du démon

Mon travail intense avec les 72 Anges et ma vie d'ermite m'ont permis de me consacrer entièrement à mon évolution. J'avais enfin trouvé les clés pour comprendre l'Univers et le but de notre existence, ainsi que les outils pour me purifier et me transformer complètement afin d'atteindre mon objectif: devenir un ange et servir le Ciel sur Terre. Même si c'était parfois très difficile, je progressais sans arrêt dans ce travail qui, sans que j'en sois conscient, avait déjà commencé durant mon enfance.

Grâce à la pratique récitatoire, mes rêves sont devenus de plus en plus détaillés; ils se déroulaient comme des films multidimensionnels et multisensoriels, m'offrant des apprentissages extraordinaires en me faisant visiter progressivement les différentes facettes de la conscience humaine et universelle. Mon évolution et les initiations ont pris une nouvelle dimension: tout est devenu plus puissant et plus collectif.

Dans mes séminaires et conférences, je compare souvent l'entraînement initiatique avec l'entraînement militaire. Les soldats sont parfois insultés et humiliés dans le but de briser leur égo. Ils doivent apprendre à faire abstraction de leur personnalité, oublier leurs envies et besoins personnels pour se dédier à une cause ou au bien collectif. Si l'on pense que l'entraînement militaire est difficile, je peux vous assurer qu'il n'est rien comparé à l'entraînement angélique. Pour développer les Forces et les Pouvoirs Divins, les initiés sont testés continuellement et doivent se purifier en profondeur afin de ne pas succomber à la tentation d'utiliser ces pouvoirs pour nourrir leur égo, obtenir des privilèges personnels ou encore nuire à autrui. Manifester une attitude juste, empreinte d'amour et de compassion, en tout temps et en toutes circonstances, est un exploit qui ne peut se réaliser sans un entraînement intense sur tous les plans de notre être.

Le but principal du travail avec les Anges est donc d'incarner les Qualités Divines. Toutefois, pour y arriver, il est nécessaire de nettoyer les mémoires accumulées dans notre inconscient et de transformer nos défauts et nos faiblesses. C'est un processus d'alchimie intérieure au cours duquel on traverse de multiples initiations bouleversantes qui déstructurent notre être et notre façon de vivre. On doit transcender tout ce qui n'est pas conforme à notre nature divine. Le travail avec les Anges est parfois présenté de façon trop légère et féérique, ignorant qu'il s'agit principalement d'un travail soutenu de reprogrammation de la conscience, comme nous l'enseigne l'Angéologie Traditionnelle. Cet Enseignement millénaire, qui remonte au-delà des traditions religieuses chrétienne, juive et musulmane, est fondé sur le Savoir originel, ce qui le rend accessible à tous, sans égard à la culture, la religion ou la nationalité. Les 72 Anges sont des symboles universels représentant l'ensemble du Potentiel Divin qui réside en l'être humain, qu'il en soit conscient ou non, et les plus hauts idéaux qu'il peut réaliser.

Je me souviens d'une expérience intense et troublante à mes débuts de la pratique récitatoire. Je ressens qu'il est juste de la partager, non pas pour impressionner le lecteur, mais pour qu'il sache quoi faire si un jour il devait vivre une expérience semblable. Il saura que sous l'emprise du mal, il ne faut pas paniquer, car il est toujours éducationnel. Peu importe sa force et son intensité, le mal est ultimement au service du bien. Son rôle est de nous tester, de nous renforcer et d'activer notre potentiel de guerrier de Lumière. Au moment de cette expérience, j'invoquais l'Ange 38 Haamiah dont voici quelques Qualités :

- Sens des rituels et des préparations
- Conduit vers les plus hautes réalisations humaines
- Haut lieu de transcendance
- Exorcisme
- Dissout la violence intérieure et extérieure
- Rituels, cérémonies, initiations

Et parmi les distorsions de ces Qualités Angéliques, on trouve entre autres : *démon, esprit malveillant, possession, agression, violence.*

Une nuit, en rêve *je me suis retrouvé dans un lit, paralysé par une force maléfique. Je ne pouvais plus bouger ni même crier, et je ressentais une sorte de substance noire entrer dans mes veines.* Je me suis réveillé, mais cette perception physique persistait, comme si le rêve n'était pas encore fini. Pendant que j'invoquais Haamiah, j'ai entendu une voix démoniaque dans ma chambre : « Mais tu n'es pas cette Force… tu n'es pas encore cet Ange et tu n'y arriveras pas ! Je vais tout faire pour t'en empêcher ! » Puis, le démon a mordu mon orteil ; par la morsure, il est entré en moi. J'ai senti qu'il prenait possession de mon corps. J'ai continué à prier avec amour et à invoquer Haamiah pour l'exorciser jusqu'à ce qu'il sorte par mon cou pendant que je hurlais de douleur.

Cette expérience, aussi éprouvante et négative qu'elle puisse paraître, m'a donné encore plus de courage pour persévérer dans le développement des Qualités Angéliques; elle m'a fourni la preuve qu'en me renforçant continuellement, j'atteindrais mon objectif ultime. Je me suis toujours rappelé ce que le démon m'a dit: « Je vais tout faire pour t'en empêcher ! » Ces paroles ne m'ont pas fait peur, elles me confirmaient plutôt que les démons sont des forces au service du bien, que leur rôle est de nous éprouver pour nous inciter à nous transformer, à nous *reformater*, afin de devenir le bien et ne plus réagir à la violence et aux insultes.

## 25- La rencontre avec mon ombre

Dans un autre rêve initiatique, j'ai vécu la rencontre avec mon ombre. *Je me voyais dédoublé: il y avait moi et en même temps mon double négatif. Je lui disais gentiment qu'il devait se transformer car toute ma vie, je continuerais à prier, à travailler pour qu'il devienne une force positive. Je ressentais tellement de méchanceté de ce double. Je le regardais avec conscience et observais l'énergie qu'il dégageait.*

Au réveil, j'étais si heureux d'avoir vu mon ombre, d'avoir pu la conscientiser. Cette expérience onirique m'a plongé dans une profonde réflexion sur les forces négatives que nous avons tous en nous. Je ressentais que cette ombre avait le pouvoir de commettre des actes que je n'aurais jamais imaginé pouvoir faire sur le plan conscient. Cela m'a amené à penser aux criminels et à ceux qui deviennent leur ombre, c'est-à-dire qui se manifestent constamment à travers le négatif, nourrissant ainsi par leurs pensées, leurs émotions et leurs actes, les forces du mal. Quoique nous ayons chacun notre dose d'ombre, il y a une différence, en termes de concentration, entre l'ombre d'un criminel et celle d'une personne dont la vie se déroule dans le cadre des lois. Dans le cas du criminel, la concentration des forces négatives constituant son ombre a franchi la barre des 50 %, alors que chez l'autre personne, elle pourrait se trouver à 30 ou 40 %. Les forces du bien sont alors suffisamment fortes pour empêcher que son ombre prenne le dessus sur sa personnalité, ses pensées et ses actes. Il est cependant important de savoir que par la prière, le repentir et la volonté ferme de s'améliorer, le pire des criminels peut mettre en route, dans son âme, un nouveau programme qui lui permettra de se reconstruire, de reformater sa conscience et de baisser son taux de négativité, voire la transformer complètement.

Évidemment, ce travail sur l'ombre n'est pas à accomplir uniquement par les criminels, il nous incombe à tous de diminuer constamment le pourcentage du négatif que nous avons accumulé dans notre être afin de manifester et de servir le bien en tout temps et en toutes circonstances. Avant d'y arriver, de nombreuses expérimentations et tentations se présentent à nous comme des tests, nous offrant la possibilité d'exercer notre libre arbitre. Après avoir expérimenté le mal, nous devons passer à l'étape de réparation, de transformation et de transcendance du négatif personnel et collectif. Cette étape peut être longue, mais la Vie est éternelle... De vie en vie, ici sur Terre sous la forme humaine, ou ailleurs sous une autre forme, nous continuons sans cesse à apprendre et à évoluer.

## 26- L'histoire du crayon

Une nuit, dans un rêve, *j'étais dans une voiture avec un guide des mondes parallèles. Pendant qu'il conduisait, il m'a donné un crayon en disant: « Bois ça... tu vas découvrir et vivre l'alcoolisme comme initiation. Ce sera intense... tu vas voir ce que vivent les personnes qui perdent courage à cause de profondes dépendances affectives. » J'ai pris le crayon et il a ajouté: « Tu es prêt? » Avec soumission et respect, comme un bon soldat du Ciel, j'ai répondu: « Oui, je suis prêt », puis j'ai bu le crayon comme s'il avait été un verre d'eau.*

Quand je me suis réveillé, je me sentais confus. Je n'avais pas la moindre envie de sortir du lit tellement je me sentais lourd. Ma vision se limitait à ma souffrance comme si rien d'autre au monde n'existait. Moi qui n'avais jamais bu d'alcool de façon excessive, ni même régulièrement, je me retrouvais dans un autre corps, dans une autre vie. Bien que j'aie vécu cette initiation en rêve il y a plus de 16 ans, je me souviens des sensations intérieures et physiques comme si c'était hier. Je montais les marches à quatre pattes en pleurant, j'avais perdu toute estime de moi et je me noyais dans le désespoir. Je n'étais plus qu'une loque humaine, sans aucun espoir ; je plongeais dans un gouffre sans fond. Cette initiation a duré trois jours pendant lesquels je voyais et vivais toutes sortes de scénarios dans mes rêves : tristesse, mensonges, vie cachée, honte mélangée au besoin d'oublier, de fuir, d'afficher une image joyeuse de soi dans des contextes où l'on pense avoir des amis, pour finalement découvrir que ce ne sont que des relations superficielles, basées sur l'apparence, la recherche d'amour et d'attention... Ce fut une expérience tellement puissante !

Pendant ces initiations intenses, qui se sont étalées sur plusieurs années, il y avait une seule chose qui ne s'éteignait jamais en moi, même dans les instants les plus sombres et les plus douloureux : ma foi en Dieu et dans les 72 États de Conscience Angéliques. Je continuais à prier et à invoquer les Anges, même quand je n'avais plus d'énergie et que je n'arrivais plus à le faire qu'intérieurement, en silence et en mode ralenti. Parfois je ne ressentais même plus le sens profond de mon invocation ; je ne sentais plus rien, comme si j'étais déconnecté de la Source Divine. Mais j'ai persévéré dans ma récitation des mantras angéliques et continué à prier pour me purifier et devenir une meilleure âme.

Lorsque les initiations devenaient insupportables et que je ne savais pas ce qui allait m'arriver, j'appelais mon amie Christiane et lui demandais de passer au cas où je serais en danger. Je ne pensais pas vraiment qu'il puisse m'arriver quelque chose de fatal, mais sa présence me rassurait. Parfois, Christiane avait peur elle aussi de ce qui pouvait m'arriver, mais elle faisait confiance au Ciel. Elle me voyait vraiment comme un pionnier qui un jour pourrait témoigner de son parcours. Sa foi en moi était si grande !

Je souhaitais tellement me rapprocher de la Lumière que j'étais totalement concentré sur ma quête et ma vie d'ermite. L'amour d'une femme ne me semblait plus ni nécessaire ni possible. Je m'étais programmé pour vivre comme un moine, pensant que c'était la seule manière de servir Dieu au plus haut niveau. J'étais alors convaincu que ma voie était la prière et le service angélique dans la solitude. C'est plus tard que j'ai appris en rêve que Christiane était destinée à être ma femme.

Après le premier rêve que j'ai reçu à son sujet, j'étais persuadé que le Ciel voulait me tester à nouveau. Il a fallu plusieurs rêves pour me convaincre que j'avais aussi droit à l'amour et que ce que je vivrais dans un couple spirituel m'élèverait plus haut que tout ce que j'aurais pu imaginer à cette époque.

CHAPITRE TROIS

# L'ÉVEIL

L'*Éveil* est un autre chapitre fascinant où l'auteur montre à quel point la guidance peut nous paraître confuse au début, avant que nous soyons capables d'en reconnaître la précision, ce qui se fait au fur et à mesure que nous avançons sur la voie angélique. Kaya partage ses derniers pas dans le monde de la musique, son exil aux États-Unis où il a accompagné, dans la simplicité et l'anonymat, un des hommes les plus riches de l'État de New York, qui se trouvait en phase terminale. L'auteur dévoile aussi des secrets en lien avec le plan collectif et parle des moments profonds de sa rencontre avec différentes personnalités spirituelles, dont le Dalaï-Lama.

*

## 27- La concentration de l'intention

Sur le plan spirituel, ma grande volonté de comprendre la vie et la concentration de mon intention avec la pratique récitatoire étaient devenues mes clés pour franchir chaque nuit les Portes des Étoiles. Je récitais le Nom d'un Ange, focalisais mon intention sur une question ou un sujet que je voulais étudier ou approfondir, et préparais ainsi mon esprit à recevoir en rêve des réponses et des apprentissages liés à ces thèmes. Cette façon de procéder m'a permis de sentir que je participais réellement à mon évolution. Même aujourd'hui, 20 ans après le début de mon travail initiatique avec les Anges, je fonctionne toujours de cette manière. Je réalise maintenant que j'avais compris dès le début de mon cheminement l'importance de concentrer mon intention.

Je me suis aperçu que le développement de la capacité à concentrer son intention et sa conscience était bénéfique non seulement dans le monde de la spiritualité et des rêves, mais aussi dans les autres sphères de la vie. À cette époque, j'enseignais le chant. Une de mes élèves, une jeune fille de 11 ans, souhaitait de tout cœur chanter, mais elle avait une grande difficulté vocale et faussait presque à chaque note. J'avais remarqué qu'elle se dispersait facilement et qu'elle manquait de concentration. Je lui ai demandé de fixer

intensément la touche du piano correspondant à la note que j'allais jouer, de l'écouter dans un premier temps, de fixer à nouveau la touche pendant que je rejouais la note, et ensuite, de la reproduire vocalement. Instantanément, sa voix a sonné juste. Je lui ai donné un exercice à faire tous les jours en silence, pendant cinq à sept minutes. Celui-ci consistait à se concentrer sur un point sur le mur, par exemple un motif de la tapisserie ou autre chose qui retenait son attention ; tout en focalisant sa concentration sur ce point, elle devait respirer naturellement. Je lui ai dit qu'elle pouvait fermer les yeux quand ils étaient fatigués, puis les ouvrir à nouveau et continuer l'exercice. Après une semaine, ses notes scolaires avaient augmenté de façon fulgurante et elle arrivait à chanter juste.

## 28- Le vice-président

Ma faculté de me concentrer sur des pensées et des choix justes grandissait. Je focalisais de plus en plus mon attention sur mon développement spirituel, ce qui déprogrammait certains concepts erronés que j'avais adoptés ainsi que des façons de fonctionner que je devais rectifier. Juste avant de quitter complètement la musique, j'avais commencé l'enregistrement d'un album anglophone à New York, avec le support du vice-président d'EMI Publishing de l'époque, Evan Lamberg. Ce fut le dernier et aussi le plus important projet sur lequel j'ai travaillé avant de mettre consciemment fin à ma carrière musicale. Mon agent Ben Kaye, l'associé de René Angélil, s'était chargé de l'organisation et tous croyaient en ma réussite. Les chansons étaient très spirituelles et expliquaient les premiers pas de mon cheminement et les grands questionnements que je vivais. Pendant ce travail, j'avais des partages merveilleux avec mon producteur Russ DeSalvo, les auteurs-compositeurs à succès Arnie Roman et Terry Cox, ainsi que toutes ces belles personnes avec lesquelles je collaborais. Mais au fond de moi je ressentais que c'était l'étape finale, même si au niveau musical les portes du monde entier étaient grandes ouvertes pour moi et que tout était organisé pour assurer ma réussite.

Un jour, après avoir rêvé que ma voiture blanche fusionnait avec la limousine blanche d'EMI, le téléphone m'a réveillé ; c'était un appel d'Evan Lamberg. Il venait d'entendre les premières chansons que j'avais coécrites et enregistrées avec Russ et Arnie, et la chanson *Seven Seconds Too Late** l'avait tellement touché qu'il en était bouleversé. Il m'a avoué que c'était une des plus belles chansons qu'il avait entendues depuis *Fields of Gold* de Sting avec lequel il travaillait. J'étais moi aussi touché par sa sincérité, je ressentais qu'il était réellement là pour m'aider et me protéger. Dans son enthousiasme du moment, il m'a dit qu'il percevait un grand succès mondial à l'horizon et qu'il voulait s'occuper de mon style vestimentaire, de ma coiffure, de mon look, etc. Ma réponse a été très catégorique : « Non, je ne veux pas que quelqu'un d'autre me dise comment m'habiller et me coiffer ! Je suis désolé Monsieur Lamberg, ça, ce n'est pas mon truc. » Je m'étais affirmé avec une telle intensité, comme jamais je ne l'avais fait auparavant. Malgré le beau rêve que j'avais reçu et qui m'annonçait un avancement phénoménal, par ma réaction, j'aurais pu froisser cet homme et briser sa confiance et la dynamique positive que nous avions créée ensemble. Mais j'étais fier de moi, de m'être respecté à ce niveau pour la première fois. Par le passé, j'avais toujours voulu plaire et m'assurer de ne blesser personne, mais à ce moment, je vivais chaque jour comme s'il était à la fois le premier et le dernier : j'étais prêt à tout perdre s'il le fallait pour suivre mes idéaux divins, car

* *Chanson contenue dans BORN UNDER THE STAR OF CHANGE, le nouvel album de Kaya.*

la musique n'avait plus d'importance pour moi. Je n'aurais jamais imaginé alors que j'allais la retrouver un jour et m'en servir pour faire connaître les Anges sur Terre.

Au lieu de se sentir vexé, Evan Lamberg a réagi avec gentillesse: « Je comprends. Barbara Streisand et Sting sont aussi comme ça, tu réagis comme eux, ils ne veulent pas non plus qu'on s'implique à ce niveau… c'est d'accord, nous allons respecter tes choix. » Il m'a alors invité à assister à la première de Whitney Houston à New York pour que nous puissions passer du temps ensemble, discuter et rencontrer des gens. J'ai donc pris l'avion pour aller à cette rencontre, mais une fois rendu sur place, je me sentais en profond décalage avec tout ce qui m'y attendait: la limousine qui me conduisait me rendait mal à l'aise, la suite immense à l'hôtel me gênait, me perturbait même, car je pensais aux itinérants qui dormaient dans la rue, et les soirées dans les plus grands restaurants m'étourdissaient. Tout ce que l'on peut espérer comme possibilité de succès était là devant moi, cependant, dans mon esprit, tout tourbillonnait, je n'étais plus capable de me réjouir de l'abondance sans conscience et d'être avec tous ces gens qui se saluaient sans vouloir vraiment se connaître. Aujourd'hui, je suis capable d'être un bon diplomate, un bon *agent secret*, dans ce genre de contextes et de rencontres, mais à cette époque, l'extrémisme émergeait en moi et l'ermite qui prenait forme devenait plus fort que mon ancienne personnalité.

## 29- La fin de la musique

À cette période, les huit premières chansons de l'album étaient terminées. Evan Lamberg a organisé avec EMI et Blue Note Records ainsi que leur directeur artistique un *show case* (un concert de présentation) d'une soirée à New York pour présenter l'album. EMI avait dépensé une fortune pour cette soirée et les meilleurs musiciens de New York étaient avec moi pour cet évènement décisif sous la direction de mon producteur Russ DeSalvo. Tout était mis en place pour assurer un grand succès, alors que moi, j'étais dans ma suite d'hôtel en train de prier et de demander à Dieu si c'était réellement ma place. Je vivais un combat continuel pour savoir si je devais poursuivre ou arrêter. Nous avions reçu la réponse de Blue Note Records, et c'était un oui. Evan Lamberg était tellement content quand il m'a annoncé la nouvelle au téléphone, alors que moi, je ne l'étais pas du tout. Sans rien dire, j'essayais de comprendre pourquoi Dieu me demandait de continuer dans ce monde.

Le contrat de Blue Note Records devait arriver trois semaines plus tard, mais le directeur artistique qui s'était occupé du projet avait été remercié de ses services. Evan a dû m'informer qu'il fallait recommencer la présentation et essayer d'intéresser d'autres compagnies de disque car, habituellement, quand un nouveau directeur arrive dans une compagnie, il a déjà ses projets. Dans les mois suivants, Evan a présenté le projet à plusieurs autres compagnies et, à sa grande surprise, toutes ont répondu positivement. Mais curieusement, par la suite, tous les présidents ou directeurs de ces compagnies ont été soit transférés soit remerciés de leurs services, et à cause de cela tout retombait à l'eau. Evan et mon agent Ben étaient sans mots, c'était pour eux du jamais vu. C'est de cette façon que j'ai appris que le Ciel ne voulait plus que je continue dans la musique. J'ai reçu également une série de rêves qui répondaient à mes prières et questionnements.

Dans un de ces rêves, *je voyais que j'avais un potentiel semblable à celui d'Elvis Presley, pouvant se matérialiser en un très grand succès. Je voyais également un guide des mondes parallèles qui me regardait d'un air directif pendant qu'il coupait la ligne téléphonique chaque fois qu'une compagnie de disque nous donnait une réponse positive.* J'étais tellement heureux après avoir reçu ce rêve qui confirmait mon ressenti ; ma vie allait désormais être anonyme et au service de Dieu sur Terre. J'ai laissé aller les choses, tout en sachant qu'Evan ne serait pas capable de signer un contrat même s'il était très optimiste et me disait que cette musique nouvelle et inspiratrice n'avait pas d'époque. J'ai attendu quelque temps, puis lui ai envoyé, ainsi qu'à mon agent, une lettre de remerciements leur disant que je tournais la page, que la musique était terminée pour moi.

## 30- L'exil à Cold Springs, NY

Par la suite, j'ai pris la décision de m'exiler pendant un certain temps aux États-Unis, car au Québec (Canada), on se moquait de moi tous les jours dans des émissions de télévision et à la radio. Les gens me regardaient bizarrement, m'évitaient et avaient peur de moi même si je n'avais rien fait d'autre que de partager publiquement ma foi en dévoilant les premiers pas de ma vie spirituelle. Je me souviens que, personnellement, je ne voulais pas le faire, mais que j'avais reçu plusieurs rêves me disant d'aller de l'avant.

Dans le premier rêve qui a précédé mes entrevues publiques, *je voyais la limousine du président des États-Unis qui venait me chercher et j'avais tous ses gardes du corps qui me protégeaient pour aller à la télévision.* Je me suis senti très bien durant cette première entrevue à la télé, malgré les regards critiques de plusieurs personnes qui me connaissaient depuis mon enfance. J'ai ensuite fait quelques autres entrevues importantes pendant une période de trois semaines avant de tout arrêter. Je comprends aujourd'hui que les épreuves médiatiques vécues à cette époque étaient des semences pour le futur, que les moqueries allaient m'aider à dépasser les critiques et à solidifier mes valeurs.

Durant cette période, j'ai reçu un appel de Terry Cox, qui était une de mes collaboratrices d'écriture sur l'album que je venais de faire à New York. Elle m'a confié qu'une famille de Cold Springs cherchait quelqu'un pour accompagner leur père de 84 ans en phase terminale d'un cancer. J'ai proposé à cette famille de les aider bénévolement et me suis ainsi retrouvé aide-soignant pour cet homme. Il était l'une des personnes les plus riches de New York. Il avait placé sa fortune dans l'immobilier et possédait de nombreux édifices dans cette ville. La famille souhaitait me rémunérer mais j'ai refusé. Je m'occupais de cet homme simple et modeste et j'étais heureux que Dieu m'ait choisi pour être à ses côtés. D'une certaine façon, j'étais moi aussi en train de mourir intérieurement et de changer profondément, et je savais que ce n'était pas par hasard que j'accompagnais cet homme : avec lui, j'allais apprendre des choses essentielles. La famille avait mis à ma disposition un petit logement de fonction dans leur villa de Cold Springs, et j'étais heureux d'y vivre anonymement, dans la plus grande simplicité. Dans ce logement, je me sentais mieux que dans toutes les grandes maisons que j'avais eues et toutes celles dans lesquelles j'avais vécu. J'ai demandé à Terry de ne pas dire où je me trouvais, afin de pouvoir vivre dans l'anonymat et à l'abri des regards, dans la prière et le service divin. Je m'occupais de cet homme et j'aidais aussi sa femme, qui était également avancée en âge. Je portais des vêtements blancs tout au long de la journée et cela me faisait du bien. Je me sentais au service de Dieu et, tout en me consacrant à mes tâches quotidiennes, je continuais à développer mes facultés métaphysiques et ma conscience angélique en invoquant les Anges. Chaque nuit, je grandissais en conscience et en connaissance. J'étudiais et agissais autant la nuit que le jour pour aider les gens, et cela donnait un réel sens à ma vie. Je devenais de plus en plus un ange au quotidien, ce qui était mon souhait le plus cher.

## 31- La guérison miraculeuse

Cet homme dégageait une belle sagesse. Plus je le côtoyais, plus je comprenais pourquoi le Ciel m'avait envoyé à ses côtés. Très souvent, les gens riches sont perdus dans leurs besoins et dans leur égo. Ils ne vivent plus dans la réalité et, à force de fonctionner dans leur bulle, focalisés uniquement sur leurs envies, leurs préoccupations et leurs ambitions personnelles et égoïstes, ils finissent parfois par afficher de la méchanceté et du mépris à l'égard des autres. Ce n'était pas le cas de cet homme et le Ciel lui avait organisé les soins et l'accompagnement qui correspondaient à ce qu'il avait semé. Une fois, une dame noire qui était infirmière est venue à son chevet. J'ai vu le respect et l'amour que cet homme a manifesté à son égard; il ne faisait aucune différence entre les races, et pourtant, les gens de sa génération étaient souvent imprégnés de vieux concepts et de toutes sortes de préjugés. Lui ne l'était aucunement, et je me souviens de l'avoir félicité pour sa sagesse et son respect de l'être humain.

J'ai vécu auprès de cet homme pendant plusieurs mois, jusqu'à son décès, et il m'a apporté autant que j'ai pu lui apporter. Nous ne parlions pas beaucoup ensemble, car je pouvais anticiper ses pensées et ses mouvements quand je lui faisais sa toilette ou l'aidais à boire et à manger. Nous étions parfois en totale symbiose et il me regardait souvent, étonné, ne sachant que dire et ne comprenant pas trop qui j'étais. Je suis devenu rapidement un grand mystère dans cette famille. Ses enfants, qui venaient lui rendre visite, se questionnaient aussi sur mon origine, se demandaient d'où je venais et comment j'avais été choisi. Je gardais le secret et évitais les questions pour ne pas devoir entrer dans les détails et révéler mon passé. Je ne souhaitais plus être quelqu'un, je voulais uniquement être une présence bienfaisante, angélique. Sa femme étant devenue un peu jalouse, je me retirais quand je ressentais ses émotions et les ondes qu'elle dégageait. Elle était un peu compliquée, plus centrée sur elle, alors que son mari était tout le contraire. Lui et moi, nous nous ressemblions beaucoup. Vers la fin de ses jours sur Terre, il m'a demandé ouvertement: « Est-ce que tu es un ange? » J'ai répondu à voix basse que oui... que j'étais au service de Dieu qui m'avait envoyé pour l'aider à cause de toutes les bonnes actions qu'il avait réalisées dans sa vie. Je le visitais souvent en rêve, je voyais son passé, ce qu'il avait accompli, et le sens de ma présence auprès de lui. Nous communiquions continuellement par télépathie et, à un moment donné, je me suis rendu compte qu'il s'en était aperçu, qu'il le savait.

Dans ses dernières semaines, son petit-fils et ses enfants avaient attrapé un virus qui donne la diarrhée, et son médecin a interdit à la famille de s'approcher de lui à cause de sa grande fragilité. Je me souviendrai toujours de ce moment. Comme j'avais ressenti une forte baisse de mon énergie et que j'avais des gargouillements dans le ventre, je suis allé m'allonger pour prier et me reposer. J'ai pensé que j'avais probablement attrapé le virus moi aussi et qu'il me faudrait peut-être partir. Dans le détachement, je me suis assoupi quelques instants et j'ai reçu un rêve très puissant. *Un sage à barbe blanche et habillé de blanc est sorti d'une Lumière magnifique et m'a dit: « Tu pourras te guérir toi-même un jour », et il a envoyé un jet de Lumière sur mon ventre.* Je me suis réveillé aussitôt en pleine forme, sachant que je devais rester pour aider cet homme jusqu'à son dernier souffle, que son départ serait une renaissance autant pour lui que pour moi.

## 32- *Amazing Grace*, vers une autre mission

Parfois j'assoyais cet homme dans sa chaise et lui jouais du piano. L'une des musiques que j'avais composées à ses côtés est devenue la musique de l'Ange 13 Iezalel, dont la Qualité principale est la fidélité. Cette pièce de musique fait partie de la collection ANGELICA MUSICA, sur laquelle j'ai travaillé plus tard et qui présente une musique originale pour chacun des 72 Anges de l'Angéologie Traditionnelle. Une fois, pendant que je lui jouais cette musique, il m'a demandé ce que je souhaiterais faire un jour. Je lui ai répondu que j'allais fonder une université, avoir une fondation et que j'allais aider les gens à connaître le travail avec les Anges, les rêves, les signes et les symboles. Il m'a répondu calmement et avec beaucoup d'amour : « Je serai là à l'ouverture de ton université. » Ses paroles m'ont profondément touché et je lui ai dit : « Mais vous savez, rien n'existe encore. Tout cela, je le vois seulement en rêve. Il n'y a rien de concret pour le moment ; ce ne sera pas avant dix ans, je ne sais pas... » J'étais bien conscient qu'il ne serait plus de ce monde, puisque sa vie présente touchait à sa fin.

*

Dix ans plus tard, sans connaître cette histoire, ma fille m'a offert une surprise pour mon anniversaire : elle m'a joué la première pièce qu'elle a apprise au piano, celle de l'Ange Iezalel. Quand je l'ai entendue, des larmes ont coulé doucement sur mon visage ; je revoyais mon ami de 84 ans me dire à nouveau : « Je serai là pour t'aider. » Je pensais aussi à toutes mes souffrances intérieures, les milliers de kilomètres que j'avais parcourus, la quantité de rêves et les innombrables cauchemars que j'avais faits tout au long de mon cheminement avant que l'école et fondation *Univers/Cité Mikaël (UCM)* existe et que mes livres soient diffusés dans de nombreux pays à travers le monde. Pendant que ma fille de 12 ans jouait cette mélodie, je revoyais le chemin que j'avais fait et je remerciais du fond du cœur toutes les personnes qui aident la Fondation et me soutiennent dans ma mission par leur temps, leurs talents, leurs compétences et leurs dons.

Aujourd'hui, je comprends que c'est Dieu qui m'avait parlé par l'intermédiaire de cet homme et que l'aide promise s'est manifestée, et continue toujours à se manifester, à travers les personnes bénévoles, toujours plus nombreuses, qui s'impliquent mondialement de façon altruiste dans l'œuvre humanitaire de l'UCM. Car même si à cette époque j'avais des rêves extraordinaires m'expliquant le but de ma présence sur Terre, je ne voyais pas comment ma mission allait se concrétiser. Tout ce que j'avais fait en suivant la guidance d'En Haut avait, dans un premier temps, complètement déprogrammé ma vie, m'apportant uniquement des difficultés et des souffrances. Je me suis retrouvé seul, sans famille, sans carrière, sans amis, sans aucun avenir devant moi. J'ai suivi mes rêves et les signes avec une confiance absolue, j'ai tourné la page sur une vie de gloire et de fortune, et j'ai considéré avec détachement les merveilleux messages de mes rêves qui m'annonçaient mes futures actions angéliques. Toutefois, ne sachant quoi faire de ce destin qui me paraissait si irréel, j'ai essayé de ne pas y penser. Je me disais même que ces beaux rêves pouvaient être des mirages, des tests pour m'apprendre à être totalement détaché, sans aucune attente, et qu'ils servaient à me purifier afin de pouvoir manifester l'humilité divine.

Je comprends maintenant ce que signifie la mort de la conscience ordinaire et la naissance de la conscience angélique. Je sais aussi qu'au début du cheminement spirituel, on vit nécessairement plus de négatif que de positif. Les difficultés et les épreuves qu'on traverse sont nécessaires parce qu'elles nous révèlent nos distorsions, nos défauts et nos faiblesses qui voilent notre nature divine. Dans une conscience ordinaire, notre intention vise surtout les résultats matériels, alors que dans une conscience angélique elle est basée sur le développement des Qualités et des Vertus Divines. Je crois de toute mon âme que notre esprit chemine dans un corps physique afin d'apprendre à expérimenter la matière sans s'y attacher, en gardant en tout temps une conscience spirituelle et la connexion avec le Ciel. C'est seulement de cette façon que nous sommes réellement en mesure de marier l'esprit et la matière dans toutes les situations de la vie quotidienne et de mettre toujours à la première place les Qualités, les Vertus et les Pouvoirs à l'état pur. J'ai également appris que sans la Connaissance et la foi en l'Intelligence Cosmique et sa guidance, le parcours est tumultueux et dangereux. À mon avis, il pourra toutefois être plus facile pour les générations futures grâce, entre autres, aux expériences partagées dans ce livre. Ce savoir les aidera à se construire une vie angélique dès le départ, au lieu de devoir se déprogrammer plus tard et se reconstruire selon les vraies valeurs, comme la plupart des gens des générations passées doivent le faire avant de pouvoir réaliser d'authentiques objectifs spirituels, à la fois altruistes et humanitaires.

*

Le départ de cet homme m'a été révélé en rêve, et comme je le fais maintenant souvent avec d'autres âmes, j'ai pu l'accompagner dans son passage. Durant la nuit de sa mort, *j'étais avec lui dans la réalité onirique. Il était décédé, se sentait perdu et ne savait pas où il se trouvait et ce qu'il devait faire. Je l'ai pris par la main et lui ai dit: « C'est moi, Kaya... » Il m'a reconnu et cela l'a rassuré. Je lui ai fait signe d'aller dans la direction du tunnel de Lumière qui était devant nous. Il m'a regardé, puis est parti dans cette direction.* Le lendemain matin, quand j'ai ouvert la porte de sa chambre, sa femme était étendue à côté de son corps et pleurait. Il était parti.

Son fils, qui était très reconnaissant pour ce que j'avais fait pour son père, m'a demandé d'être présent à l'enterrement. Je me suis retrouvé à chanter *Amazing Grace* lors du service funéraire. L'amie qui m'avait présenté à cette famille y était également et, grâce à elle, j'ai eu l'occasion de rencontrer une autre famille de Cold Springs qui avait eu connaissance de l'aide que j'avais apportée à cet homme. Sachant que je devais maintenant partir de là, cette famille m'a offert de m'héberger chez eux en échange de travaux de jardinage. Les gens de Cold Springs commençaient à s'interroger à mon sujet. Ma présence auprès de cet homme et l'énergie qui se dégageait et remplissait l'église d'une force inhabituelle quand j'ai chanté *Amazing Grace*, étaient pour toutes les personnes présentes incompréhensibles. J'ai accepté volontiers cette nouvelle invitation à servir, sachant très bien qu'une mission divine m'y attendait. Ils voulaient me rémunérer pour mes services, mais je leur ai expliqué que je souhaitais les aider bénévolement, qu'il suffisait de me loger et de me nourrir en toute simplicité. Ils ne comprenaient pas mon attitude, car faisant partie des familles les plus riches des États-Unis, ils auraient été en mesure de me payer généreusement. C'était aussi une belle famille; la dame était spirituelle et ils avaient un nouveau-né, une petite fille nommée Grace.

## 33- Le mystère, l'anonymat

La vie de jardinier sur leur immense propriété me convenait parfaitement. J'avais averti la famille que ce travail me prendrait du temps, parce que je le faisais en prière, en invoquant les Anges et qu'ils devaient être à l'aise avec une telle façon de fonctionner. Ils ont accepté gentiment, et un beau dimanche après-midi, pendant que nous étions en train de désherber ensemble, je leur ai expliqué que le travail de désherbage que je faisais dans le monde extérieur, je le faisais simultanément dans mon monde intérieur, au niveau de ma conscience, et que c'était la raison pour laquelle cela prenait du temps. Ce jour-là, ils avaient désherbé une surface presque cinq fois aussi grande que la mienne, mais ils ont respecté ma façon de procéder. Plus tard, la dame m'a partagé que son époux avait été très touché par cet enseignement, car l'année suivante, aucune mauvaise herbe n'avait repoussé à l'endroit que j'avais désherbé, tandis qu'il y en avait à nouveau amplement dans la section qu'ils avaient eux-mêmes désherbée.

Le temps que j'ai passé chez ce couple m'a permis de continuer à travailler sur moi en profondeur et à me familiariser avec mes pouvoirs spirituels sur le plan collectif. Dans mes rêves, j'observais comment les évènements se préparaient, et je me voyais agir et intervenir dans la réalité onirique. Ensuite, je validais la matérialisation des images vues en rêve à travers les nouvelles dans les journaux. J'avais même pris l'habitude de découper et de rassembler des articles afin de pouvoir faire le suivi. Je me souviens d'une fois où la dame qui m'hébergeait était entrée

dans ma chambre et avait vu, étalées sur mon lit, des découpures de journaux concernant des évènements majeurs qui s'étaient produits aux États-Unis et dans plusieurs autres pays. Il y a eu un long moment de silence, et ce qu'elle voyait semblait l'apeurer un peu, d'autant plus qu'elle ne savait pas qui j'étais vraiment ni d'où je venais.

Cette période de ma vie pendant laquelle la dimension collective s'ouvrait en moi a été cruciale. Je grandissais intérieurement et avais de plus en plus confiance en mes facultés métaphysiques – des facultés que chacun peut développer en travaillant sur soi. J'en explorais les différentes facettes, ainsi que l'impact multidimensionnel que nous pouvons produire en agissant avec une conscience angélique dans les dimensions du rêve. J'avais réalisé de nombreuses interventions angéliques au niveau individuel et, maintenant, je me rendais compte que nous avons également la capacité d'intervenir sur le plan collectif : c'était pour moi une découverte fascinante.

La plupart du temps, lorsqu'une telle intervention se produit en rêve, on se voit dans un évènement qui est en train de se dérouler, et c'est comme si on devenait le programme : on sait exactement quel geste poser. Au réveil, on se retrouve avec des informations confidentielles et on est surpris de ce qu'on a fait ou vu en rêve. Par exemple, je pourrais, dans un rêve, dire à un policier de se rendre à tel endroit afin qu'il trouve un indice qui l'aidera dans son enquête. À son réveil, le travail que j'aurais réalisé se présentera à son esprit comme une idée ou une inspiration qui le guidera au bon endroit, au bon moment et l'aidera à trouver ce dont il avait besoin pour que son enquête avance.

Mais quand on commence à avoir accès au plan collectif dans la dimension métaphysique des rêves, on n'est pas tout de suite habilité à prendre soi-même des décisions, ni capable de comprendre intégralement ce qui se passe et ce qui doit être accompli. On devient alors un symbole du programme, c'est-à-dire qu'on agit et que notre action produit un effet, mais on ne sait pas consciemment ce que l'on a fait. Se voir agir dans *Skynet*, ou *Intersky* – deux termes que j'utilise pour désigner l'Internet des mondes parallèles – est une expérience assez extraordinaire ! On peut y côtoyer le président d'un pays et discuter avec lui, voir une catastrophe naturelle qui se prépare ou encore assister à un évènement politique ou social majeur qui aura un impact planétaire. Ensuite on découvre à travers les nouvelles dans les médias l'effet de nos activités oniriques et la concrétisation des évènements qui se préparaient sur les plans subtils. À cette époque, je me demandais parfois si je ne devrais pas contacter le FBI ou la CIA et leur proposer mon aide. Finalement, il me semblait préférable de rester anonyme. Un rêve m'a également confirmé qu'il était plus sage de continuer à aider et à inspirer les autres dans la dimension onirique. De plus, un ange n'a pas besoin d'être ni connu ni reconnu, et encore moins de justifier son travail ou prouver ce dont il est capable.

## 34- Le révérend et le Dalaï-Lama

Au début, je cherchais à servir une cause, à faire partie d'une structure communautaire. J'ai essayé de participer à une retraite chez des moines bénédictins en me disant que la meilleure solution pour moi serait peut-être de me retirer dans un monastère. Je me souviens encore comme si c'était hier de ce qui s'est passé et ce que j'ai ressenti lors de cette expérience.

En montant l'escalier qui conduisait à ma chambre, le moine qui m'accompagnait était bizarre, suspect. Je sentais son regard sur moi comme si j'étais une victime potentielle. Après avoir déposé ma valise dans la toute petite chambre, il m'a regardé dans les yeux en me demandant si tout était correct, si j'avais tout ce qu'il me fallait. J'ai vu et capté dans son regard qu'il avait un désir physique à mon égard ; la tonalité de sa voix et sa gentillesse mielleuse, qui n'était ni naturelle ni saine, le confirmaient. C'était tellement intense que je me sentais comme un prisonnier. Je lui ai dit que je n'avais besoin de rien et il est reparti. Une fois seul, je me suis assis sur le lit et j'ai commencé à réfléchir. Quelques minutes plus tard, c'était clair dans mon esprit : je devais quitter cet endroit, je n'y étais pas à ma place. À travers l'attitude de ce moine, Dieu m'avait donné un enseignement. Il m'avait fait comprendre que là n'était pas ma voie, que j'étais mieux dans la nature, dans mon chalet, pour méditer et prier. J'ai redescendu les marches presque en volant, tellement j'étais pressé de m'en aller.

À Cold Springs, je m'étais lié d'amitié avec un révérend baptiste qui me donnait aussi des cours d'anglais. C'était une bonne personne avec qui j'ai pu partager. Il était très seul et vivait dans un appartement où régnait le désordre. Personnellement, j'analysais la vie comme si c'était un rêve, et la symbolique m'avait appris que *l'extérieur est toujours le reflet de l'intérieur.* Je comprenais ainsi que son appartement mal rangé révélait le désordre qu'il y avait en lui, dans son monde intérieur. Tout en comprenant cela, je m'étais aussi rendu compte qu'il était un homme extraordinairement gentil, qui inspirait les autres, les écoutait et les aidait à découvrir leur foi. Il était très animé lors de ses sermons et prêchait bien la bonne parole, mais chez lui à la maison, on ressentait sa tristesse, son vide et sa solitude. C'était une belle âme qui vivait cependant un grand décalage entre la vie collective et la vie intime. Nous parlions souvent pendant des heures, sans que je dévoile mon identité spirituelle. Je l'avais déjà révélée à un prêtre catholique qui a finalement eu peur de moi, de mes rêves et mes cauchemars, à un point tel qu'il a mis un terme à notre relation. Je ne voulais pas répéter l'expérience.

Je lui ai cependant parlé du travail avec les 72 Anges; il en était fasciné et a commencé lui-même à les invoquer. Il avait hâte, me disait-il, que j'écrive un livre sur le sujet, mais à cette époque, étant dyslexique, l'idée d'écrire un livre n'était pas vraiment envisageable. J'avais de la difficulté à lire le journal sans sauter les lignes. De plus, mon esprit était absorbé par ce que je captais simultanément sur les plans métaphysiques et je devais souvent reprendre la lecture au début du paragraphe. Miraculeusement, ce problème a disparu quand j'ai dû réviser les conférences que Christiane et moi avions préparées ensemble, lesquelles sont devenues par la suite nos premiers livres témoignant de nos expériences avec les États de Conscience Angéliques appliqués au quotidien.

Quand j'ai senti que nous étions arrivés au bout de nos échanges, j'ai remis à cet homme une somme d'argent importante qui, en plus de payer mes cours d'anglais, lui permettait de rénover son appartement. J'étais heureux de pouvoir poser ce geste, car je savais que notre lien ne datait pas seulement de cette vie et que je lui remettais quelque chose, un service qu'il m'avait rendu dans une vie précédente.

Ainsi, chacune de mes expériences m'amenait à l'étape suivante et m'aidait à me reconstruire intérieurement. Cependant, je continuais à mener ma vie spirituelle en secret, gardant le silence sur les facultés et les pouvoirs angéliques que je développais progressivement.

*

À cette époque, il m'arrivait aussi de voyager de Cold Springs jusqu'à la grande ville de New York pour rendre visite à un autre homme âgé de plus de 80 ans avec qui j'avais de longues discussions spirituelles. J'avais pris l'habitude de marcher de deux à trois heures de la gare jusqu'à sa maison plutôt que de prendre l'autobus. Ces trajets étaient toujours intenses, car je ressentais fortement les pensées et les émotions des passants dans les rues; l'intensité de cette grande métropole m'électrisait. Ma grande ouverture de conscience ainsi que ma faculté de percevoir les énergies collectives me faisaient passer sans arrêt d'une personne à l'autre. Pendant que je ressentais les différents états d'âme, mon esprit analysait et validait rapidement, comme un ordinateur, les ambiances et les mélanges d'énergie qui se trouvaient autour de moi.

Je passais des après-midis entiers en compagnie de cet homme à parler philosophie. Il m'a beaucoup aidé en me donnant des preuves de qui j'étais réellement. Il recevait aussi des rêves très précis et connaissait ma mission angélique sur Terre. Sa présence me faisait du bien, parce qu'il me motivait et m'apportait des clés additionnelles aux informations que je recevais dans mes rêves. Je ne peux pas dire que j'apprenais de nouvelles choses de lui, car les dizaines de rêves que je recevais chaque nuit me donnaient toujours l'impression d'être en avance sur ce que j'allais vivre ou rencontrer. Mais j'étais heureux que nous puissions échanger à un niveau de conscience élevé. Nous avons passé des moments très enrichissants ensemble et je garde un beau souvenir de sa présence paternelle. Quand j'ai quitté la région de New York, j'ai continué ma vie de solitaire, plongeant encore plus profondément dans la suite de mes initiations angéliques; nous n'avons pas eu l'occasion de rester en contact.

*

Je suis également allé voir plusieurs gourous indiens. J'étais tout le temps en quête et c'était ma réalité onirique qui me guidait et m'indiquait quelle voie je devais suivre. Mes rêves me révélaient si le gourou était authentique ou non, m'aidaient aussi à faire le lien entre les plans physique et métaphysique et me permettaient d'étudier leur structure et leur fonctionnement. Comprendre que *tout ce qui est en haut est comme ce qui est en bas* et vice versa permet de valider les messages et les informations qu'on reçoit ou qu'on capte sur les plans métaphysiques. C'est très révélateur : quand la réalité matérielle est désorganisée, en désordre et malpropre, quand on est trop détaché de la matière ou, au contraire, quand on est trop matérialiste, égoïste et possessif, cela dévoile bien des choses sur l'état d'esprit et le niveau de conscience d'un individu, d'une entreprise, d'un pays et de ses dirigeants, ainsi que sur les idées, les valeurs et les principes qui leur servent de guidance. Nous devons rester vigilants constamment afin de trouver les influences et les personnes qui seront justes et bénéfiques pour notre évolution. J'ai apprécié chacune des étapes qui m'ont fait croiser des hindous, des juifs, des musulmans, etc. L'ensemble de ces rencontres m'a inspiré dans ma quête de Vérité, et ce, en gardant continuellement à l'esprit l'idée de séparer le bon grain de l'ivraie, de distinguer le bien du mal.

*

Un jour, j'ai eu l'idée de me joindre aux moines tibétains. J'étais sûr que ce serait ma voie, d'autant plus que j'avais reçu un rêve dans lequel le Dalaï-Lama m'invitait à le rencontrer. Au réveil, je pensais devoir me rendre en Inde, mais j'appris que le week-end suivant, le Dalaï-Lama allait donner des enseignements dans un centre bouddhiste près de Cold Springs. Je m'y suis rendu, le cœur prêt à servir, en pensant que c'était l'appel que j'avais attendu, que j'avais enfin trouvé ma place. Des milliers de personnes étaient venues au centre pour l'évènement. À l'heure du dîner, en allant aux toilettes, je me suis trompé de porte et suis entré dans une salle où les Lamas, les principaux conseillers du Dalaï-Lama, étaient réunis autour d'une table. À ma grande surprise, il y avait une place libre pour le dîner et, tout naturellement, ils me firent signe d'approcher et de m'asseoir pour manger avec eux. Même si j'étais un peu surpris de leur réaction, d'une certaine manière, cela me paraissait normal et naturel de me joindre à eux.

Pendant mon échange avec le Lama assis à mes côtés, je lui ai demandé s'il recevait parfois des rêves. Il m'a répondu qu'il ne

rêvait pas souvent, et je lui ai partagé que, de mon côté, je rêvais énormément. Très enthousiaste, il m'a raconté alors un rêve qu'il avait reçu et qu'il souhaitait comprendre. Dans son rêve, *l'eau était calme, il y avait une belle montagne et l'ambiance était sereine.* C'était un rêve facile à interpréter. Je lui ai expliqué que l'eau calme symbolise de belles émotions stables, un état de sérénité, et que la montagne représente le souhait d'élévation naturelle vis-à-vis du plan matériel et du monde de l'action dans la matière. J'ai ajouté qu'au lendemain du rêve, il avait certainement passé une belle journée, remplie de sérénité, de méditation et de réflexion. Tout content de mon interprétation et souriant, il m'a fait signe d'aller m'asseoir à côté d'un Lama plus âgé qui semblait être le plus important d'entre eux. Celui-ci m'a demandé :
– Comment t'appelles-tu ?
– Je m'appelle Kaya.
– Est-ce que tu sais ce que ton nom signifie ?
– Non, je ne le sais pas… mais vous le savez peut-être ? J'ai toujours voulu connaître la signification de ce nom que j'ai reçu en rêve.

Il a souri, a regardé les autres Lamas qui écoutaient tous attentivement, puis m'a répondu solennellement :
– L'un des principaux objectifs du bouddhisme tibétain est le *Dharma-Kaya* qui veut dire en sanscrit *prendre corps, incarner le Dharma, la vie spirituelle.*

Je l'ai remercié, sachant intuitivement que je ne pouvais pas en demander davantage, que je devais être humble. Je suis retourné à ma place et j'ai mangé silencieusement, en les écoutant, les observant et vivant cette expérience comme un moment exceptionnel. Je ressentais dans toutes mes cellules que cette énergie, cette façon de vivre, était quelque chose que je connaissais très bien.

Dans la nuit suivante, j'ai reçu des dizaines de rêves remplis d'enseignements dont le plus important était celui du Dalaï-Lama. *J'étais avec le Dalaï-Lama qui me regardait en disant : « Tu n'as rien à faire ici. Tu as une autre mission, il faut que tu t'en ailles, sinon tu finiras par faire de l'artisanat à Dharamsala ! »* Ouf ! Je me suis réveillé en sursaut, tellement j'étais touché par la puissance du message et l'intensité avec laquelle il me l'avait livré.

Cette journée-là, je suis retourné au centre bouddhiste pour la suite des enseignements offerts par le Dalaï-Lama, en espérant qu'il m'ait vu en rêve, qu'il me reconnaîtrait et viendrait me parler. J'ai demandé au Lama plus jeune avec qui j'avais parlé le jour précédent s'il pouvait m'obtenir une audience auprès du Dalaï-Lama. Il m'a promis d'essayer, et quelques minutes plus tard, le secrétaire personnel du Dalaï-Lama est venu me voir pour me dire que le Dalaï-Lama allait me recevoir. J'étais très heureux, c'était pour moi un cadeau du Ciel et j'espérais de tout mon cœur qu'il m'ait vu lui aussi en rêve. Après environ une heure d'attente, le secrétaire est revenu vers moi s'excusant gentiment du fait qu'un incident de dernière minute obligeait le Dalaï-Lama à partir plus tôt que prévu et qu'il ne pourrait pas me recevoir. J'ai alors mieux compris mon rêve qui me disait que je devais moi aussi partir vers mon destin que je ne connaissais pas encore.

# CHAPITRE QUATRE
# LA TRANSFORMATION

La transformation de la conscience humaine en une conscience angélique est un processus puissant qui nous donne progressivement accès aux Pouvoirs Divins, autant dans le monde des rêves que dans la vie concrète. La guérison d'une personne atteinte de cancer a été une expérience marquante dans la nouvelle vie de Kaya. Ce vécu lui a permis de comprendre que, pour intégrer une conscience angélique, devenir un ange et aider véritablement les autres, nous devons nettoyer nos mémoires et transformer nos distorsions qui nous sont révélées dans nos rêves et nos cauchemars, ainsi que par les résonances que nous avons avec les gens et les situations rencontrés dans la vie quotidienne. Dans ce chapitre, Kaya nous explique l'importance de dédramatiser nos cauchemars et nos expériences négatives, d'intégrer le fait que la vie est comme un rêve, et que les autres et tout ce qui nous entoure sont le reflet de parties de nous-mêmes. Il nous rappelle que nous existons dans un univers en évolution qui nous incite continuellement à apprendre et à développer des qualités et vertus afin de devenir une meilleure âme. De plus, il nous fait découvrir que toute expérience physique et métaphysique est une source de sagesse et de connaissances nous amenant à activer nos facultés divines.

*

## 35- Le pouvoir de guérison

Il y a environ 20 ans, je donnais des cours privés de chant à l'École de musique Vincent d'Indy. Une de mes élèves m'a un jour parlé de sa mère qui était atteinte de cancer ; les larmes aux yeux, elle m'avait partagé sa peine face à cette situation. Elle était très croyante et m'a avoué qu'elle priait, souhaitant de toute son âme que sa mère guérisse ; elle était convaincue que c'était possible. J'apparaissais souvent dans ses rêves et elle avait une grande confiance en moi. Nous parlions ouvertement de notre cheminement spirituel durant les leçons, ce qui arrivait fréquemment avec mes élèves : en plus de chanter, nous échangions sur la spiritualité et le sens de la vie. Je leur expliquais que chanter est essentiellement une communication de l'âme, que notre voix porte ce que nous sommes profondément, et que chanter implique une grande responsabilité puisque le chant crée une ambiance qui influence les gens, non seulement au niveau émotionnel, mais aussi jusque dans leur façon de vivre et de matérialiser.

Un jour, elle m'a regardé spontanément dans les yeux et m'a dit : « J'ai l'impression que tu peux aider ma mère… est-ce que tu voudrais prier pour elle ? » Elle s'est exprimée avec une telle profondeur que j'ai clairement eu le sentiment que je devais essayer d'aider cet être. J'ai toujours su qu'on ne peut guérir tout le monde, que les maladies et les limitations physiques sont essentiellement des enseignements pour l'âme, des cadeaux nécessaires à notre évolution, et qu'elles découlent de blocages provenant de nos mémoires passées et servant d'incitation à développer des qualités et à corriger des façons erronées de penser, d'agir et de vivre. Je savais aussi que les miracles sont possibles, que nous avons tous ce pouvoir de guérison, autant pour soi que pour autrui. C'était pour moi une certitude, quelque chose de très concret dont j'étais tout naturellement convaincu. Ma relation avec mon pouvoir de guérison a toujours été mystérieuse, sacrée et voilée. Au fond de moi, je savais que j'en étais capable, mais je n'avais jamais osé l'essayer concrètement par peur de nourrir chez l'autre de faux espoirs; c'est pourquoi je préférais garder le silence sur ce sujet.

Toutefois, le courant d'énergie que j'ai ressenti à cette demande sincère a été comme un signal que j'avais l'autorisation de guérir sa mère. J'ai donc décidé d'utiliser pour la première fois ce pouvoir même si je vivais une dualité, car je voulais être sûr de ne pas contrecarrer les desseins de Dieu ni le plan de vie qu'Il avait orchestré pour cette personne.

Cette première expérience de guérison s'est déroulée dans le secret. Après la demande de mon élève, chaque jour je focalisais mon esprit sur sa mère et récitais le *Notre Père* comme un mantra. Plusieurs fois par jour, je me mettais à genoux, en méditation, priant et demandant à Dieu que cette femme guérisse si c'était juste pour l'évolution de son âme. Je me voyais fusionner avec cette dame que j'avais vue seulement une ou deux fois, et je respirais le Nom de Dieu à travers elle souhaitant sa guérison si telle était Sa Volonté. Même si j'avais cette forte intuition que j'avais la faculté de guérir, je ne l'avais jamais utilisée de façon aussi concrète auparavant: cette expérience était donc en même temps comme un test pour moi.

La semaine suivante, mon élève m'a téléphoné pour me dire que sa mère était guérie, que les médecins ne comprenaient pas du tout ce qui s'était passé, et qu'elle était convaincue que je l'avais sauvée en priant pour elle. Je n'ai rien répondu et, pendant mon silence, elle m'a chaleureusement remercié de sa voix émue. Au fond de son âme, elle avait la certitude que j'étais intervenu. Quand j'ai raccroché le téléphone, j'étais heureux et, simultanément, j'avais peur que cela se sache. La peur de dévoiler mes capacités spirituelles et métaphysiques était toujours tellement présente en moi! Dépasser cette peur a été le plus grand travail que j'ai fait sur moi, car j'avais toujours cette impression que révéler mon pouvoir spirituel amènerait de grandes souffrances. J'ai dû travailler longtemps sur ces mémoires qui m'habitaient et que j'avais enregistrées dans un passé lointain.

Quelques mois plus tard, un ami m'a appelé, affolé, pour me dire qu'on venait de lui diagnostiquer un cancer du cerveau. J'étais dans la voiture au moment de son appel, en route pour aller chez lui, où j'habitais depuis quelques semaines – lors de ma séparation d'avec la mère de ma fille, il m'avait gentiment offert de m'héberger le temps que je me trouve un appartement et que je me réorganise. Lui et sa femme venaient d'avoir un enfant. Puisque le cancer était déjà très avancé, mon ami a dû quitter son emploi pour suivre des traitements de chimiothérapie. Je le voyais dépérir de jour en jour et je l'entendais vomir au retour de ses traitements. Il souffrait de terribles maux de tête qui l'empêchaient même de prendre son enfant dans ses bras, de peur de l'échapper à cause des étourdissements provoqués par la douleur et les médicaments. Son pronostic était mauvais. J'ai dû rapidement me trouver un autre endroit où vivre afin de respecter leur besoin de se retrouver seuls, car cette épreuve avait complètement perturbé leur vie.

Je savais au fond de moi que je pouvais l'aider, mais en même temps, je n'étais pas en pleine confiance pour savoir comment procéder. Finalement, je lui ai proposé mon aide sous forme d'un soin en lui disant que si j'arrivais à le guérir, il devrait utiliser cette seconde chance et trouver une façon de servir Dieu sur Terre. Il a accepté, prêt à tout pour s'en sortir. Il est venu au chalet où je demeurais avec un autre ami et s'est allongé sur mon lit. Je lui ai expliqué que Dieu seul pouvait le guérir, mais que je prierais et demanderais Son aide en sa faveur. Je ne savais pas vraiment comment donner un soin énergétique à quelqu'un car je n'en avais jamais fait auparavant. J'ai mis une musique inspirante et j'ai allumé quelques chandelles. J'ai ensuite pris sa tête entre mes deux mains et j'ai commencé à réciter le *Notre Père* comme un mantra. À cette époque, je ne connaissais pas encore le travail avec les Énergies Angéliques. J'ai fait circuler l'énergie de mes mains vers sa tête en ajoutant une intention à ma prière : « Mon Dieu, s'il le faut, prends ma vie en échange… s'il le faut, je suis prêt à mourir pour qu'il puisse guérir. Que Ta Volonté soit faite ! » J'ai continué ainsi pendant environ deux heures et, à un moment donné, j'ai ressenti de l'électricité sortir de mes mains et entrer dans sa tête. C'était tellement puissant que je me suis mis à crier. Cela a duré un bon moment, après quoi je me suis assis sur le lit, épuisé.

Un ami commun qui assistait au soin était sans mots, tandis que celui qui venait de recevoir cette charge d'énergie s'est réveillé comme d'un lointain sommeil, sans savoir ce qui s'était passé ni où il était. Il lui a fallu plusieurs minutes avant qu'il n'arrive à se repérer. Quant à moi, j'avais un mal de tête violent, tout mon crâne résonnait et j'arrivais à peine à marcher, alors que chez lui, toute douleur avait complètement disparu, il rayonnait de bien-être. Je l'ai rassuré par rapport à mon état et lui ai demandé à quel endroit se situait sa tumeur. Sa réponse m'a confirmé ce que je savais déjà : j'avais mal au même endroit. J'ai alors compris que s'était maintenant moi qui avais la tumeur.

Mes deux amis sont partis et je me suis couché sur le lit, en prière et en symbiose totale avec Dieu, fasciné par ce que je venais de vivre. Je me suis remémoré chaque seconde du soin sans regretter l'intention que j'y avais mise. J'étais prêt à mourir parce qu'au fond de moi je savais que, pour soigner l'autre, il est nécessaire de fusionner avec lui sans nourrir de peur pour soi. Cette expérience m'a permis de me fondre avec une confiance totale dans le Divin. Même si j'avais très mal à la tête, je n'avais aucune crainte. Après un long moment, je me suis finalement endormi.

Pendant la nuit, j'ai reçu un rêve révélateur qui m'expliquait symboliquement l'expérience que je venais de vivre. *Je me trouvais chez mon ami malade en compagnie de l'ami qui était présent pendant le soin. Nous étions tous les trois assis à une table au centre de laquelle il y avait un bol avec un liquide noir. Je savais que c'était un poison très dangereux. J'ai pris un mouchoir blanc et l'ai plongé dans le bol pour absorber le poison jusqu'à ce que le bol soit vide. Puis je me suis dirigé vers la toilette et j'y ai jeté le mouchoir imbibé de poison. J'ai actionné la chasse d'eau, mais la toilette était bouchée. J'ai vite plongé ma main dans la toilette et en ai sorti toutes sortes d'objets qui la bloquaient; il y avait entre autres un dinosaure en peluche et la bague de mariage de mon ami. Pendant ce temps, celui-ci se tenait à mes côtés et regardait tristement sa femme au loin, car leur mariage était en grand danger, et ce, depuis déjà un long moment. J'ai finalement réussi à faire fonctionner la toilette et j'ai compris que l'évacuation de ce poison dangereux, qui représentait la mort, était une opération très délicate. J'ai ensuite réalisé que ma fille Kasara, qui avait environ deux ans, était dans le bain avec une robe rouge et qu'elle avait été atteinte par le poison sur le troisième œil. Je me suis écrié : « Non, non, Kasara ! » Je l'ai vite prise dans mes bras, j'ai passé son front sous l'eau du robinet de la baignoire et j'ai nettoyé son troisième œil avec mes doigts.* À ce moment, je me suis réveillé.

Le mal de tête a duré 48 heures et je suis resté au lit tout ce temps. Mon ami m'appelait chaque jour pour me remercier en disant qu'il n'avait plus du tout mal à la tête, que c'était un vrai miracle. Son médecin lui a appris peu de temps après le soin que la tumeur avait complètement disparu, comme si elle n'avait jamais existé. Les médecins en étaient stupéfaits. J'ai demandé à mon ami de garder le silence sur ce soin, ce qu'il a fait.

Après sa guérison, il a rapidement retrouvé du travail et, en quelques mois seulement, il est devenu riche par un concours de circonstances et de synchronicités extraordinaires. Tout lui réussissait facilement. Il a ouvert un restaurant qui offrait de la nourriture *fast food* de mauvaise qualité, puis un deuxième un peu plus tard. Je l'ai vu prospérer, mais il n'a pas tenu sa promesse de servir Dieu et d'aider l'humanité. Avec le temps, il a même pris ses distances par rapport à moi, quoique je ne lui aie jamais rappelé sa promesse. Pour l'aider dans les semaines suivant sa guérison, je lui avais vendu ma voiture à un très bon prix, mais il n'a pas non plus respecté les paiements mensuels convenus. Ces évènements m'ont permis de comprendre pourquoi Dieu nous bloque parfois, et pourquoi il nous orchestre des épreuves. De plus, le Ciel m'a fait vivre cette expérience pour m'apprendre à utiliser mon pouvoir et ma richesse spirituels de manière judicieuse, juste et sage ; pour m'aider à intégrer encore plus profondément le fait que le mal est éducationnel et qu'il ne se manifeste pas sans raison. Quinze ans plus tard, j'ai eu des nouvelles de cet homme par le biais de Facebook, où il avait écrit un message mentionnant qu'il avait atteint un score important en jouant au poker dans un casino ; ce qui démontrait qu'il mettait toujours l'emphase sur l'aspect matériel de la vie, qu'il n'avait pas compris en profondeur sa seconde chance.

*

Aujourd'hui, je suis tout à fait à l'aise avec le pouvoir de guérison et je comprends parfaitement son processus. Les médecins et guérisseurs se sentent souvent mal à l'aise lorsque leurs efforts pour soigner un patient n'aboutissent pas à des résultats tangibles. Ils ne comprennent pas que la guérison totale n'est possible que lorsque les mémoires relatives à la maladie ont été complètement nettoyées et transformées. Un médicament, une intervention ou une méthode de soin traditionnelle ou énergétique offrent une seconde chance à l'être, mais très souvent, ces traitements se résument à une guérison en surface, au niveau des symptômes physiques, et non en profondeur, sur le plan des causes.

Il est important de comprendre que la maladie est une accumulation de mémoires négatives qui peuvent être décodées avec le langage symbolique. Celui-ci permet de retracer la nature des comportements et de ce que la personne a vécu sur les plans physique, émotionnel, intellectuel et/ou spirituel. De plus, ces mémoires ne datent pas nécessairement de cette vie, mais peuvent remonter à des vies antérieures. L'âme est comparable au disque dur d'un ordinateur vivant, géré par l'esprit, qui enregistre continuellement des informations jusqu'au niveau de l'ADN. Ainsi, le corps physique se forme à l'image de ces enregistrements et se régénère en fonction des états d'âme, des qualités ou des faiblesses que l'être cultive et entretient. La compréhension des aspects métaphysiques et symboliques de la maladie ainsi que de son rapport avec les mémoires inconscientes est essentielle si l'on souhaite en trouver la cause véritable et guérir en profondeur.

Aujourd'hui, nous avons au Canada une clinique de soins énergétiques, la *Clinique Angelica Pratica*, créée en collaboration avec mon épouse Christiane, le Dr François Bouchard et son épouse Denise Fredette. Plusieurs livres sur la capacité de soigner physiquement et métaphysiquement avec le langage symbolique et le travail angélique sont en préparation et seront diffusés dans les années à venir. De plus, depuis 2014, UCM offre la formation IRSS (Interprétation de Rêves, Signes & Symboles) – dans un premier temps en français, et bientôt en anglais – qui s'adresse non seulement aux professionnels de la santé, mais à toute personne souhaitant travailler profondément sur elle et acquérir des connaissances et des outils fiables pour améliorer sa vie, aider sa famille et son entourage, mieux comprendre son plan de vie ainsi que les corrélations entre les dimensions physique et métaphysique, le monde des conséquences et celui des causes. C'est une grande joie pour moi que l'Univers/Cité Mikaël puisse maintenant ouvrir la porte sur une nouvelle dimension de guérison et de transformation intérieure à tous ceux qui se sentent interpelés.

## 36- La question de Kasara

Après ma séparation, j'ai eu de la difficulté à voir Kasara et cela a été la plus grande épreuve de ma vie. À cause de ma nouvelle orientation spirituelle, sa mère, qui travaillait et évoluait également dans le milieu artistique, n'a pas eu la vie facile. Tous se moquaient de moi et lui conseillaient de m'enlever la garde de notre fille; ce qu'elle aurait pu faire sans problème étant donné les circonstances. Ma nouvelle image, spirituelle, faisait en sorte que les gens s'éloignaient de moi parce qu'ils n'arrivaient pas à me comprendre.

La mère de ma fille a fait preuve d'une grande ouverture, car nous n'avons jamais dû prendre d'avocats. J'ai prié intensément pour que tout s'arrange, prêt à accepter la Volonté de Dieu. Finalement, elle a courageusement mis de côté ce que pensait son entourage et accepté de me faire confiance en n'imposant aucune restriction à la garde de notre fille. Nous avons conclu une entente dans l'harmonie et avons convenu que Kasara vivrait selon les règles et les valeurs de sa mère quand elle serait avec celle-ci, et selon les miennes quand elle serait avec moi. Nous avons fonctionné dans ce respect mutuel et tout s'est vraiment bien déroulé. Des années plus tard, quand j'ai commencé à donner des conférences dans plusieurs pays, nous avons opté pour l'école par correspondance, car la mère de Kasara voyageait aussi beaucoup pour son travail. C'est ainsi que Kasara a évolué avec Christiane et moi dans l'abondance spirituelle, et avec sa mère dans une grande abondance matérielle.

Ma fille était naturellement une enfant angélique et dès son plus jeune âge elle se montrait très douée sur les plans psychique et spirituel. Elle avait à peine deux ans quand je me réveillais en pleurs, effondré par mes cauchemars intenses. Elle venait alors près de moi, me caressait les cheveux et me disait doucement: « Tout va bien aller, papa. » Déjà, elle faisait preuve d'une grande force intérieure. Voir son père pleurer autant aurait pu faire monter des peurs en elle, mais, au contraire, elle comprenait ce que je vivais. Son âme savait que c'était bon pour mon évolution et nécessaire pour ce que j'allais devenir et lui transmettre avec le temps. Son attitude me faisait pleurer encore plus tellement elle était belle, lumineuse et pure quand elle me regardait dans cet état.

Dès son arrivée sur Terre en 1993, ma vie a complètement basculé. Kasara m'a aidé à aller encore plus loin dans ma compréhension des Principes Divins et leur application au quotidien. Nous étions si intensément connectés que, lorsque je pensais à un rêve, à un problème ou peu importe, elle venait vers moi et, sans parler, me tendait un jouet qui me donnait une réponse symbolique. En fait, elle répondait ainsi à mes pensées et à mes émotions. C'est avec elle que j'ai appris à appliquer le langage symbolique, car dès le début, nous communiquions de cette façon. Quand elle a commencé à parler, elle disait des choses qui semblaient parfois incohérentes, mais je l'écoutais en langage symbolique et, très vite, j'ai compris que déjà elle m'enseignait, me conseillait et m'aidait à prendre des décisions. C'était tellement évident que, lorsque je ne savais pas quoi faire face à une situation, je demandais au Ciel de me parler à travers Kasara, puis j'attendais qu'elle commence une conversation et j'écoutais alors attentivement en symboles ce qu'elle disait, sachant que j'étais en train de recevoir ma réponse.

J'ai appris à fonctionner ainsi avec elle, et je le fais encore aujourd'hui fréquemment : que je sois avec des adultes ou avec des enfants, je les écoute en symboles et reçois ainsi toutes sortes d'informations. Je peux savoir par exemple si la personne est prête ou non à recevoir de l'aide, à parler de tel ou tel sujet ou à me partager ce qu'elle vit en profondeur ou simplement comment elle va. Le langage symbolique est omniprésent et tout le monde l'utilise, quoique la plupart du temps sans en être conscient. Mais à partir du moment où on le comprend, toutes les conversations, même les plus banales, deviennent intéressantes et très révélatrices !

Une fois, Kasara, qui devait avoir environ trois ans et demi, m'a demandé : « La vie est éternelle, mais est-ce que l'on peut devenir un animal, s'incarner dans un animal ? » Je lui ai répondu vaguement car je n'étais pas très sûr de la réponse moi-même. Durant la nuit, elle est venue me parler dans un rêve pour me rectifier. *Je la voyais enfant, au même âge qu'elle avait concrètement et, soudainement, elle s'est mise à grandir et à grandir pour se transformer en un guide, un homme asiatique au teint basané, qui m'a dit avec une voix puissante et précise : « Les animaux et les êtres humains, c'est deux choses ! »*

Je me suis réveillé, ébranlé d'avoir vu ma fille de cette façon. Je n'ai plus dormi de la nuit, tellement j'avais hâte de lui transmettre l'enseignement que son âme m'avait donné. Je suis allé dans sa chambre près de son lit et j'ai caressé ses cheveux, pendant que des larmes coulaient sur mes joues, car je n'arrivais pas à contenir la gratitude et l'amour que je ressentais pour cette enfant angélique. À son réveil, comme à l'habitude, elle est venue me trouver dans ma chambre où j'étais en méditation, et j'ai abordé à nouveau la question qu'elle m'avait posée la veille, mais sans lui parler de mon rêve. Je lui ai expliqué que nous ne pouvions pas revenir dans un corps d'animal, que les êtres humains et les animaux étaient deux choses différentes, avec des programmes d'évolution complémentaires. Ce n'est que plus tard que je lui ai fait part de cet enseignement que son âme de guide m'avait transmis en rêve, enseignement qui a été confirmé par plusieurs autres rêves dans les jours suivants.

Au fond de moi, j'ai toujours su qu'il faut éviter d'attiser l'orgueil et de gonfler l'égo de son enfant en lui disant qu'il est extraordinaire ; il faut plutôt lui transmettre l'amour et la sagesse le plus naturellement possible, au fil des expériences qu'il vit. Je conseille aujourd'hui à tous les parents d'élever leurs enfants simplement et de ne pas les traiter comme des enfants de cirque pour impressionner la famille, les amis et l'entourage par leurs talents ou leurs facultés spirituelles. Quand on veut trop, le moins finit toujours par se pointer à l'horizon. C'est toujours comme ça dans la vie…

Kasara a aujourd'hui l'âge que j'avais quand j'ai commencé mon cheminement. Ensemble nous avons vécu tellement d'expériences sur ce chemin de transformation. Elle donne maintenant des conférences et des ateliers dans plusieurs pays sur l'interprétation des rêves, des signes et des symboles et témoigne de façon unique de ce que c'est être un ange sur Terre. Je suis heureux et profondément touché d'enseigner avec elle dans le cadre de la formation IRSS et de la voir s'impliquer dans la diffusion de cet enseignement avec autant de dévotion, d'amour et de sagesse. Elle et son fiancé Anthony sont devenus des ambassadeurs angéliques sur Terre, des modèles inspirant pour tous ceux qui les côtoient.

## 37- Les ajustements continuels

Pendant des années, j'ai eu à m'ajuster continuellement aux innombrables données que je recevais et qui me transformaient. Quand Kasara n'était pas avec moi, le Ciel en profitait pour m'envoyer des cauchemars encore plus intenses et violents. Tout était si bien orchestré. Quelques années plus tard, j'ai vu la télé-série *Taken* de Steven Spielberg, dans lequel un homme est enlevé à répétition par des extraterrestres. Il expérimente ainsi constamment des changements de lieu, de temps et d'espace... cela m'a tellement parlé, car c'est ce que je vivais dans mon monde intérieur toutes les nuits.

De synchronicité en synchronicité, de rêve en rêve et de cauchemar en cauchemar, j'évoluais, intégrant les expériences dans ma conscience et apprenant à vivre angéliquement. J'observais sans

arrêt tout ce qui se passait en moi et, avec le temps, je me suis rendu compte que mes sens répondaient autrement depuis que j'invoquais les Anges. Je pouvais ressentir ma mutation, mes changements de peau, chacun des voiles qui se levaient, chacune des illusions qui se dissipaient. Chaque jour était pour moi comme une renaissance.

Je me souviens d'une fois où je me promenais dans la nature en méditant intensément. À un moment donné, en posant le regard sur une branche d'arbre, je suis entré métaphysiquement dans celle-ci, dans le cœur même de l'arbre et de son essence. Je ressentais l'état de conscience de l'arbre dans tout mon corps. J'étais totalement ailleurs et ne voyais plus l'endroit physique où je me trouvais. C'était à la fois puissant, grand, calme, contemplatif, vivant et vivifiant. J'ai réalisé que lorsque nous faisons mal à un arbre, que nous ne respectons pas l'environnement, c'est également nous qui en sommes affectés; sans en être conscients, nous nous faisons souffrir nous-mêmes, car l'Univers entier forme une unité, un tout, et nous faisons partie de ce Tout. La vie se révélait ainsi à moi pour m'amener à ressentir l'état de fusion avec la nature et tout ce qui nous entoure.

Ces expériences se vivent également en rêve. Par exemple, quand on voit de belles fleurs épanouies, on est en fait en contact avec l'expression vivante de nos sentiments les plus calmes, les plus doux et les plus inspirants. Tout ce qui existe nous met en contact avec des états de conscience et nous offre une multitude de renseignements pour nous aider à mieux nous connaître et à évoluer.

## 38- Les Lois Divines

Les Lois Divines sont les grands Principes qui régissent le fonctionnement de l'Univers; elles constituent la base de toute la Création et celle de la conscience. Lorsque nous connaissons et appliquons ces Lois, nous sommes réceptifs au Créateur et à notre dimension spirituelle et divine, ce qui nous permet d'évoluer consciemment. Dès lors, tous les mystères de l'Univers peuvent nous être révélés. Lorsque nous les transgressons, nous créons des karmas que nous devrons régler un jour.

La connaissance des Lois Divines m'a beaucoup aidé à focaliser ma conscience sur le bien, en particulier dans les moments où je ne comprenais pas la signification de mes rêves, ma vie et celle des autres. Chaque fois que je ressentais un malaise, une injustice ou que je voyais quelque chose que je ne comprenais pas, je répétais la Loi qui était en lien avec ce que je vivais ou observais. Je me ramenais constamment aux Principes Universels qui m'ont été révélés dans mes rêves et m'ont aidé à développer ma conscience angélique. Ces Lois ou Principes sont nombreux, mais on peut en souligner une quinzaine dont la connaissance est d'une grande aide lorsqu'on est engagé dans un cheminement spirituel. Leur application dans ma vie quotidienne m'a permis de reprogrammer les fondements de mon existence, de me reconstruire et d'agir de façon stratégique dans les instants les plus intenses et éprouvants de mon développement angélique.

### 1) Dieu est un Ordinateur Vivant

Dieu peut être considéré comme un immense Ordinateur Vivant qui orchestre tous les évènements de l'Univers. Cet Ordinateur gère la vie de tous les êtres, et la totalité de leurs décisions, actions, pensées et sentiments y est enregistrée. Selon le principe du libre arbitre, cet Ordinateur permet à chaque être d'expérimenter, tout en gérant globalement l'Univers pour le bien de tous. Dans ce grand Ordinateur Cosmique, chaque être humain a son programme d'évolution individuel, dont les paramètres d'expérimentation sont établis par des guides spirituels et dont les étapes sont déclenchées à des moments préprogrammés. Comme le disait Einstein : « Dieu n'a certainement pas joué aux dés quand Il a créé l'Univers. »

### 2) La Justice Divine est absolue

Dans l'Univers, tout est juste, en ce sens que tous les évènements surviennent selon un calcul infiniment précis. Lorsque certaines situations nous semblent injustes, cela révèle que nous portons dans notre inconscient des mémoires marquées par des pensées, des émotions et des actes injustes, erronés, datant de notre vie présente ou de vies passées. En tant qu'êtres humains, nous ne sommes pas parfaits, et lors de nos nombreuses incarnations, nous commettons des actes manqués*.

Or, puisque l'esprit est éternel et que la conscience ne cesse d'évoluer, ces actes manqués doivent être réparés, et la rectification peut s'échelonner sur plusieurs vies. Du point de vue de

---

* *Acte manqué : Ce terme englobe les notions d'erreur, de faute, de maladresse, d'oubli de faire ce qu'on devait faire, ou de son omission volontaire, ainsi que de toute action injuste et qui est source de disharmonie.*

l'évolution de l'âme, ce qui nous arrive est toujours juste. Ainsi, ce qui dans une perspective horizontale et une vision limitée au plan matériel nous paraît comme une injustice, ne l'est pas si l'on considère la situation d'un point de vue global et universel. L'âme n'existe que pour expérimenter afin de s'améliorer et évoluer. Lorsque nous échouons dans cette mission – consciemment ou inconsciemment –, nous créons un karma que nous devrons régler un jour ou l'autre. Quand on a intégré cette Loi, il nous est plus facile de revenir à soi dans les situations où l'on éprouve un sentiment d'injustice, car on sait qu'il n'y a pas de hasard et que nous récoltons ce que nous avons semé dans cette vie ou une autre. Cette Loi nous aide également à comprendre que les agissements des autres sont les parcours qu'ils empruntent et qui servent leur évolution à travers les différents apprentissages qu'ils leur offrent. Cette compréhension nous permet de développer notre compassion.

### 3) La Loi des multiniveaux ou multidimensions

*Tout ce qui est En Haut est comme ce qui est en bas, et tout ce qui est en bas est comme ce qui est En Haut.* Nous existons sur plusieurs plans simultanément, les plans physique, émotionnel et intellectuel n'étant que les plus denses. Or, tous les plans se ressemblent, non pas dans leur fonction, mais dans leur structure et leurs lois. Ainsi, l'observation du monde concret nous permet de comprendre les autres mondes. L'initié sait que tout ce qu'il vit dans le monde extérieur reflète parfaitement ce qu'il vit dans son monde intérieur. C'est pour cette raison que l'étude du langage symbolique est à ce point importante.

### 4) La Loi de la réincarnation

Nous mourons et renaissons dans l'unique but de devenir une meilleure âme. Les différentes vies nous servent de lieux d'apprentissage et de terrains d'expérimentation. Quand nous avons atteint un niveau de conscience suffisamment élevé, les limitations qui font partie de la vie dans le plan physique disparaissent : nous n'avons alors plus besoin de nous réincarner pour régler des karmas. Nous pouvons dès lors développer des pouvoirs métaphysiques nous permettant de créer des univers de vie et de rêve par lesquels nous aiderons les autres et participerons à l'évolution de l'humanité. Un jour, nous comprendrons que la seule raison d'être de notre existence est de développer et de manifester les Qualités, les Vertus et les Pouvoirs Divins.

### 5) La Loi de la synchronicité

La synchronicité est le Principe universel selon lequel toute situation – positive ou négative – est planifiée et synchronisée de façon parfaite par le grand Ordinateur Vivant qu'est Dieu. Ainsi, le hasard n'existe pas. Afin de pouvoir reconnaître la synchronicité en tout temps et en toutes circonstances, on doit se purifier en profondeur et ne plus avoir d'attentes ni de doutes ou de peurs. On vit alors un état de grâce – le *dharma* – qui se manifeste jusque dans la matière.

### 6) La Loi de la résonance

Nous attirons ce que nous sommes, et nous résonnons à ce que nous sommes. Cette Loi trouve son équivalent le plus concret dans le phénomène de la résonance mécanique qui stipule que tout objet possède une fréquence vibratoire propre et naturelle ; en vibrant, celui-ci fera vibrer tout autre objet qui a la même fréquence vibratoire et qui se trouve à proximité. De la même manière, un être peut vibrer à un autre être, à ce qu'il est dans le positif comme dans le négatif, même à ses mémoires les plus inconscientes. Ainsi, selon la Loi de la résonance, quand on se sent attiré ou dérangé par une autre personne, cela indique qu'on a des résonances avec elle parce qu'on abrite des mémoires semblables aux siennes. La Loi de la résonance est la Loi avec laquelle l'initié travaille le plus souvent au quotidien, car utilisée de façon consciente, elle permet d'atteindre les plus hauts niveaux de conscience.

### 7) La Loi du karma

On récolte toujours ce qu'on sème. Si nous semons dans le jardin de notre vie les graines Angéliques, c'est-à-dire les Qualités, les Vertus et les Pouvoirs à l'état pur, et que nous respectons les Lois Divines, alors l'abondance se présentera et nous récolterons la stabilité à de hauts niveaux de bonheur. Par contre, si nous semons de mauvaises graines – tant par nos pensées que par nos émotions et nos actes – nous récolterons des difficultés et des épreuves.

### 8) Le mal est éducationnel

Le mal est un chemin qui mène au bien. L'Intelligence Cosmique l'utilise pour nous faire prendre conscience que les comportements distorsionnés et les actes manqués engendrent tôt ou tard des cycles d'épreuves et de réparation dans notre parcours évolutif. Dans cette perspective, les épreuves et les souffrances sont pour l'âme des situations d'apprentissage. Elles nous enseignent qu'il n'est pas possible de connaître la Lumière sans connaître également la noirceur. Or, si nous sommes capables de reconnaître et de transcender nos propres forces obscures, nous pourrons accepter et étudier avec amour et compassion ces mêmes forces chez les autres. De plus, nous serons en mesure de les comprendre et de les aider, et ce, tant dans la vie quotidienne qu'en rêve. Nous vivrons alors la réalité Divine comme quelque chose de très concret et saurons qu'une âme évoluée est une âme qui renonce consciemment à faire le mal, parce qu'elle sait que le mal engendre le mal.

### 9) Le mal n'est pas dramatique

Du point de vue de l'évolution de l'âme, la souffrance et la douleur importent peu. Elles représentent des outils d'apprentissage et n'exercent pas d'effets néfastes sur l'âme. Les aspects négatifs des choses et des évènements existent pour nous inciter à développer plus profondément les aspects positifs. Il va donc de soi que le mal n'est pas dramatique. Lorsque nous dramatisons le mal, nous nous éloignons du bien qui nous habite et nous perdons de vue la raison d'être de nos expérimentations. De plus, en dramatisant, nous amplifions et renforçons le mal. Si nous parvenons à ne pas dramatiser lorsque nous sommes au milieu de situations et d'états d'âme difficiles, nous franchissons de grands caps, atteignons de nouvelles compréhensions et réalisons que l'épreuve, la douleur, la peur et l'angoisse existent uniquement dans le but d'éduquer l'âme. Nous découvrons ultimement que la Conscience Divine est en tout temps et en toutes circonstances au-dessus du bien et du mal.

### 10) La matière est temporelle et éducationnelle

Le corps physique est l'enveloppe, le véhicule dont se sert l'esprit pour que l'âme puisse expérimenter l'existence terrestre et apprendre à créer et agir dans le monde de la matière. En ce sens, il est temporel et éducationnel. Par conséquent, c'est une illusion de croire que le monde matériel a un sens et une finalité en soi. La matière est pour l'être humain seulement un terrain d'expérimentation et d'apprentissage lui permettant de développer et de manifester les Qualités, les Vertus et les Pouvoirs Divins.

### 11) L'illusion est éducationnelle

Les situations qui se succèdent dans notre vie correspondent à notre programme – à ce que nous devons vivre en fonction de ce que nous sommes. Elles sont des illusions dont la nature évolue selon notre capacité à intégrer de nouveaux concepts. Ainsi, une personne avec une conscience ordinaire peut percevoir une situation comme positive, alors qu'une autre, ayant développé une conscience universelle et multidimensionnelle sera en mesure de considérer cette même situation globalement et d'en découvrir les aspects négatifs à transformer. La première, ne comprenant pas la signification profonde de ce qu'elle vit, évolue dans l'illusion. Les réalités illusoires existent à des fins éducationnelles, elles sont des terrains d'apprentissage où nous expérimentons les distorsions, jusqu'au jour où nous aurons développé le discernement nécessaire pour distinguer le bien du mal. Dans cet apprentissage, chacun évolue à son propre rythme. L'initié qui comprend cette Loi respecte la réalité illusoire des autres ainsi que leur rythme d'apprentissage.

### 12) Le rêve est une réalité

Le rêve est le moyen qui nous permet le mieux de connaître la réalité des choses et des êtres. Par lui se dévoile le sens profond de nos actions et des résonances que nous avons avec les autres. Il ne trompe jamais car il n'est pas déformé par notre niveau de conscience ordinaire. Quand nous comprenons nos rêves, nous savons où nous sommes rendus dans notre évolution. En ce sens, ils constituent les balises les plus fiables. L'initié sait que le rêve est aussi réel que la réalité concrète, qu'il est une manifestation de la vie et une porte d'accès aux autres mondes et dimensions. Un jour, tous comprendront que les plans physique et métaphysique ne font qu'un et que la vie est multidimensionnelle.

### 13) Tout est état de conscience

Nous passons constamment d'un état de conscience à un autre, même quand nous dormons. Notre fonctionnement est sans cesse influencé par les multiples états de conscience qui nous habitent, lesquels peuvent être beaux, purs et lumineux, mais aussi distorsionnés et sombres. L'Univers entier fonctionne sur la base d'une Structure et de Lois permettant l'expérimentation de ces états de conscience. Lorsqu'on réalise ce fait, on devient capable de comprendre la Vie et d'acquérir la Connaissance.

### 14) Tout est symbole

Dans sa conception originelle, l'Univers physique et métaphysique est mathématique. Tout ce que nous percevons sur le plan physique est porteur de signification provenant du plan métaphysique. Ceci est valable pour le microcosme comme pour le macrocosme, et pour notre monde intérieur comme pour le monde extérieur. Tout est symbole.

### 15) L'Esprit est éternel

Pour l'Intelligence Cosmique, le temps n'est qu'un outil pédagogique. Il sert de cadre pour l'apprentissage de l'Esprit, qui est éternel et poursuit son processus d'évolution et d'expansion à l'infini. Par conséquent, l'esprit humain qui est une étincelle de l'Esprit Divin, est également éternel.

### 39- Pour devenir un ange nous devons nettoyer nos mémoires individuelles et collectives

Je pense que l'aspect le plus important dans la mutation de la conscience humaine vers une conscience angélique est le travail que nous devons faire pour transcender nos besoins. La connaissance et l'application des Lois Divines, et la pratique des mantras angéliques, peuvent réellement nous aider dans ce processus. Bien entendu, il ne s'agit pas de méconnaître ou d'ignorer nos besoins, mais de les rectifier et de les satisfaire tout en vivant en harmonie avec notre environnement et dans le respect des autres. La majorité des gens fonctionnent avec une conscience ordinaire, parfois même animale, où la loi de la jungle dicte leurs choix et les actes qu'ils posent. Ils agissent la plupart du temps inconsciemment, sous l'effet d'impulsions provenant de leurs mémoires distorsionnées.

Que l'on en soit conscient ou non, nous recherchons tous la paix et nous souhaitons tous vivre en harmonie sur Terre. Mais il ne sera pas possible de réaliser la paix mondiale aussi longtemps que l'être humain n'aura pas compris qu'il doit d'abord et avant tout rétablir la paix à l'intérieur de lui par un travail de transformation et de purification de sa conscience et de son inconscient. Le monde extérieur n'est que la pointe visible de l'iceberg, un petit aperçu de ce que nous sommes intégralement, la plus grande partie de notre être, notre monde intérieur, étant voilée. Il y a en nous tant de violence et de négatif qui côtoient nos aspects positifs et qui créent des dualités dans nos manifestations. D'où l'importance de vivre en mettant les Qualités Divines à la première place. Mener une vie angélique, devenir et agir comme un ange sur Terre est certainement notre plus haut objectif d'évolution.

Pour y arriver, nous devons dans un premier temps travailler sur nos mémoires personnelles; s'ajoutent ensuite, en parallèle, nos mémoires collectives. En travaillant sur nous, nous prenons conscience de la portée de nos choix et actions sur les autres et notre environnement.

Au niveau collectif, nous créons des lois, des systèmes sociaux, économiques et politiques qui reflètent aussi notre degré d'évolution. Pourquoi encourageons-nous, en achetant des actions, une compagnie qui ne respecte ni l'environnement ni les lois et les valeurs morales, et qui fait travailler des gens dans des conditions inhumaines ? Pourquoi engageons-nous notre énergie vitale et nos ressources financières dans des activités qui ont des effets négatifs collatéraux immenses ? Pourquoi soutenons-nous des systèmes injustes et inéquitables ? Nous avons souvent tendance à banaliser nos besoins et nos envies personnels dont la satisfaction nous pousse parfois à prendre des décisions égoïstes et à commettre des actes préjudiciables, sans considérer que la multiplication de ces actes, par un grand nombre de personnes agissant de la même façon, génère nécessairement des conséquences néfastes pour la collectivité, et ce, à l'échelle mondiale.

Au fil des siècles, les pays riches ont conservé leur esprit de colonisateur et d'envahisseur ainsi qu'une façon de penser égoïste ; ils veulent avant tout prendre des ressources au lieu de les partager équitablement et de réfléchir aux conséquences que leurs actes et décisions auront à long terme.

Vivre avec une conscience angélique, c'est aussi avoir une vision globale et multidimensionnelle qui ne se contente pas de considérer, par exemple, ce qu'il y a dans notre assiette, mais qui veut aussi savoir d'où viennent les aliments, comment ils sont cultivés, traités, préparés, etc. La vision angélique tient compte de toutes les phases du processus de matérialisation à partir de l'idée de départ jusqu'à sa concrétisation dans le monde de la matière.

C'est fascinant d'étudier les égrégores* et les formes-pensées générés par les compagnies. Par exemple, quand on va dans un restaurant McDonald, peu importe où dans le monde, à partir du moment où l'on y entre, on se trouve dans l'égrégore, ou le pays *McDonald* ; on le ressent très nettement, car tous les restaurants de cette chaîne sont dirigés de la même manière, et les règlements, la façon de travailler et les services et produits offerts sont similaires.

C'est pour cette raison qu'on perçoit la même énergie que l'on soit dans un McDonald à Chicago, à Tokyo ou ailleurs dans le monde.

---

** Égrégore : Ce terme désigne un réservoir de mémoires collectives, un état d'esprit collectif ainsi que la pensée collective d'un groupe de personnes ; c'est la vibration générée par les pensées, les émotions, les désirs, les intentions, les idéaux, les attitudes et les comportements des membres d'une collectivité (communauté, peuple, groupe de gens associés, etc.) qui ont produit au fil du temps une mentalité, une ambiance et un caractère particuliers, par lesquels ils se distinguent d'autres égrégores.*

Heureusement, même s'il y a encore beaucoup d'éducation et de conscientisation à faire sur la planète en lien avec le commerce équitable et le respect des valeurs humaines et environnementales par les compagnies locales, nationales et multinationales, celles-ci sont de plus en plus nombreuses à suivre ce courant de pensée qui favorise une économie plus juste et soucieuse du bien-être de tous.

Vivre angéliquement implique aussi de matérialiser divinement, c'est-à-dire en accord avec les Lois Cosmiques et avec une attitude juste qui assure l'équité et l'harmonie tout au long des étapes. Bien entendu, il ne s'agit pas de devenir utopiques, nous devons prendre des décisions logiques qui nous permettent de fonctionner et de faire avancer les choses, mais simultanément, nous devons être prêts à changer, nous adapter, nous ajuster pour suivre le courant naturel de l'évolution. Par exemple, dans mes déplacements à travers la planète, je n'ai pas le choix de prendre des avions qui fonctionnent avec du carburant fossile, car nous n'avons pas encore remplacé les énergies polluantes par d'autres formes d'énergie renouvelable. Je prends l'avion en connaissance de cause sans me sentir dérangé ou coupable parce que je n'arrive pas à respecter complètement les Principes Divins. Mais je peux vous assurer qu'à partir du moment où une alternative plus juste et saine sera disponible, je l'utiliserai.

De plus en plus de gens souhaitent favoriser une économie juste et équitable par un choix consciencieux des produits et services qu'ils achètent. De manière générale, il est important de savoir que lorsque nous priorisons les aspects quantitatifs et financiers, nous encourageons et aidons à rester actifs et à prospérer ceux qui matérialisent avec une conscience ordinaire, de façon égoïste et matérialiste, sans se soucier des conséquences pour la collectivité et les générations futures. Toutefois, plus nous découvrons notre nature angélique, plus nous sommes en mesure de capter par clairvoyance, clairsentience et clairaudience, si sur le plan de l'équité un produit est juste ou non. Nos choix sont alors bénéfiques à tous les niveaux et en accord avec les Lois Divines.

Je me souviens qu'au début de mon cheminement, j'étais allé dans un magasin pour acheter un pantalon. J'en avais trouvé un qui me semblait juste; je l'ai regardé sous tous les angles, mais quelque chose a fait que, finalement, je ne l'ai pas acheté. Dans la nuit, je me suis retrouvé en rêve *dans l'usine qui fabriquait ces pantalons, dans un pays en voie de développement, et je voyais que dans cette usine, les employés n'étaient pas bien traités.* Au réveil, j'ai compris mon hésitation face à l'achat de ce pantalon et la décision que j'ai prise.

Je fonctionne de cette façon en tout temps: je me retrouve en rêve dans les bureaux des gens que je vais rencontrer bien avant que je ne les rencontre concrètement et, ainsi, je sais d'avance si nous avons suffisamment d'affinités pour conclure des alliances et travailler ensemble. Le principal critère sur lequel on doit ensuite baser sa décision ne doit pas être la perfection, car en ce monde rien n'est encore parfait, mais on doit toujours essayer de faire le meilleur choix spirituel et matériel possible, en tenant compte des conditions et des priorités du moment. Si on est trop puriste, on finit par ne plus se manifester et on se marginalise. Il ne faut pas oublier que notre interaction avec les autres enclenche également des changements dans leur vie. Une rencontre n'est jamais sans effet sur le plan humain et, si on l'aborde avec une conscience spirituelle et altruiste, on favorise un échange d'énergie qualitative et évolutive pour toutes les personnes impliquées.

Il arrive souvent que des gens vivent de grands décalages au début de leur cheminement, car plus leur conscience s'ouvre, plus ils éprouvent de la difficulté à se manifester, à matérialiser et à fonctionner avec les autres. Il est important de se rappeler que, peu importe la situation dans laquelle on se trouve, nous sommes toujours au bon endroit, celui qui est le plus approprié à notre évolution à ce moment précis. Cela ne veut pas dire pour autant que nous ne pouvons pas changer la situation ou la quitter si nous constatons qu'une évolution juste et bonne pour nous n'est plus possible. Un ange n'a pas peur de fusionner avec tout ce qui existe; peu importe la situation, il cherche toujours à faire en sorte que sa présence amène une évolution vers la Lumière. Bien entendu, il sait aussi que sa présence déclenche parfois des épreuves chez les autres, lesquelles vont les aider à grandir et les inciter à corriger leurs défauts et faiblesses. Je rencontre régulièrement des gens qui vivent des difficultés et je constate chaque fois que celles-ci leur permettent de clarifier leur énergie, d'être plus ouverts et plus réceptifs au travail angélique; ces difficultés les ont préparés à recevoir l'aide du Ciel.

Les Énergies Angéliques sont tout d'abord des forces éducationnelles au service de l'évolution, et travailler avec elles signifie qu'on souhaite intégrer les Qualités, les Vertus et les Pouvoirs Divins dans notre vie humaine sur Terre. Dans notre évolution, la matière n'est qu'un terrain d'expérimentation et d'apprentissage. Il est essentiel de se rappeler cela, surtout quand les choses ne fonctionnent pas comme on l'espérait ou qu'on n'a pas obtenu les résultats souhaités. Sur le chemin de l'évolution, il faut parfois suivre de nombreux détours avant d'atteindre notre but. J'ai souvent remarqué cela avec mes rêves. On me dit de faire telle ou telle chose qui aura un effet grandiose. Je le fais, et le résultat s'avère plutôt ordinaire, parfois médiocre, matériellement parlant. Mais plus tard, l'action engagée et l'énergie mise en route génèrent effectivement ce que l'On m'avait prédit dans le rêve; sauf si celui-ci me révélait uniquement des parties de moi. Il est d'ailleurs primordial de toujours se demander si le rêve nous montre essentiellement des parties de nous-même ou s'il s'agit d'un rêve prémonitoire, en lien avec un projet ou un évènement en cours de matérialisation. Dans le doute, on revient à soi et on travaille sur les aspects qui sont à corriger et les qualités et vertus qu'on a besoin de développer. De toute façon, si le rêve est prémonitoire, on le saura le moment venu, quand les choses commenceront à se mettre en place et que l'énergie et les efforts investis porteront des fruits. C'est à force de travailler sur soi qu'on arrive à libérer son inconscient des blocages et des mémoires négatives qu'il contient; il est alors plus facile de savoir si le message du rêve s'adresse seulement à nous ou s'il concerne une situation précise.

## CHAPITRE CINQ
# L'EXPÉRIMENTATION

Au fil du cheminement angélique, les expérimentations gagnent en puissance et en intensité. Dans ce chapitre, Kaya révèle comment il utilise ses pouvoirs divins pour aider les autres autant individuellement qu'à l'échelle collective. Il relate son aide angélique apportée à Mike au moment où celui-ci aurait pu commettre des actes de grande violence, et dévoile son implication sociale au niveau métaphysique lors du procès d'O.J. Simpson, ancien joueur de football qui, après avoir été acquitté pour l'assassinat de sa femme en 1995, a été reconnu coupable par la cour civile suite à une poursuite de la famille. Kaya parle aussi de ses actions oniriques en lien avec des naissances et de ses interventions lors de stages et à d'autres occasions, lesquelles lui font découvrir progressivement les importantes responsabilités qui viennent avec ses nouveaux pouvoirs angéliques.

## 40- Le sauvetage de Mike

Depuis maintenant plus de 20 ans, je pratique l'aide et l'accompagnement angélique. Un des premiers accompagnements que j'ai faits a été auprès d'un jeune homme dans la vingtaine. C'était un génie dans plusieurs domaines, mais il avait aussi en lui des forces destructrices immenses et très dangereuses. Il avait peur de lui-même et de ce qu'il pourrait faire. Il prenait des drogues et menaçait ouvertement de se suicider. Il entretenait beaucoup de préjugés, était hyper perfectionniste et trop catégorique, voire extrémiste. Quand on le contrariait, une force de combat et de vengeance presque incontrôlable s'activait en lui. Sa personnalité était très axée sur son égo et ses besoins personnels, il voulait toujours avoir raison et affichait un désir intense de pouvoir.

Ses parents qui travaillaient avec les Anges et faisaient partie des premiers bénévoles et étudiants de l'UCM m'avaient demandé d'aider leur fils. Je leur avais alors répondu que la demande devait venir de lui et non d'eux. Ils ont donc proposé à leur fils de m'appeler. Il a dû prendre tout son courage pour me contacter, car les Anges n'étaient pas un sujet qui l'intéressait vraiment, et se confier n'était pas son fort non plus. Il était du genre machiste qui pouvait se vexer facilement. J'ai ressenti cela dès ses premières paroles au téléphone. Il était coincé et sec, et donnait surtout l'impression que, tout en sollicitant mon aide, il souhaitait que je lui dise non. Ce type de comportement est caractéristique des personnes qui vivent un profond mal être. Elles sont bien souvent leur propre ennemi, car elles se limitent à travers une attitude de répulsion qui est fortement implantée dans leur personnalité. N'ayant pas d'amour pour elles-mêmes, elles projettent leurs souffrances à l'extérieur et cherchent à blesser les autres, à l'instar d'un adolescent mal dans sa peau qui dit le contraire de ce qu'il aurait réellement voulu exprimer. Comme je comprenais bien la dynamique et la souffrance de ce jeune homme, j'ai accepté sa demande de tout cœur et nous sommes allés prendre une marche ensemble au village. Il m'a avoué qu'il était à bout, se sentait dans une impasse et avait peur des forces destructrices qu'il ressentait en lui. Il m'a aussi dit qu'il aimait beaucoup ses parents mais qu'en même temps, quand il était en colère, il entrait dans une telle rage qu'il ne se contrôlait plus. Il m'a confié ouvertement :

« Ça tourne tellement dans ma tête ! J'ai des idées négatives, agressives et tellement violentes que j'ai peur de ce que je pourrais faire. J'ai peur de moi-même. Est-ce que tu peux m'aider ? » Je lui ai répondu : « Le seul qui puisse t'aider, c'est Dieu. C'est ton cheminement spirituel qui peut faire toute la différence, car le mal n'est pas dans ton corps mais dans ton esprit. »

Je savais qu'il consommait de la drogue et je ne le sentais pas prêt à arrêter car il banalisait sa consommation. À ses yeux, la drogue l'aidait à se calmer, à relâcher ses tensions et à s'évader de ce qu'il n'aimait pas dans sa vie. Il m'a parlé de son point de vue et de ses théories face à ce sujet, comme si tout était juste pour lui et que la société ne comprenait tout simplement pas les gens qui prenaient de la drogue. Il n'avait pas la compréhension qu'un voleur commence généralement par de petits vols et, qu'à force de les banaliser, il amplifie et renforce en lui la mentalité de voleur, ce qui pourrait le mener un jour à commettre un acte encore plus répréhensible, comme un vol armé dans une banque. Mike était du genre à faire ses propres lois qui correspondaient aux concepts de sa personnalité. Je percevais dans son énergie qu'il était effectivement capable de tout, que sa violence pouvait exploser au grand jour dès qu'un élément déclencheur se présenterait. Il avait un esprit de leader et un grand pouvoir charismatique ; il aurait facilement pu devenir le chef des *Hells Angels* et, quand je lui ai dit cela, il m'a répondu : « Tu n'as pas idée à quel point tu as raison ! » Pour lui, dans sa mentalité, le bien se définissait en fonction de ce que *lui* voulait et de ce que *lui* pensait, point final. Il était très centré sur lui-même, sur ses besoins et sa vision du monde, et avait un esprit si rebelle qu'il était prêt à tout pour imposer ses choix et décisions. J'avais rarement vu une telle énergie dans le concret, une telle puissance dans un être. Le père de Mike avait un caractère impulsif, colérique et très directif ; il pouvait même se montrer dictateur à l'occasion, mais chez son fils, ces traits étaient 100 fois plus puissants. Le père était militaire de carrière, et son propre père s'était suicidé. C'était d'ailleurs la principale raison qui a poussé les parents de Mike à solliciter mon aide, car ils avaient très peur que leur fils se suicide et qu'il continue la chaîne karmique familiale. On voyait chez eux une lignée de générations axées sur le devoir, le service militaire et la soif de justice, mais elles s'étaient construites avec impulsivité, rigidité et intolérance aux dépens de l'humanisme.

Nous marchions tranquillement et je ressentais que même marcher à ce rythme était difficile pour Mike; et il ne s'est pas gêné pour me le dire sur un ton sarcastique et abaissant. Quand un être a accumulé trop de mémoires et de forces négatives, il vit tout à l'extrême. C'est une caractéristique majeure des gens qui sont au bord de l'abîme. Ainsi, ils se poussent et défient la mort par toutes sortes de manières: dans des sports extrêmes, des comportements excessifs, des attitudes compétitives exagérées qui font mourir les relations et les amitiés.

Lors de notre échange, Mike ne percevait pas les profondeurs de mes analyses, de ce que je captais en sa présence. Il est très important d'utiliser discrètement nos pouvoirs angéliques, notre discernement multidimensionnel grâce à nos facultés de clairvoyance, de clairsentience et de clairaudience. Aussi, il faut toujours rester neutre, humble, sans dramatiser la situation et sans avoir peur pour la vie de l'autre ou pour soi-même. J'ai rencontré et aidé nombre de criminels et de schizophrènes. Plusieurs de ces personnes m'ont confié avoir commis des actes violents et, chaque fois, je les ai accueillies avec amour et compréhension, sans faire de différence. Mike ressentait que je l'appréciais, que je ne voyais pas uniquement en lui ses faiblesses, mais aussi son immense potentiel.

À mes yeux, une personne qui vit des choses difficiles est une âme en mutation. Je ne considère pas les épreuves et le mal comme dramatiques. Je sais que la Justice Divine est rigoureuse pour ceux qui expérimentent dans la voie du mal, à travers les distorsions, et connaissant le rôle éducationnel du mal, je sais aussi que ces êtres finissent par se rendre compte de leurs erreurs et de leurs déviations, et qu'ils chercheront alors la bonne route, le droit chemin. Personne n'est condamné pour l'éternité, chaque âme atteindra l'Illumination, réintégrera la Lumière; c'est un fait absolu pour moi, même si cela doit prendre de nombreuses vies. Je comprends autant les victimes que les agresseurs. Ces deux extrêmes s'attirent comme des aimants parce qu'ils ont des résonances profondes: la victime était agresseur dans une autre vie et elle vit maintenant les conséquences de ses actes passés; quant à son agresseur, il lui reflète ses anciennes mémoires d'agression qui dorment dans son inconscient. Bien entendu, nous devons protéger les victimes, les aider et avoir une immense compassion pour elles tout comme nous devons arrêter les agresseurs et les aider à se rééduquer, à corriger leurs erreurs, à nettoyer leurs forces et leurs mémoires destructrices et à devenir de meilleures personnes.

D'une manière simple et dans un langage que Mike pouvait comprendre, je lui ai parlé de la psychologie des Anges, du potentiel spirituel que nous avons tous, de notre faculté à purifier nos mémoires par la *récitation angélique*. Il connaissait cette pratique spirituelle parce que ses parents l'utilisaient, mais il avait toujours refusé de l'essayer. Je le sentais s'ouvrir à moi et, dans une énergie d'enthousiasme, il m'a dit spontanément : « J'ai une idée… je pourrais aller faire une retraite de quatre jours dans un monastère ! » Je lui ai répondu que s'il sentait intérieurement l'appel de faire cette retraite, cela pouvait être effectivement une bonne idée pour lui. Il a ajouté : « Je vais emprunter *Le Livre des Anges – Les secrets retrouvés* à mes parents et je vais le lire pendant ma retraite. » À la fin de notre rencontre, il est parti heureux et renouvelé par une énergie positive. Tout au long de notre conversation, j'avais filtré son énergie vitale en invoquant l'Ange 14 Mebahel, dont les Qualités Divines sont :

* Engagement
* Aide humanitaire, altruisme
* Devise : Vérité, Liberté, Justice
* Amour inconditionnel
* Inspiration en provenance des Mondes Supérieurs
* Libère les opprimés et les prisonniers
* Aide ceux qui ont perdu l'espoir
* Équité, aime la justesse, rétablit l'ordre naturel
* Comportement respectueux envers l'environnement
* Exorcisme
* Médiation
* Richesse, élévation des sens

Le travail avec cette Essence Angélique aide à transformer les distorsions humaines suivantes :

- *Désengagement*
- *Ne tient pas ses promesses*
- *Sentiment d'être mal aimé ou rejeté*
- *Forces démoniaques, lutte intérieure*
- *Mensonge, faux témoignage*
- *Procès, accusation, captivité, oppression, calomnie*
- *Usurpation, adversité, malfaiteur, criminel*
- *Tyran et victime*
- *S'identifie à la loi sociale*
- *Marche à contre-courant*

Je voyais que l'énergie de Mike avait totalement changé et la lueur d'espoir qu'il manifestait était un autre miracle angélique. Il a effectivement fait cette retraite au monastère et l'une des nuits où il priait et demandait l'aide du Divin, je l'ai visité en rêve : *J'étais couché dans un lit, en méditation, et son père est arrivé et m'a demandé d'aider son fils. J'ai accepté. Une autre image a suivi, dans laquelle je voyais son père, assis et préoccupé, mais affichant une certaine dignité dans son épreuve. Puis je voyais sa mère qui était très perturbée, et cette agitation la rendait beaucoup trop émissive, incapable de réellement aider son fils. Mike était présent, assis, les poings fermés, et il tremblait de tout son corps. Je me suis alors rendu à un lavabo, j'ai fait couler un verre d'eau et je l'ai tendu au jeune homme. Après quelques instants d'hésitation, il a accepté le verre et l'a bu. Ensuite, je me suis retrouvé dans une cuisine. Sur la tablette la plus élevée d'une étagère, se trouvaient des haut-parleurs qui émettaient une musique extrêmement agressive ; c'était très puissant. Je suis monté sur un tabouret pour baisser le volume, ce que j'ai fait avec difficulté tellement le son était puissant et diabolique, révélant l'intensité des ambiances négatives qui habitaient ce jeune homme. Dans la scène suivante, je me voyais parler avec Mike. Il me disait qu'il avait beaucoup d'admiration pour son père qui avait fait carrière dans l'armée canadienne. Ensuite, je voyais le jeune homme à côté d'une machine distributrice de boissons pour sportifs. – Cette scène me signalait que, soulagé par la baisse du son diabolique dans sa tête, il pourrait désormais continuer son travail intérieur en apprenant à canaliser son agressivité et sa forte charge émotionnelle par le sport. Dans la dernière scène, j'ai vu le jeune homme s'engager dans l'armée canadienne et ainsi suivre les traces de son père.*

Après son retour du monastère, ses parents m'ont contacté pour me dire que leur fils était revenu rayonnant et qu'il avait retrouvé la joie de vivre. Il leur avait confié : « Ça ne tourne plus dans ma tête, je me sens libéré. » Sans leur révéler mon rêve, je leur ai suggéré que le service dans l'armée canadienne pourrait être bénéfique pour Mike, qu'il pourrait ainsi avoir un but et un entraînement rigoureux qui l'aideraient à gérer sa force intérieure. Quelques mois plus tard, j'ai appris qu'il avait été accepté à l'école des officiers de l'armée canadienne et qu'il s'était engagé dans une carrière militaire. J'ai été très touché quand sa famille m'a invité à sa graduation.

Le Ciel m'a permis de continuer à le suivre en rêve durant toutes ces années et, encore aujourd'hui occasionnellement, je continue à l'aider sans qu'il en soit conscient. Il le découvrira peut-être un jour en lisant ce livre, mais à ce moment-là, il sera prêt à le savoir. J'ai toujours su qu'il avait un potentiel immense malgré tous les détours qu'il a pu prendre pour devenir qui il est aujourd'hui. Il y a eu d'autres épreuves sur sa route, mais il a su s'en sortir et retrouver la voie de son programme. Contrairement à l'homme que j'ai aidé à guérir du cancer, les parents de Mike se sont impliqués activement sur le plan humanitaire. Ils œuvrent tous les deux pour aider les autres, autant son père, qui est maintenant à la retraite, que sa mère, qui travaille en milieu carcéral dans une prison pour mineurs ayant commis des actes criminels graves, dont des meurtres. Le rayonnement de ce couple est exemplaire et inspire beaucoup de gens. Le travail avec les Anges leur a permis de se transformer et de se libérer de leur karma familial. Ce fut ma responsabilité d'aider leur fils, mais ça aurait pu être celle de quelqu'un d'autre. Il y a des milliards de guides dans les mondes parallèles qui veillent sur nous. Il est important de ne jamais s'estimer irremplaçable et de toujours garder à l'esprit que le travail angélique qu'on effectue contribue à notre propre évolution. Quand on aide une personne, on reçoit toujours de grands Enseignements.

## 41- Le procès d'O.J. Simpson

De 1995 à 1997, le procès au criminel et au civil d'O.J. Simpson en lien avec le meurtre de sa femme était suivi en détail par les journaux et les médias américains; même la presse internationale en parlait. L'opinion publique était sans mots de voir que, à cause de stratagèmes judiciaires, O.J. Simpson avait été acquitté au criminel malgré toutes les évidences présentées en cour. De mon côté, même si j'avais entrevu ici et là des nouvelles relatant le procès, je n'avais aucun intérêt particulier à suivre ce cas, quoique j'aie reçu plusieurs rêves qui m'avaient fait visiter O.J. durant ces deux années. À cette époque, j'étais dans ma période de retraite aux États-Unis et je travaillais jour et nuit au développement de ma conscience angélique. J'explorais plus particulièrement le plan collectif et étudiais les dynamiques des évènements mondiaux dans les mondes parallèles.

Le verdict du procès civil d'O.J. a été prononcé le 6 février 1997, et la nuit précédente, *je me suis retrouvé avec lui dans une pièce; j'étais habillé en blanc. Il était assis et me regardait apeuré. Je lui ai dit avec bienveillance mais d'un ton rigoureux: «Maintenant, c'est assez. Tu dois payer pour ton crime. Le voile va se lever.»* Le lendemain, sachant que le verdict allait être annoncé, j'ai ouvert la télé et j'ai pu voir en direct sa condamnation.

Cette expérience et plusieurs autres de ce genre ont été pour moi la source de grands apprentissages sur le fonctionnement des dynamiques collectives et la préparation des évènements mondiaux dans les plans subtils. J'étais fasciné de me voir poser des actions en rêve et de voir par la suite l'impact que cela produisait dans le monde concret. Au début de ces expérimentations dans le plan collectif, on ne sait pas consciemment quels gestes on doit poser; ce n'est que lorsqu'on se retrouve dans le rêve qu'on les pose de façon intuitive. D'une certaine manière, on est capable d'intervenir dans les dimensions métaphysiques avec une conscience angélique même si on ne l'a pas encore intégrée complètement dans la réalité physique. On peut se voir agir, poser des gestes, aider, guérir, etc. comme si on savait tout. Personnellement, je ne voulais pas condamner O.J. Simpson: je ne m'étais même pas positionné par rapport à son cas puisqu'il était impossible pour moi de savoir concrètement s'il était coupable ou non. Mais en rêve, c'est tout autre chose : quand le Ciel nous accorde l'accès au programme collectif, on devient en quelque sorte omniscient. À travers notre connexion à l'Ordinateur Cosmique, on peut se voir devenir le programme et/ou recevoir des inspirations, des connaissances nécessaires ou des informations cachées relativement à une situation et ainsi connaître la vérité. Avec le temps, ces dynamiques deviennent plus conscientes et, un jour, on est capable de faire des rêves lucides en méditation, d'entrer dans l'Ordinateur Cosmique pour vérifier certaines données et ensuite agir sur Terre avec les informations reçues. On peut ainsi avoir accès au passé, au présent et au futur, percevoir ce qui a été, ce qui est et ce qui se prépare. Nos pouvoirs angéliques sont immenses et grandissent progressivement au fil du travail sur soi et de l'intégration des Qualités Divines par la pratique des mantras angéliques.

Le travail collectif dans les mondes subtils est fascinant et nous amène à déceler le Plan Divin, à comprendre le fonctionnement de la Justice Divine et l'interaction entre le bien et le mal, et à voir ces deux concepts comme des forces d'évolution naturelles. Ainsi, progressivement, on développe de l'amour et de la compassion pour tout ce qui existe.

## 42- La séduction est terminée

Après ma séparation, j'ai demeuré pendant un certain temps avec un ami chirurgien-dentiste. Il venait lui aussi de se séparer et traversait une période difficile. Nous étions très différents l'un de l'autre : moi, plus solitaire, continuellement intériorisé et en train de prier, et lui, vivant sa peine en s'extériorisant, en faisant du bateau, en étant continuellement dans l'action. Malgré nos personnalités bien différentes, notre amitié était sincère, et nous sommes d'ailleurs encore amis, même si nous ne nous voyons plus souvent.

Un jour, il est venu me voir tout rayonnant et m'a dit : « J'ai un rendez-vous avec une femme ce soir. » Très sûr de lui, il a ajouté en souriant qu'il ne reviendrait probablement pas dormir à la maison, du moins, c'est ce qu'il espérait. Je l'ai alors regardé dans les yeux et, sachant que la reconstruction de son âme n'était pas encore complétée et qu'il souffrait toujours de sa récente séparation, je lui ai posé ces questions : « Es-tu sûr que c'est une bonne idée ? Est-ce que tu aimes vraiment cette femme ? Assez pour partager ta vie avec elle ? » Connaissant bien mon sens de la morale et de l'éthique à ce sujet, il m'a répondu vaguement, avec une pointe de sarcasme et une petite essence rebelle : « C'est vrai que je ne l'aime pas, mais on peut bien s'amuser dans la vie... il n'y a rien de mal à cela... » Et il est parti, sûr de son affirmation, sachant que moi je resterais seul dans ma chambre. À ses yeux, même s'il avait beaucoup d'amour et de respect pour moi, j'étais trop renfermé et je marchais sur un chemin qu'il trouvait excessif.

Pendant la nuit, dans un rêve *je me suis retrouvé aux abords d'une maison dont une des fenêtres avait complètement été enlevée. J'étais entièrement vêtu de blanc. Tout en restant dehors, je pouvais voir à l'intérieur. J'y ai aperçu cet ami, dans une chambre, en train de commencer ses ébats amoureux avec la femme de son rendez-vous ; celle-ci avait une énergie moins présente que lui. Je me suis vu mettre, avec ma main, de la Lumière sur son corps et dans la chambre.*

Le lendemain, il est rentré à la maison en fin de matinée, toujours de bonne humeur, comme à son habitude. C'était une personne qui entretenait une philosophie très positive face à tout. Il était une belle âme, mais à cette époque il avait aussi un côté superficiel. Il portait souvent son masque de réussite et de force à toute épreuve. Ce jour-là, j'étais dehors en train de méditer dans le jardin quand il est venu me saluer gentiment. Il s'est assis dans le pneu qui servait de balançoire et je lui ai partagé mon rêve à son sujet. Il s'est mis à rire de bon cœur. Il m'a confié que, durant la relation sexuelle qu'il avait eue avec cette femme, tout semblait bien aller, mais qu'à un moment donné, son érection est descendue instantanément, à une vitesse faramineuse, à un point tel qu'il ne comprenait pas du tout ce qui se passait. « C'est la première fois de ma vie que je vivais ça, j'étais tellement gêné ! », et il riait de tout cœur de savoir que j'étais allé le voir pendant cet instant intime.

## 43- La naissance de mon neveu

Mon travail onirique et mes différentes expériences dans les réalités subtiles me faisaient graduellement prendre confiance dans le potentiel de la conscience angélique et les nombreuses facultés qu'elle permet de développer. Je notais tous mes rêves et mes actions dans les mondes parallèles, et je méditais sur chaque expérience pour en comprendre les moindres rouages. Les dizaines de rêves que je faisais chaque nuit, plus les rêves lucides que je recevais en méditation, augmentaient sans cesse mes heures de voyage à travers les dimensions. Je me sentais parfois comme un pilote multidimensionnel avec un carnet d'heures de vol bien rempli!

Plusieurs de mes premières expériences au niveau de l'aide angélique dans les plans subtils concernaient ma sœur Nathalie, avec qui j'ai une relation d'amitié et de confiance multidimensionnelle. Elle a été ma première étudiante et une des premières âmes que j'ai assistées en rêve et dans les mondes parallèles. Lorsque ma sœur a accouché de sa fille Ariel Mikaël et de son fils Gabriel Menadel (ma sœur et son mari ont consciemment choisi des Noms d'Anges pour leurs enfants), j'ai eu la possibilité d'observer leur naissance en rêve, pendant que Christiane était concrètement dans la salle d'accouchement. Encore une fois, ce n'était pas ma propre volonté qui m'a amené à voir les accouchements en rêve... je m'y retrouvais simplement la nuit, en dormant.

Pendant que ma sœur accouchait de son fils à l'hôpital, j'ai reçu le rêve suivant: *À son arrivée sur Terre, Gabriel n'était pas juste un petit bébé, mais déjà un enfant d'environ sept ou huit ans, et je ressentais qu'il avait un très grand potentiel et une immense sensibilité. Je l'ai ensuite vu tomber dans un verre de lait et avoir peur d'être bu par son père.*

Connaissant déjà la symbolique au moment où j'ai reçu ce rêve, je savais que j'avais vu les paramètres de son programme de vie, les mémoires qu'il aurait à transcender pour se développer. Le fait qu'il était plus âgé indiquait qu'il serait un enfant précoce et très mature, ce qui a d'ailleurs été le cas et l'est encore aujourd'hui. Sa grande sensibilité, que j'avais ressentie dans mon rêve, s'est également manifestée: il est allergique entre autres au lait de vache et au pollen, en plus d'être asthmatique. Cet aspect a été révélé dans ce rêve par le fait qu'il était tombé dans un verre de lait, qui, comme tous les liquides, symbolise les émotions. Sa couleur blanche réfère à la spiritualité et à la recherche de pureté dans ses besoins nutritionnels. Toutefois, sa grande réceptivité génère la tendance à trop fusionner avec les autres au niveau émotionnel et instinctuel (lait de vache), à être trop en symbiose avec les émotions qu'il ressent chez eux, au risque de se perdre dans leur personnalité. La peur d'être bu par son père n'était pas directement liée à son père dans le concret, mais démontrait plutôt que la dynamique du rêve se manifesterait au niveau de l'action en général, car le père est un symbole d'action et de réalisation concrète. Le rêve annonçait ainsi que Gabriel aurait une clairsentience très développée, à un point tel qu'il entrerait dans l'énergie des autres, et ce, à son insu; par conséquent, il aurait besoin d'être nourri avec des connaissances spirituelles pures et authentiques afin de se solidifier intérieurement et de délimiter ses frontières métaphysiques.

Gabriel a effectivement une sensibilité et une réceptivité phénoménales. Celles-ci résultent d'une grande ouverture de conscience, caractéristique majeure de ces nouveaux enfants qui ressentent les gens et les situations autour d'eux en fusionnant avec leur environnement. Ils sont un peu comme l'extraterrestre *E.T.*, dans le film du même nom de Steven Spielberg, qui, comme une éponge, ressent tout ce que son ami humain Elliott vit. J'étais moi aussi comme cela quand j'étais jeune: allergique à tout... sensible... je faisais tout pour que les autres soient contents, pour leur plaire ou pour les faire rire. J'avais de multiples personnalités qui se manifestaient en fonction des gens avec qui j'étais. Je captais les dynamiques des autres avec une telle profondeur que je me fondais en elles. Je me manifestais en réaction avec ce qui était autour de moi, en exprimant l'inconscient d'autrui. Je me surprenais même parfois : si j'étais avec une personne intellectuelle, je m'exprimais avec des mots recherchés, un vocabulaire élaboré que je n'avais parfois jamais utilisé ou entendu; alors que si on me trouvait ordinaire, si on n'avait pas confiance en moi, je perdais tous mes moyens et toute estime personnelle. Cela a été un long travail pour comprendre et reprogrammer ces modes de fonctionnement. Lorsque je vois mon neveu Gabriel, je me reconnais bien en lui, et en tous les nouveaux enfants, en tous ces anges en devenir…

## 44- Les sages du village

Lorsque je m'étais rendu à la librairie afin d'obtenir de l'information sur le roi Salomon suite à mon rêve et que le libraire m'avait parlé de Christiane, il m'avait en même temps informé des méditations organisées régulièrement à la librairie. À cette époque, j'étais plutôt inconfortable de parler de ma spiritualité ; je la vivais de façon très intériorisée et secrète. Mes questionnements intenses et ma quête profonde m'ont toutefois incité à accepter l'invitation, je me suis dit que les participants étaient probablement *les sages du village* et qu'ils auraient sûrement des éclaircissements à m'apporter. Comme je n'avais jamais fait de méditation en groupe ou lu de livres spirituels, je m'attendais à découvrir un nouveau monde extraordinaire. J'avais des attentes, je dois bien vous l'avouer.

Je me suis donc rendu à une première méditation, le cœur fébrile, prêt à recevoir de nouveaux enseignements. Nous nous sommes assis au centre de la librairie, entourés de livres et de connaissances. J'étais gêné, introverti et impressionné de rencontrer les sages du village. Pour moi, c'était merveilleux de pouvoir les connaître, les observer et les analyser. Assis en cercle, nous nous sommes tous pris par la main. Une musique spirituelle jouait doucement. Je ne savais pas quel genre de méditation ce serait, mais j'avais entendu entre les lignes que c'était une méditation de guérison. Je me disais que ce serait parfait pour moi, car j'en avais tellement besoin. C'était tout ce que je demandais à Dieu, de me guérir, de me purifier et de m'aider à devenir une meilleure âme. À un moment donné, la personne qui guidait la méditation a dit : « Nous allons maintenant envoyer de l'énergie de guérison à Stephany », et tout le monde s'est mis à lui envoyer de l'énergie pour la guérir, sauf moi. J'ai commencé à pleurer à chaudes larmes, pendant que je parlais intérieurement avec Dieu : « Mon Dieu, je m'excuse, je ne suis pas capable d'envoyer de l'énergie pour guérir Stephany… j'en ai à peine pour moi, je m'excuse… je suis tellement désolé, je te promets que je le ferai quand j'irai mieux, quand j'aurai guéri mes mémoires. Je ne suis pas assez avancé… comme ces sages ici présents… pardonne-moi mon Dieu… », et je pleurais en m'excusant de tout mon être.

Après cette première méditation, j'étais rempli de respect pour les sages du village. Je ne parlais pas beaucoup, j'avais une attitude solennelle et me sentais si honoré d'être en leur présence. Ils m'invitèrent au restaurant afin de partager tous ensemble. Une fois sur place, j'ai eu une grande déception : je les entendais parler les uns contre les autres, je les voyais manger de la nourriture malsaine et avoir des manières très ordinaires. J'étais stupéfait ! Je revoyais le moment merveilleux passé en leur compagnie dans la librairie à méditer, à vouloir guérir Stephany et à envoyer de belles vibrations à la Terre, et là, je les voyais agir à l'encontre des Lois les plus simples de sagesse et de respect. J'ai aussi pu observer des élans affectifs trop prononcés entre eux. Il y avait entre autres un homme qui prenait une femme dans ses bras, l'enlaçait et lui donnait des câlins qui n'en finissaient plus, sans pour autant que ce soit sa femme… pendant que son époux était juste à côté, ne semblant pas s'en soucier outre mesure. De mon côté, je ressentais que ces gestes n'étaient pas justes, qu'inconsciemment, cet homme nourrissait ses bas instincts affectifs, son égo, ses besoins de pouvoir et de reconnaissance. Je suis parti assez rapidement, en étant dans le jugement et dans l'extrémisme moi aussi.

Je suis tout de même retourné à ces rencontres à quelques reprises. J'avais le goût d'en apprendre davantage sur ces gens qui se réunissaient pour méditer ensemble. Ils avaient l'habitude de faire un exercice qui consistait à se tenir par la main et à faire circuler l'énergie dans le sens des aiguilles d'une montre. Moi, j'avais le goût d'expérimenter un peu et, sans leur dire, j'essayais parfois de faire circuler l'énergie dans le sens contraire, pour voir ce qui allait se passer. J'étais tellement intense que je faisais parfois sursauter les gens ! Il leur arrivait d'en parler par la suite et je les entendais dire qu'ils avaient senti circuler quelque chose de spécial, évidemment sans savoir que c'était moi qui expérimentais… Bien sûr, je sais aujourd'hui que ce n'était pas juste de faire cela, mais à cette époque, j'étais un peu extrémiste. Au fond, je souhaitais les aider, les amener à se purifier davantage. J'ai essayé de partager sur mon cheminement lors des rencontres à la librairie et au restaurant, mais je sentais que mes partages n'étaient pas bien reçus, et que ces gens n'aimaient pas mes questions. Au début, j'imaginais qu'ils avaient des réponses qu'ils gardaient secrètes, comme certains prêtres ou moines que j'avais rencontrés, mais avec le temps, je me suis rendu compte que ce n'était pas le cas. Bien des gens font semblant de savoir et utilisent la spiritualité pour se donner un titre, pour être considéré comme un maître par les autres et ainsi nourrir leur égo. C'est impressionnant de voir à quel point il y a des gens qui se disent thérapeutes et qui sont plus malades que leurs patients. Bien entendu, il y a aussi de très bons thérapeutes, des gens formidables. Mais on remarque de plus en plus que les thérapeutes ayant une approche plus ancienne et rigide ou laxiste sont remplacés par leurs enfants qui eux, font ou feront les choses avec plus de pureté de conscience. Très souvent, ils ne veulent pas de la spiritualité de leurs parents, car ils la trouvent trop féérique, pas assez crédible. Et ils ont raison. À mon avis, un thérapeute authentique est tout d'abord une personne qui travaille à développer les Qualités, les Vertus et les Pouvoirs Divins avec l'intention de transformer ses propres distorsions, défauts et faiblesses. Ensuite elle saura offrir une relation d'aide en connaissance de cause et sera un exemple inspirant pour ses patients.

## 45- Le stage révélateur

Après mon mariage avec Christiane, je travaillais avec elle à la diffusion de la connaissance sur les États de Conscience Angéliques. À cette époque, comme je ne me sentais pas très à l'aise de parler devant des groupes, c'est Christiane qui donnait les conférences. C'est aussi elle qui préparait les sujets abordés, mais je l'aidais en ajoutant de la profondeur par des enseignements et des compréhensions que je recevais en rêve. J'avais essayé une ou deux fois de partager lors d'une conférence de Christiane où la salle était pleine, mais mon niveau de réceptivité était tel, que lorsque quelques personnes étaient sceptiques dans la salle, me rejetaient ou se fermaient, je restais tellement focalisé sur leurs pensées négatives, que je devenais un peu simplet, incapable de parler avec cohérence et de faire le suivi de mes idées. Je me suis vite aperçu de cela, car j'avais le même problème plus jeune, en tant qu'artiste.

Si un animateur de télé ou de radio n'était pas en symbiose avec moi lors de l'entrevue, j'absorbais son manque d'intérêt et cela bloquait ma faculté à m'exprimer. Ce manque d'émissivité s'est corrigé avec les années, mais ça m'a pris beaucoup de temps à comprendre cette grande sensibilité que j'avais et l'impact qu'elle avait sur mes interactions avec les autres. Aujourd'hui, c'est ma plus grande force, et c'est le résultat de plusieurs années de travail.

Mes premiers partages devant des groupes se sont réalisés lors de stages que nous donnions, Christiane et moi. Lors de l'un d'eux, j'ai vécu une expérience qui m'a amené à développer davantage de sagesse dans la façon de transmettre ma connaissance angélique et symbolique. Lors de ce stage, Christiane faisait l'essentiel des enseignements et moi, une section seulement. C'était mon choix car je ne me sentais pas prêt à faire plus, et Christiane enseignait tellement bien, comme elle le fait encore aujourd'hui, en rayonnant de tout son être par sa joie et sa pureté d'âme. Dans la nuit précédant mon partage, j'avais eu l'idée de visiter en rêve toutes les personnes qui seraient présentes au stage et de leur partager ensuite, dans le concret, ce que j'avais vu. J'étais convaincu qu'elles en seraient heureuses. Le lendemain après-midi, quand est venu mon tour, j'ai expliqué mon atelier, puis j'ai révélé ce que j'avais vu en rêve à propos des participants. Ouf… tout le monde était figé ! Je me suis rendu compte que je n'aurais pas dû leur donner autant d'information, même si je savais pertinemment qu'elle était juste. C'était toute une leçon pour moi ! Bien sûr, rien de grave ne s'est passé, tout était dans la subtilité, mais j'ai compris l'importance de l'autonomie spirituelle, qui est aujourd'hui au cœur de notre enseignement. Suite à cette expérience, j'ai décidé de montrer aux gens comment ils pouvaient utiliser les Énergies Angéliques pour acquérir cette autonomie et trouver leurs propres réponses, en suivant leur rythme d'évolution personnel.

## 46- Il n'y a pas d'erreur

Il est facile de se tromper quand on expérimente pour apprendre, et il faut beaucoup d'humilité pour reconnaître nos erreurs. Or, lorsqu'on travaille sur soi avec les Anges afin d'intégrer et rayonner les États de Conscience de Dieu, l'humilité est indispensable. Les

Forces Angéliques qui s'activent alors en nous sont très puissantes et elles révèlent la vérité à tous les niveaux, dévoilent tout ce qui n'est pas vrai, tout ce qui est erroné, distordu et non authentique. Quand on comprend le langage symbolique, on est en mesure de reconnaître les archétypes sous-jacents à la Création et on se découvre soi-même dans le grand miroir cosmique; on perçoit alors que le petit est contenu dans le grand et vice versa. Cette compréhension nous amène à réaliser qu'en fin de compte, il n'y a pas d'*erreur*. Nous sommes toujours en train d'expérimenter, d'explorer et de tester afin d'apprendre, et ainsi, continuer à évoluer. En ce sens, ce que nous appelons une erreur a tout à fait sa place dans le Plan Cosmique. Autrement dit, l'erreur est permise, voire prévue, dans les processus d'évolution qui sont tous gérés par l'Intelligence Cosmique. Cependant, elle n'est pas nécessaire et, dans la mesure où notre conscience évolue vers une conscience angélique, nous serons de plus en plus capables de l'éviter de façon intuitive ou en nous basant sur des inspirations, des signes et nos rêves. Il est aussi important de savoir que, lorsque nous nous apprêtons à commettre des actes qui seraient lourds de conséquences pour notre futur et nous feraient dévier de notre plan de vie, le Ciel peut intervenir et nous bouger comme des robots pour nous faire suivre la direction de notre programme.

*Il n'y a pas d'erreur* est un concept essentiel à intégrer, il est donc important de méditer sur sa signification profonde. Et on pourrait ajouter: ... *il n'y a que des expérimentations!*

## 47- Et si on se noie?

*Une fois, dans un rêve, un guide nageait avec moi. Je savais que j'étais dans un monde parallèle et je lui partageais mes impressions. Je lui disais à quel point j'étais fasciné par le réalisme de l'eau, elle semblait identique à celle qu'il y a sur Terre. Il n'y avait aucune différence entre nager dans la mer sur Terre et nager avec lui dans l'eau de ce monde. Je lui ai alors posé la question: « Mais si j'arrête de nager, qu'est-ce qui m'arrive ici... je coule, je me noie? » Dans sa réponse, j'ai pu sentir toute sa sagesse et son expérience: «Oui, tu coules, tu te noies... puis tu es transféré automatiquement dans un autre monde. »*

Je me suis alors réveillé, ébahi par ce nouveau voyage astral. Sa réponse avait tellement de sens… la mort est un passage, tout simplement. Si on se noie, on est transféré automatiquement dans une autre dimension de l'existence où l'on continue à vivre. La mort n'est pas réelle, ce qu'on appelle la mort dans le plan physique n'est qu'un changement de fréquence vibratoire, de dimension. Après avoir quitté son enveloppe terrestre, l'esprit occupe un autre corps fait d'énergie plus subtile, avec lequel il poursuit son existence. Bien entendu, il ne faut pas jouer avec la mort, car si on se suicide avec l'intention de savoir ce qu'il y a de l'autre côté, on ne se retrouvera pas dans un monde merveilleux, mais dans un monde qui correspondra à ce que l'on porte dans notre cœur et dans notre tête. La vie est sacrée et elle doit être respectée en tout temps et en toutes circonstances. Vouloir trop savoir, trop connaître peut être un grand danger pour l'âme. On doit laisser les expériences et les enseignements venir à nous progressivement, et ne pas oublier que le but du *jeu de la vie* est de découvrir les règles du bien et du mal.

## 48- Quel nom veux-tu ?

Au tout début de mes ouvertures de conscience, je me suis retrouvé dans un rêve dans lequel j'ai *rencontré pour la première fois un guide des mondes parallèles. J'étais tellement ému que je pleurais à chaudes larmes en le remerciant d'être là. Il était habillé normalement, comme une personne qui aurait travaillé pour une compagnie d'électricité et qui serait venue à la maison. Une fois calmé de mes émotions, je lui ai demandé son nom et il m'a répondu : « Quel nom veux-tu ? »*, et je me suis réveillé avec ce rêve tellement réel, aussi réel que la vie concrète.

J'ai réfléchi pendant des jours à cette question : « Quel nom veux-tu ? » Bien des gens s'accrochent et s'identifient complètement à un nom reçu en rêve ou en méditation, alors qu'en fait, il n'est qu'un symbole représentant seulement une partie de leur conscience, un aspect de leur personnalité, et non la totalité de leur être.

Tout comme lorsqu'on rencontre une personne connue en rêve, qui par ses comportements, ses caractéristiques et l'importance qu'elle a pour nous, révèle des facettes de notre être. Si on rencontre un inconnu dont le nom ne nous est pas familier, c'est un indice qu'on découvre des aspects inconnus ou oubliés de nous-même, qu'un nouveau programme vient d'être activé ou qu'une ancienne personnalité, longtemps ignorée, émerge de notre inconscient. Il est très intéressant de comprendre ce phénomène. Mon épouse Christiane et moi, ma fille Kasara et son fiancé Anthony, et d'autres enseignants et membres de l'équipe UCM apparaissent parfois comme symboles dans les rêves des personnes qui travaillent avec les Anges. Il est alors important de revenir à soi et de se demander: «Qu'est-ce que cette personne représente pour moi?» Habituellement, les enseignants de l'UCM seront des symboles spirituels représentant l'évolution et le cheminement angélique. Ils symboliseront donc cette partie du rêveur en lien avec la spiritualité. Certaines personnes pensent que, parce qu'elles rêvent à moi, je suis automatiquement venu les visiter en rêve, mais ce n'est pas nécessairement le cas. Dans un rêve, on peut me voir de toutes sortes de façons. On pourrait même me voir avec un problème d'alcool, ce qui signifierait que la personne vit de la dépendance affective au niveau spirituel. Des guides des mondes parallèles pourraient aussi très bien prendre mon image pour véhiculer un message à la personne.

En tant que thérapeute, il est essentiel de ne pas prendre le pouvoir des autres, par exemple lorsque vos patients vous disent qu'ils ont rêvé à vous. Personnellement, quand ça m'arrive je leur dis de considérer et d'analyser ma présence en rêve comme une partie d'eux, car c'est cela le but du rêve. Si j'ai vraiment visité la personne et qu'elle me teste pour savoir ce que je vais lui dire, si je sens que la personne est impressionnée par ma présence ou qu'elle cherche à me donner son pouvoir, alors je la ramène à elle en disant que non, je ne l'ai pas visitée en rêve, même si je l'ai fait. Toute vérité n'est pas nécessairement bonne à dire, surtout si elle nuit à l'évolution de l'autre. Je préfère avoir l'air moins important que d'affaiblir la personne en la laissant me donner son pouvoir. Je ne révèle mon travail angélique que très rarement et c'est pour moi exceptionnel de me livrer comme je le fais dans ce livre. Des sujets très personnels sont dévoilés dans cette autobiographie, et je le fais uniquement pour aider les êtres qui souhaitent découvrir le travail avec les Anges sur Terre. Je suis convaincu que mon témoignage aidera d'innombrables personnes ainsi que les générations futures à mieux comprendre le véritable sens de l'Ange.

CHAPITRE SIX

# LA VIE CACHÉE

Ce chapitre explique l'aboutissement de longues réflexions sur la façon d'agir avec les autres et en société lorsque nous vivons avec des pouvoirs angéliques. L'idée de vivre caché et de ne pas révéler son cheminement spirituel s'installe progressivement en Kaya après quelques expériences médiatiques difficiles. Il attendra plus de 12 ans avant de donner à nouveau des entrevues aux médias. Dans ce chapitre, il raconte pour la première fois ce qu'il est devenu avec le travail angélique.

## 49- De FM à K

Au fil de mes transformations spirituelles, le besoin de changer de vie devenait de plus en plus présent dans mon esprit. Mon inconscient s'ouvrait et je ressentais que la vie que je menais n'avait plus sa raison d'être. Je ne reniais pas ce que j'avais été, je savais que les étapes de mon parcours avaient chacune son importance et sa place dans mon histoire et mon devenir, mais il ne m'était plus possible de vivre avec un décalage aussi grand entre ma vie intérieure et extérieure.

La vision angélique me donnait une perception tout à fait différente du quotidien. Ce qui comptait désormais pour moi était de développer les Qualités Divines, de devenir une meilleure âme, parfaire mon apprentissage, et continuer à aider et à soigner dans les mondes parallèles. Je vivais en réclusion, dans la méditation et la prière, et ce mode de vie était naturel pour moi, il correspondait davantage à mon identité véritable. N'ayant pas lu beaucoup de livres sur les diverses cultures et traditions spirituelles, j'ignorais que c'était la coutume de changer de nom lorsqu'on joignait une communauté. J'ai appris que c'était ainsi depuis les temps les plus reculés. Il est dans la tradition, pour les moines tibétains tout comme pour les sœurs et frères chrétiens, de changer d'identité quand ils s'engagent à servir le Ciel sur Terre.

Je comprends aujourd'hui que ce phénomène répond au besoin de tourner la page et de commencer une nouvelle vie, car au moment où notre conscience spirituelle s'active, nous entrons en contact avec de nouvelles perceptions qui transforment complètement notre façon de vivre. Il est difficile de comprendre ce que je veux dire si l'on n'a pas vécu soi-même cet appel spirituel. Les êtres qui entreprennent un grand cheminement sont souvent incompris et ridiculisés, pourtant, c'est comme si, après avoir fait un métier qui ne nous a pas rendus heureux parce qu'on l'a choisi pour plaire à ses parents ou pour combler les attentes de notre entourage, on décidait de se recycler et de réorienter notre carrière vers quelque chose qu'on aime réellement. Les nombreuses mutations de conscience que j'ai vécues et la réaction des gens à mon égard m'ont appris ce qu'est le changement en profondeur et ce qu'il implique au niveau social. J'ai maintenant beaucoup de compassion pour les personnes marginalisées, incomprises, bannies par leur famille et leur entourage peu importe la raison : maladie, homosexualité, croyances, convictions, etc. Être né sous l'étoile du changement n'est pas un programme de vie facile.

Porté ainsi par ma flamme mystique et la mutation angélique que j'expérimentais, j'ai décidé de prendre un nouveau nom de plume et de mettre de côté le nom d'artiste que je portais à l'époque, Francis Martin, qui ne me convenait plus du tout. Je n'arrivais pas à m'identifier à cette personnalité que j'avais créée. Le Francis Martin que les gens avaient connu n'était pas du tout celui que j'étais réellement, il ne correspondait pas à mon être véritable. Il n'était qu'un masque artistique collé sur un personnage, un rôle que j'avais joué et façonné progressivement en cachant ma spiritualité au plus profond de moi. Bien entendu, aujourd'hui, je ne conseille pas de changer de nom parce qu'on vit un éveil spirituel. Un tel choix peut créer des problèmes difficiles à surmonter pour certaines personnes, il n'est pas nécessaire de bousculer sa vie ainsi. Dans mon cas, j'ai été protégé par le Ciel, mais j'avoue que j'aurais pu m'y perdre complètement.

La société accepte et comprend plus facilement qu'on change de nom lorsqu'on devient moine ou qu'on entre dans un ordre religieux. Ce fut différent pour moi parce que je n'étais affilié à aucune religion, à aucun groupe ou mouvement spirituel ; j'étais tout seul dans mon cheminement. L'incompréhension des gens était d'autant plus grande qu'ils ne saisissaient pas pourquoi je souhaitais changer de nom et de vie, alors que j'étais une star du monde de la musique, un symbole social de réussite et que j'avais un mode de vie dont plusieurs rêvent.

L'idée à la base de ce changement était d'avoir un nom d'écriture qui voilerait mon ancienne identité. À l'époque, je ne pensais pas devenir plus populaire que je ne l'avais été. Je ne pouvais pas non plus imaginer de quelle manière mon futur et les rêves que je recevais allaient se concrétiser. Ma démarche était très personnelle et correspondait essentiellement à mon souhait de m'effacer, de me fondre dans l'anonymat et de me reconstruire une nouvelle vie en toute humilité.

J'étais en train de méditer quand le nom Kaya m'est apparu la première fois, comme une évidence. Pourtant je ne cherchais pas de nom, je n'y pensais même pas. C'était comme si on avait activé dans ma tête un nouveau programme. J'étais surpris et interpelé, d'autant plus que ce n'était pas prémédité, ce nom est venu à moi comme un éclair. Ensuite, suivant mon ancienne habitude de me créer des masques pour me protéger et avoir l'air plus concret, je l'ai étoffé en James Kaya Field, mais à l'origine, c'était uniquement Kaya. Je me suis mis à jouer du piano, à fredonner une mélodie et à composer une chanson dans une langue inspirée qui disait : *Kaya co cété la sun, during my meditation, I've got this information... Kaya co cété la sun... I've seen this brighten white light from the sky, talking to me. (Kaya co cété la sun/pendant ma méditation, j'ai reçu cette information/Kaya co cété la sun/j'ai vu cette lumière brillante et blanche dans le Ciel qui m'a parlé).* Par la suite, j'ai reçu plusieurs rêves où je rencontrais des guides qui m'appelaient Kaya.

Mon changement de nom a été un choc à travers tout le Québec (Canada). J'ai été incompris et ridiculisé, et je suis devenu rapidement le fou du village. Pendant des années, on entendait à la télé et à la radio des blagues faisant allusion à ma vie spirituelle. C'était très intense. Je comprenais les réactions des gens et j'acceptais leurs jugements et leurs critiques, car j'avais moi-même de la difficulté à comprendre la mutation angélique qui s'opérait en moi. À cette époque, je n'étais pas en mesure d'expliquer ce qui se passait dans ma conscience ni de révéler en détail les étapes de ma transformation, comme je le fais dans cette autobiographie. J'ai écrit mon premier livre – *L'Équilibre* – pour partager mon vécu, mais finalement, je ne l'ai pas vraiment partagé. Je me censurais continuellement, modulais mon discours et voilais des aspects de ce que je vivais réellement depuis mon enfance. Maintenant les gens ont un esprit plus ouvert face à la spiritualité, on peut partager plus facilement sur ce sujet et les chemins d'évolution qu'il offre.

Il m'est aujourd'hui possible de dire en toute humilité que d'avoir été ridiculisé pendant des années a été un des cadeaux les plus évolutifs que j'ai reçus. Cette humiliation publique m'a fait énormément grandir, car elle m'a permis de découvrir en moi des forces insoupçonnées, de transcender la moquerie, de développer le détachement ainsi que l'amour inconditionnel pour tous les êtres humains et de me reconstruire sur de nouvelles bases.

Le travail quotidien avec les Anges déclenche dans notre vie des initiations de toutes sortes qui nous incitent à transcender, entre autres, la moquerie, l'humiliation, l'attachement à l'opinion des autres, à ce qu'ils disent et pensent de nous. Vous n'aurez pas nécessairement besoin de le vivre publiquement comme moi, mais il faut savoir qu'avant d'atteindre les hauts niveaux d'amour, de sagesse et de conscience, on est brassé dans les profondeurs de notre être. J'étais bien entendu conscient que mon choix allait avoir un grand impact sur le plan social, je voyais dans mes rêves ce qui allait se passer, et même s'ils me disaient *que je serais protégé, que c'était nécessaire et que le Père Céleste allait m'aider*, je me sentais complètement perdu devant ce choix ; j'ai tellement pleuré et prié avant de rendre ce changement public.

Je me souviens d'une rencontre avec Claude Charron, l'éditeur qui a publié mon premier livre. Il a été très gentil avec moi et m'a partagé que sa femme était spirituelle, qu'elle avait lu mon livre et que lui-même était sensible à ma démarche. Il avait lui aussi vécu de grands changements dans sa vie. Je me souviendrai toujours de la bonté et de la franchise qu'il a eues à mon égard. Nous étions à Montréal dans son bureau qui rayonnait le succès et l'abondance. Il m'a regardé et m'a demandé : « Tu es conscient de ce que tes révélations vont faire dans ta vie ? » Je lui ai répondu que oui, que j'avais reçu des rêves disant que mon exemple allait un jour aider des millions de personnes, mais qu'au début, ce serait très difficile ; j'en étais tout à fait conscient. Je l'ai rassuré qu'il ne devait pas s'inquiéter pour moi. J'avais reçu un important héritage, je n'avais donc pas à me préoccuper de ma subsistance, et si cela ne se passait pas bien, alors je me retirerais de la vie publique, tout simplement.

Il était sans mots et admirait mon courage. Il a décidé de me soutenir dans ma démarche et de publier mon livre.

Ce livre est rapidement devenu la risée de tous. Les gens étaient même gênés de l'acheter en librairie, craignant d'avoir l'air de cautionner qui j'étais. Certains allaient jusqu'à penser que je faisais partie d'une secte et que j'étais devenu dangereux. J'ai été *lynché* sur la place publique et les émissions de radio qui débattaient du sujet me jugeaient et me ridiculisaient. C'était très intense, et malgré cette immense médiatisation, le livre s'est vendu très peu. Les gens qui avaient suivi ma carrière depuis des années, les centaines de milliers de personnes qui avaient cru en moi étaient disparus ; j'étais désormais seul. Même dans les milieux spirituels et les librairies ésotériques, j'étais craint et rejeté comme le mouton noir du troupeau.

J'avais osé ouvrir mon cœur pour partager en toute simplicité le fait qu'indépendamment de notre religion et de notre culture, nous avons tous un monde intérieur à découvrir. Mon message était universel, destiné à inspirer les gens à s'ouvrir aux valeurs spirituelles. Je ne parlais même pas des Anges à cette époque.

Malgré la simplicité et la modestie de mon message, expliquant que nous sommes ici uniquement pour développer les Qualités, les Vertus et les Pouvoirs Divins, le public s'est retourné contre moi et est devenu l'une de mes plus grandes épreuves. Dieu m'avait dit en rêve que ce serait difficile avant qu'émerge de cette expérience la possibilité d'aider les autres spirituellement et d'enseigner ouvertement; mais je ne pensais pas que cela allait l'être autant.

Malgré les turbulences familiales et sociales que je traversais et qui m'aidaient à grandir, je continuais mon travail spirituel et mes recherches cachés. Après cette expérience médiatique, j'ai choisi de me retirer complètement et de ne plus donner d'entrevue. Ma vie sociale était détruite, je n'avais plus de crédibilité et n'étais plus personne aux yeux de la plupart des gens, je pouvais donc me consacrer à ma nouvelle vie d'agent secret du Ciel et continuer à aider et servir l'humanité dans l'anonymat. Personne ne savait ce que je pouvais faire, et cela était mieux ainsi. Je comprenais que j'avais une plus grande marge de manœuvre pour accomplir mon travail initiatique et continuer à m'améliorer, me développer et apprendre dans le silence et la solitude.

## 50- Les rêves prémonitoires

Même après 20 ans de travail angélique dans les mondes parallèles, je me considère comme un éternel étudiant. Quand on pense qu'on est rendu, une autre porte s'ouvre et de nouvelles connaissances et compréhensions nous éblouissent et nous rendent humbles face à la grandeur de Dieu, du Créateur, de l'Intelligence Cosmique. J'ai beaucoup de compassion pour les personnes athées qui doutent de notre origine, de notre potentiel et de ce que nous pouvons devenir. En même temps, je les comprends, car ma propre foi s'est activée à force de recevoir des preuves et de vivre des expériences mystiques et transformatrices extraordinaires; l'expérience du Divin ne peut venir que de soi.

Plus on travaille intérieurement, plus on nettoie ses mémoires négatives, et plus On nous accorde l'accès à des secrets par le biais de rêves prémonitoires très précis. En 2001, j'ai fait un rêve où je voyais les titres des journaux mondiaux annonçant que *la valeur* *de l'or allait monter pour atteindre des sommets faramineux. Je voyais qu'elle passerait de 255 $ l'once, la valeur du moment, à plus de 1 500 $ l'once.* J'étais fasciné de recevoir des rêves qui touchaient à la matérialisation. Cela m'ouvrait de nouvelles perspectives dans mon apprentissage à marier l'esprit et la matière. Je ne doutais pas de mes rêves, mais je tenais à vérifier leur contenu en suivant l'actualité pour voir s'ils pouvaient me fournir réellement des informations aussi précises, ou s'ils me révélaient uniquement des parties de moi.

Il est facile de confondre des parties de soi, représentant des fragments de notre conscience et de notre inconscient personnel et collectif, avec les situations et évènements prémonitoires vus en rêve. Il est essentiel d'être toujours prudent et de n'avoir aucun attachement au résultat. À cette époque, loin de moi était l'idée de vouloir utiliser les informations que je recevais, puisque la matière et la richesse avaient perdu toute leur importance à mes yeux. De plus, puisque dans mon rêve On ne m'avait pas dit que je devais acheter ou investir dans l'or, je considérais l'information uniquement comme un sujet d'étude, une preuve de plus que les rêves sont porteurs d'une infinité de connaissances et de possibilités.

Parfois, j'avais accès à des coffres-forts ou pouvais lire des documents gouvernementaux, confidentiels et secrets. Mais jamais je n'ai pensé à utiliser ces informations pour en tirer des avantages personnels ou pour nuire à quiconque. Je savais que si j'avais eu ce genre d'idées, le Ciel aurait fait le nécessaire pour m'en empêcher, en me déprogrammant ou en me faisant oublier. Tout est possible. Dieu a vraiment tous les Pouvoirs et Il s'en sert uniquement pour notre bien et notre évolution.

Au fil de la transformation de notre conscience humaine en une conscience angélique, grandissent en nous le sens des responsabilités et le souhait de servir le Ciel et l'humanité de manière juste et sage ; c'est ce qui nous anime et fait vibrer notre âme au plus haut niveau. La découverte que le sens profond de notre vie consiste à développer les Qualités, les Vertus et les Pouvoirs Divins nous aide à transcender notre attachement à la matière, nous libérant du désir de posséder, d'accumuler des biens et de prendre ce qui ne nous appartient pas. C'est seulement alors que nous pouvons réellement vivre en paix et recevoir des informations prémonitoires.

Einstein n'a pas reçu la formule $E = mc^2$ en rêve par hasard ; il a été inspiré par le Ciel et avait l'autorisation d'utiliser ce savoir. Ainsi, nous sommes choisis par l'Intelligence Cosmique pour recevoir telle information à tel moment dans tel contexte ; nous sommes continuellement inspirés et guidés par les mondes supérieurs. Un banquier a un certain rôle à jouer dans le mouvement des capitaux mondiaux, et pour y arriver il reçoit aux moments opportuns les influences, les idées et les intuitions nécessaires. Plus le poste occupé par une personne est important pour l'évolution collective, plus les informations canalisées vers elle sont essentielles. Afin de pouvoir faire les bons choix et prendre des décisions justes, qui affecteront un grand nombre de gens, la personne dispose de réseaux de spécialistes, de conseillers, de contacts de toutes sortes. Simultanément, elle est guidée, observée et surveillée par le Ciel, même si elle n'en est pas consciente.

La plupart des gens qui ont des destins collectifs impressionnants sont eux-mêmes surpris de la synchronicité des évènements qui les ont amenés à occuper leur poste de pouvoir, atteindre la célébrité, le sommet de leur art ou acquérir leur fortune. Je me souviens à quel point Céline Dion, son agent et mari, René Angélil, leur producteur de Sony Musique, Vito Luprano, ainsi que Ben Kaye, mon agent à l'époque, étaient tous stupéfaits des coïncidences et de la facilité de leur succès. À un point tel que René est devenu superstitieux et l'est encore aujourd'hui par rapport au chiffre 5. Le Ciel lui avait orchestré plusieurs signes comportant ce nombre, et il s'est ainsi laissé guider pendant des années à travers ce symbole. Il savait également reconnaître le destin, le pressentir intérieurement, et Céline recevait souvent des rêves prémonitoires. Je les ai écoutés à maintes reprises s'exprimer à ce sujet et ils avaient de la difficulté à trouver les mots devant les forces qui s'animaient en eux et autour d'eux, les conduisant à leur immense succès. Mon cogérant Vito Luprano me disait qu'il pressentait que je connaîtrais un succès semblable, et il en parlait ouvertement. Il me voyait si souvent dans ses rêves, qu'un jour il m'a demandé, fâché, d'arrêter mes visites nocturnes ; car j'étais continuellement dans sa tête. Il était intense mais avait un bon fond, et je ne garde que de beaux souvenirs de l'époque où nous travaillions ensemble.

## 51- La bourse en rêve

D'autres personnes auraient peut-être utilisé ces informations si elles les avaient reçues en rêve, mais je savais que je ne devais pas m'en servir tant que le Ciel ne m'en avait pas donné l'autorisation. D'ailleurs, je n'aurais jamais osé le faire; j'avais tellement de respect et de considération pour Dieu et les Anges, qu'il était pour moi inimaginable d'utiliser ces informations sans l'autorisation d'En Haut. Je voyais ces évènements comme des tests et des tentations, et pour moi, réussir ces tests et résister à ces tentations indiquaient que j'étais capable d'élever mon âme vers les plus hauts niveaux de conscience et de sagesse. Tout ce que j'ai demandé aux Anges pendant des années était de m'aider à développer la pureté. Je n'avais aucun intérêt à acquérir en rêve des informations dans le but de m'enrichir ou d'obtenir du pouvoir sur le plan terrestre. Je n'étais pas non plus poussé à le faire par curiosité. Intérieurement, je savais que la discrétion était une condition essentielle pour obtenir la confiance de Dieu, de mon *Patron*. Dans une entreprise, très peu de personnes savent mettre leurs ambitions individuelles de côté, en particulier dans les grandes entreprises où les gens se laissent souvent embarquer dans des jeux de pouvoir qui les enlisent dans des cercles vicieux et néfastes. Il est facile de demeurer humble et gentil lorsque notre plan de vie nous offre peu de pouvoir et de ressources pour s'expanser, mais lorsque l'Intelligence Cosmique nous donne la richesse et les moyens d'acquérir ce que nous voulons, il nous faut davantage de force intérieure pour ne pas flancher et se laisser emporter par la convoitise, l'abus de pouvoir et tous les pièges qui attendent celui qui est trop attaché à la matière.

Ce n'est rien pour l'Intelligence Cosmique de nous donner un aperçu de la bourse en rêve, de nous inspirer une invention ou une importante formule mathématique. Einstein n'était pas un cas isolé, d'autres êtres humains obtiennent l'accès aux Programmes Divins relatifs au destin de l'humanité et à l'évolution de la vie sur

Terre. Dans toute notre histoire, les visionnaires et les pionniers étaient des gens bien en avance sur leur temps. Si une compagnie est en mesure de prévoir sur plusieurs années les grandes lignes de son développement, alors essayez d'imaginer ce que l'Intelligence Cosmique peut faire. En 1995, alors que le cours des actions de la banque canadienne CIBC était à environ 15 $, j'avais vu en rêve un graphique montrant son évolution sur plusieurs années : en 1996, il montait à 28,30 $, en 1997 à 41,75 $ et en 1998 à 59,80 $. En 2012, il avait dépassé les 80 $, et en plus, la banque a été capable de payer des dividendes tout au long de ces 15 années de croissance.

Nous sommes tellement petits face à l'Intelligence Cosmique et, simultanément, nous sommes grands, car elle fait partie de notre être ; son potentiel et ses pouvoirs illimités reposent en nous, latents, attendant que nous les découvrions.

## 52- Le Code Source

Durant ces années d'intense travail intérieur, d'étude et de préparation en profondeur, l'Intelligence Cosmique m'a fait cadeau d'une belle expérience onirique : *Dans une magnifique colonne de Lumière, je montais dans l'Univers. Je voyageais à la vitesse de la Lumière, c'était fascinant. L'énergie de cette Lumière m'aspirait et me transportait, mon corps entier tremblait. À un moment donné, je me suis retrouvé dans une sorte d'espace vivant, organique. J'ai mis ma main sur le mur qui avait une texture gélatineuse mais non collante. Au toucher de ma main, mon nom est apparu sur ce mur et je pouvais lire mon destin, ce que j'allais devenir plus tard.*

Au réveil, après ce genre de rêves, on ressent combien ils nous aident à construire notre conscience et à renforcer notre confiance dans le Ciel. Aujourd'hui, je vis régulièrement cette expérience d'aspiration dans une colonne de Lumière quand je me déplace entre les mondes, et j'avoue que j'aime ces voyages métaphysiques et cosmiques.

On me signifiait aussi que j'étais un pionnier dans le domaine de l'expérimentation angélique, un astronaute métaphysique. Je dois cependant dire que pour vivre ces voyages à travers les dimensions, il est vital d'avoir une foi totale en Dieu, car c'est elle qui nous donne la force et la confiance nécessaires pour effectuer ces expériences qui testent notre solidité intérieure et repoussent nos limites métaphysiques. De plus, on doit avoir un discernement sûr et fiable afin de reconnaître si les énergies et les êtres rencontrés en rêve et ce qu'ils nous disent ou demandent de faire sont justes. Il ne faut pas se lancer naïvement dans n'importe quelle expérience mystique et métaphysique.

Dans un autre rêve, *la mère décédée d'un de mes amis d'adolescence m'a demandé de contacter son fils. Elle s'inquiétait pour lui et voulait que j'aille lui dire qu'elle était toujours vivante, que la mort n'existait pas. Elle se trouvait en haut d'une échelle et je suis monté la voir. Elle a prononcé sa demande d'un air triste, inquiet et désemparé.* Au réveil, je me suis demandé : « Pourquoi n'a-t-elle pas pu communiquer son message directement à son fils ? Pourquoi s'est-elle adressée à moi ? » Je savais très bien qu'en appelant cet ami du passé, j'aurais l'air bizarre de revenir soudainement dans sa vie en lui disant : « Ta mère est venue me voir pour te dire qu'elle est bien vivante, afin que tu croies en Dieu. »

Après avoir bien réfléchi, j'ai décidé de ne pas donner suite à cette demande. Par après, d'autres rêves m'ont enseigné qu'effectivement, je devais être vigilant avec mes accès dans les mondes parallèles, que je ne devais pas dévoiler toutes les informations que je recevais, car la plupart des gens avaient encore besoin de la protection que leur assurait le voile de l'inconscient, et que leur évolution se faisait encore à travers les illusions. Il est très important de respecter le rythme de chacun. C'est la même chose pour ce livre: je sais très bien que certaines personnes ne croiront pas ce qui y est écrit; elles ne sont pas encore capables de comprendre son contenu parce que leur conscience n'est pas prête, pas suffisamment ouverte pour intégrer la multidimensionnalité de notre existence. C'est une expérience tellement personnelle! Mais dans un futur proche, de nouvelles technologies vont apparaître – elles sont déjà en préparation – et nous montreront des images des mondes parallèles ainsi que des voyages que l'être humain peut y faire par le biais d'ordinateurs. Comme des spectateurs de *téléréalités universelles* ou comme des astronautes en voyage à travers l'espace, nous pourrons alors observer ce qui se passe dans les autres dimensions et les mondes parallèles. Nous entrerons en contact avec des connaissances et ferons des découvertes et des prises de conscience qui bouleverseront toutes nos croyances et notre façon de vivre.

À ce propos, le nouveau *Dictionnaire, Rêves-Signes-Symboles, Le Code Source* constitue un ouvrage pionnier. Il est le fruit de plus de 15 ans de recherches personnelles et plusieurs années de collaboration avec une vaste équipe internationale, composée de représentants de différentes professions (médecins, thérapeutes, infirmiers, enseignants, entrepreneurs, etc.). Cette merveilleuse collaboration qui grandit continuellement m'a permis d'accélérer mon travail de synthèse et de définition du langage symbolique qui deviendra un outil de travail et de communication indispensable dans les années à venir et pour les futures générations. Dans la continuité du *Code Source*, nous sommes actuellement en train de préparer d'autres ouvrages et outils d'enseignement et de formation, dont le programme IRSS (Interprétation de Rêves, Signes et Symboles) déjà en place en langue française, des programmes scolaires en anglais et en français ainsi qu'un dictionnaire médical basé sur le langage symbolique, qui aideront à approfondir la compréhension du fait que le physique et le métaphysique ne font qu'un. En plus d'offrir la possibilité de faire un profond travail sur soi, les études effectuées dans le cadre des cours IRSS sont destinées également à former de futurs thérapeutes et enseignants qui sauront appliquer le langage symbolique à toutes les sphères de la société.

Le langage symbolique est réellement la clé pour comprendre notre vie sur Terre et les autres mondes et dimensions, car tout est symbole et mathématique dans l'Univers. La Création entière est constituée d'états de conscience qui représentent les Qualités, les Vertus et les Pouvoirs originels à travers lesquels nous expérimentons l'existence. Le développement de la conscience humaine et les facultés métaphysiques et spirituelles qui en découlent sont aujourd'hui les sujets qui rapprochent le plus la science et la spiritualité. Personnellement, je suis intéressé à collaborer avec des chercheurs scientifiques et spirituels pour contribuer à rassembler des preuves de ce qui est possible. Il est essentiel pour moi de le faire de manière juste, au sein d'équipes qui travaillent avec des intentions altruistes. Nous verrons ce que le Ciel décide en ce sens. De mon côté, je continuerai à consacrer ma vie présente à mettre à la disposition de l'humanité le plus de connaissances possible par différents moyens et supports (publications, enregistrements sur CD et MP3, conférences, séminaires Web, formations, Internet, réseaux sociaux, etc.).

Pendant une période où j'invoquais l'Ange 3 Sitael, dont le Rayon touche plus particulièrement le domaine de la construction, à l'intérieur de soi comme à l'extérieur, j'avais demandé à Dieu: « Quelle est ma mission sur Terre dans cette vie ? Qu'est-ce que j'ai à accomplir, mis à part d'apprendre à mieux me connaître et de travailler dans les mondes parallèles ? Que dois-je faire concrètement ? » J'ai reçu ma réponse à travers un rêve très révélateur qui m'a permis de consulter des pages du livre de mon destin: *Ma mère se trouvait à mes côtés, mais je savais qu'elle était uniquement une présence symbolique, un guide qui avait pris sa forme. Un livre est apparu, le livre de mon destin actuel. Je tournais les pages et j'étais conscient qu'elles représentaient des périodes de ma vie. Les pages étaient multidimensionnelles, faites d'une matière inexistante sur Terre. C'était une sensation formidable, comme s'il s'agissait d'un ordinateur, d'une trame magique mais palpable. Avec calme et respect, je lisais mon avenir et contemplais mon destin à moyen terme. Les premières pages me révélaient que rien de concret ne se produirait avant trois ans. J'ai alors entendu une voix, comme si elle provenait d'un ordinateur, qui me disait: « Tu es en avance sur ton programme. Tu n'auras aucun projet concret à réaliser avant trois ans. »*

Au réveil, j'étais si content d'apprendre que j'étais en avance sur mon programme, parce que ça signifiait que j'avais bien travaillé intérieurement, que l'intensité de mes efforts lors de mes méditations et de mes apprentissages en rêve portait ses fruits. J'avais bien fait mes devoirs de conscience et le Ciel était content de moi. Ce rêve était un bel encouragement et me laissait avec un sentiment merveilleux. Cela ne me dérangeait pas de savoir que je n'avais rien de concret à faire, aucun projet à réaliser dans l'immédiat.

Au début de mon travail intensif sur moi, j'étais tellement focalisé sur mon nettoyage intérieur que j'avais complètement arrêté de regarder la télé, d'écouter la radio et de lire les journaux. Ce rêve qui m'annonçait que j'étais en avance sur mon programme m'a toutefois incité à m'ouvrir davantage au monde extérieur et à réintégrer la télévision, les journaux et la radio dans ma vie. J'utilisais l'information reçue de ces médias afin de poursuivre mon cheminement spirituel: je méditais sur les sujets présentés, j'analysais mes dérangements, nettoyais mes résonances personnelles et, à travers ce processus, je développais mes facultés de clairvoyance, clairaudience et clairsentience. Ce qui était fascinant, c'est que les sujets d'actualité que j'étudiais dans le concret m'étaient présentés à nouveau en rêve et j'obtenais ainsi d'autres détails, des précisions, des compréhensions sur les différentes dynamiques collectives que je pouvais alors approfondir. C'était devenu un mode de fonctionnement fantastique et très efficace qui a complété ma formation et mon entraînement angéliques. Depuis, j'ai acquis beaucoup d'expérience dans la compréhension du plan collectif au niveau métaphysique. Je suis heureux de pouvoir aider d'autres personnes en enseignant comment il nous est possible d'accéder à ces paramètres de la conscience et de la vie, et de préparer les futures générations à vivre sur plusieurs plans de conscience en simultané.

## 53- L’accompagnement des mourants

Mes expériences de communication avec les esprits, pendant mon enfance et plus tard avec mon grand-père après son décès, faisaient en sorte que la mort et le contact avec les défunts étaient devenus un élément normal de mes nuits et de mes actions métaphysiques, et c’est encore le cas aujourd’hui. Il y a quelques années, ma tante Janine, de qui j’étais très proche, est venue me parler durant l’exposition de son corps au salon funéraire. Tous les membres de ma famille étaient présents et ils ne m’avaient pas vu depuis longtemps puisque je vivais en réclusion. On n’osait pas trop venir me parler et cela me convenait. J’avais appris à vivre avec la crainte des gens, à être marginalisé même si je n’avais rien fait de mal ; je savais désormais que cela était bénéfique pour mon évolution. J’avais remarqué que ça m’aidait à faire un tri et à ne pas perdre de temps. Seulement les personnes spirituelles avaient la gentillesse de venir me parler, les autres ne m’approchaient pas. Cependant, je ressentais leurs regards, leurs jugements et leur incompréhension, et je travaillais sur moi pour toujours être dans l’amour inconditionnel.

Alors que j’étais assis calmement en méditation, attendant le début de la cérémonie, j’ai entendu une voix dans ma tête qui m’a demandé : « Est-ce que tu voudrais chanter une chanson pour moi ? » J’ai répondu intérieurement : « Ah non, tante Janine, pas chanter, tu sais que j’ai tourné la page ; la musique, c’est terminé pour moi. » Elle m’a alors suggéré : « Est-ce que tu pourrais dire quelque chose, lire un texte ?... J’aimerais tellement ça… » J’ai accepté et quelques secondes plus tard, sa fille Nicole est venue vers moi et s’est penchée pour me demander à l’oreille tout gentiment et doucement : « Est-ce que tu voudrais nous lire un texte ou dire quelque chose ? » Sans être surpris, j’ai dit : « Oui, de tout cœur. » Pendant que j’écoutais le révérend parler, je me questionnais sur ce que j’allais bien pouvoir dire, car ses mots traduisaient sa peur de la mort, son ambigüité et son manque de Connaissance ; à vrai dire, il n’était pas très inspirant. Quant à moi, encore une fois, je ne voulais pas trop déranger l’esprit des gens, c’est pourquoi j’ai calculé mes mots, essayant de produire un discours adapté aux personnes présentes. Si je leur avais dit que je conversais avec tante Janine et qu’elle était là avec nous, ils auraient probablement tous eu peur. Pourtant, c'était son service funéraire, il me semblait donc normal qu'elle soit là. Finalement, le discours que j'ai prononcé était plutôt timoré et manquait d'affirmation, mais je préférais avoir l'air simplet que de choquer les gens ; en plus, je n'étais pas très bon orateur à l'époque, je n'arrivais pas à bien exprimer ce que je vivais et pensais.

Certaines personnes utilisent leurs pouvoirs médiumniques pour se donner en spectacle, pour attirer l'attention et impressionner les autres. La plupart du temps, ces pouvoirs ne sont pas stables, lumineux ou basés sur une intention pure. Ces gens s'en servent pour nourrir leur égo, sans savoir que des entités malveillantes, avec lesquelles ils ont des résonances, peuvent passer à travers eux et les utiliser comme des marionnettes pour atteindre des buts égoïstes. Il faut être très vigilant quand on essaie d'entrer en contact avec les mondes parallèles et leurs habitants : tout comme sur la Terre, le discernement, une attitude juste et le sens du sacré sont indispensables.

Dans la nuit suivant le service funéraire, ma tante Janine est venue me rendre visite en rêve. *Elle était une énergie qui entrait en moi, puis sortait de moi… une énergie violette et bleue qui passait à plusieurs reprises à travers mon corps. Elle était fascinée par mon énergie et ma conscience spirituelle, et aussi par le fait que j'aie été le seul à pouvoir communiquer avec elle au salon funéraire. Comme une petite fille, enjouée, animée et vivifiée par sa nouvelle existence, elle m'a dit avec cœur et tendresse : « Personne ne croit ni ne comprend qui tu es… c'est tellement grand ce que tu es et ce que tu deviendras. »* J'étais heureux de l'avoir rencontrée, car c'était une preuve de plus qui m'aidait à me solidifier, me renforcer face à une société qui ne validait pas l'existence des mondes métaphysiques. Pourtant, ils sont si réels.

L'Univers peut être considéré comme une immense Cité qui offre d'innombrables possibilités de rencontres et de croisements de destins orchestrés à partir des résonances et affinités autant positives que négatives qui existent entre ses habitants. Les déplacements d'un être entre les différentes sphères de vie au sein de cette Cité Universelle se font selon son plan de vie, son niveau de conscience et le genre de pensées et de sentiments qu'il nourrit.

## 54- La voiture de Jean

Mon beau-frère Jean est pour moi un véritable frère. Il est avocat, grand philanthrope et cofondateur, avec mon épouse et moi, de l'association sans but lucratif *Univers/Cité Mikaël* (UCM). Nous vivons lui et moi une osmose, un lien merveilleux d'amitié et de confiance. Tout au long de ces années, il a été à mes côtés pour m'appuyer et soutenir la Mission Angélique sur Terre. Notre rencontre, dont je parle dans le chapitre neuf, est un bel exemple qui montre comment le Destin est orchestré afin d'assurer la mise en place des alliances nécessaires pour faire connaître le travail avec les Anges dans le monde entier.

Un jour, il est allé avec sa famille au parc d'attraction *La Ronde*, sur l'île Sainte-Hélène tout près de Montréal, et sa voiture a été volée dans le stationnement, puis retrouvée quelque temps plus tard. Deux mois après ce vol, alors qu'il se trouvait dans un centre commercial, Jean a eu le pressentiment que sa voiture serait volée à nouveau. Il est donc retourné vérifier dans le stationnement et sa voiture était toujours là. Après m'avoir partagé cette expérience, je lui ai raconté mon rêve de la veille. *J'étais dans un stationnement et je voyais que deux jeunes voleurs s'apprêtaient à voler la voiture de Jean. Je me suis approché d'eux en leur disant: « Non, non, vous ne volerez pas la voiture de Jean… il a déjà vécu cela voilà deux mois et c'est suffisant… allez-vous-en, les amis. » Puis, j'ai vu Jean au loin qui venait vers son véhicule.* Jean a souri et m'a remercié. Il connaissait très bien l'efficacité du travail angélique et était habitué d'entendre des informations prémonitoires de ma part et d'en recevoir lui-même ou par le biais de sa femme. À force de travailler avec les Anges, nous sommes devenus une famille bien spéciale, je ne suis plus seul désormais.

## 55- *Le septième signe*

Le dernier concert que j'ai donné avant de quitter complètement la musique était pour les Nations Unies dans le cadre de la mission canadienne des forces armées qui a eu lieu de 1993 à 1996 pour le maintien de la paix. J'avais accepté de me rendre à la base militaire à Haïti pour faire partie du spectacle annuel offert aux soldats en mission dans ce pays. À la même période, j'avais été très touché et inspiré par le film *The Seventh Sign* (*Le septième signe*) avec Demie Moore, dont le scénario commence à Haïti. C'est un film avec une vision apocalyptique un peu trop intense, à mon avis, mais à cette époque, ma vie était en plein bouleversement. Les épreuves initiatiques, les tremblements de terre et les volcans dans mon monde intérieur étaient en pleine activité. Normalement, je n'aurais pas participé à ce dernier concert, surtout parce que la mère de ma fille était coproductrice, que nous venions tout juste de nous séparer et que les plaies étaient encore bien présentes dans nos cœurs. Mais comme il s'agissait de Haïti et que j'avais le souhait d'aider les soldats au maintien de la paix ainsi que la population locale, j'avais accepté l'invitation.

Dans la nuit avant mon départ, *j'ai vu en rêve un haut gradé de l'armée canadienne qui m'a dit que nous devions nous rencontrer et que nous avions une mission à accomplir ensemble.* Le départ était prévu pour le lendemain dans un avion de l'armée qui devait nous amener à la base des Nations Unies à Haïti. Une fois sur place, j'ai découvert que l'officier en charge de notre sécurité était exactement la personne que j'avais vue dans mon rêve. Il était aussi instructeur en arts martiaux et dégageait une belle sagesse. Ce fut pour moi une autre expérience magique. Je ne l'avais jamais vu auparavant dans la réalité concrète, mais quand nos regards se sont croisés dans l'autobus que nous prenions ensemble, nos âmes se sont reconnues. J'ai été très touché.

Nous avons été ensemble tout au long du voyage et avons fait de longues méditations, juste lui et moi, dans plusieurs sites et églises du pays. À cette époque, il était peu recommandé aux personnes civiles étrangères de se promener sans escorte militaire dans le pays, mais au-delà de cela, nous avions tous les deux une rencontre de destinée. Il a aussi été un de mes premiers étudiants quand j'ai commencé à parler de mon travail angélique et de mes connaissances en interprétation des rêves, signes et symboles. Plus tard, il est devenu une personne importante dans la mise en route du vaste projet de l'Univers/Cité Mikaël.

J'ai ainsi rencontré dans mes rêves les personnes clés destinées à devenir les piliers de cette Mission Angélique. Pour moi, chacune de ces rencontres a son histoire et chacune m'a été annoncée en rêve ou par des signes prémonitoires. Je pourrais tellement vous en raconter…

# CHAPITRE SEPT
# SUR LES AILES DE L'AMOUR

Dans ce chapitre, Kaya explique comment il a retrouvé l'amour après avoir pensé devoir demeurer seul dans sa vie consacrée au service du Divin. Il raconte les rêves lui annonçant que Christiane sera son épouse et partage ouvertement comment il a réappris à aimer, à incarner ses polarités masculine et féminine et à vivre en couple. Kaya approfondit ses connaissances dans une nouvelle structure familiale avec Christiane et leurs enfants Kasara et Jean-Pierre. Ils se développent ensemble et apprennent à s'impliquer sur le plan humanitaire afin de devenir une famille angélique. Avec eux, il franchit de nouvelles étapes dans son évolution et son apprentissage de l'incarnation des Énergies Angéliques sur Terre.

*

## 56- Le cœur a ses raisons que la raison ignore

Pour être franc, au début de mon cheminement spirituel, j'ai complètement déprogrammé en moi l'idée d'avoir une femme dans ma vie, car tout ce qui m'importait était de servir le Ciel sur Terre. L'amour dans une relation de couple avait toujours été compliqué pour moi. À cette époque, je voyais le célibat comme un sacrifice nécessaire afin de pouvoir diriger toute mon énergie vers le service divin et l'aide humanitaire. Je m'étais créé le concept d'un moine angélique qui me convenait parfaitement. J'aurais très bien pu continuer à vivre ainsi pour le reste de mes jours. Dieu avait gardé caché le cadeau qu'Il me réservait. Je Le remercie de toute mon âme pour cette relation que je vis avec mon épouse et qui me permet de continuer à cheminer dans l'Amour et la Sagesse.

Après la séparation d'avec la mère de ma fille, j'ai vécu une autre relation avec une femme très belle physiquement mais qui traversait de nombreuses difficultés psychologiques. Elle avait notamment des problèmes de drogue et d'alcool. Je l'avais connue dans une rencontre des Alcooliques Anonymes. À cette époque, ce lieu de rencontres était devenu ma nouvelle mission. Même si je n'avais jamais eu de problème de consommation, j'aimais écouter les participants et ainsi continuer à étudier la conscience humaine à travers leurs témoignages. En plus de ses problèmes de consommation, cette femme avait une tendance suicidaire. Son ancien ami de cœur s'était enlevé la vie et il la visitait en rêve essayant de la pousser au suicide elle aussi. Notre relation était basée sur une dynamique assez particulière, dans laquelle j'avais le rôle de sauveur : je pensais sincèrement pouvoir l'aider, autant en rêve que dans la réalité concrète, à se transformer, à nettoyer ses élans destructeurs et à se reprogrammer divinement. Malgré tout le soutien que je lui ai apporté, cette femme m'a un jour trompé, ce qui n'a pourtant pas affecté mon amour pour elle. J'ai continué de l'accompagner de tout mon cœur. Rien n'était grave pour moi, je pardonnais facilement et permettais toujours à l'autre de se renouveler. Plusieurs personnes dans ma vie affective ou professionnelle m'ont en quelque sorte trahi, mais ça ne me dérangeait pas. Comme un diplomate, j'arrangeais tout pour éviter les conflits, car au fond de mon âme j'étais persuadé que tout pouvait se réparer si nous avions le souhait sincère d'évoluer. Je le crois encore aujourd'hui, sauf que maintenant, je n'essaie plus de faire le travail pour les autres, je laisse chacun cheminer à son propre rythme.

Ma relation avec cette femme s'est toutefois terminée de façon abrupte suite à un rêve dans lequel *On m'a dit que j'aurais un futur difficile si je restais avec elle.* Cette révélation m'a tellement secoué que je l'ai quittée le jour même, me promettant de ne plus jamais faire de la peine à personne. Par la suite, je suis entré dans ma phase d'ermite, et de nombreuses années de célibat ont précédé ma rencontre avec celle qui est maintenant ma femme.

## 57- La transcendance des besoins affectifs

Pendant mes années de vie solitaire, sans relation amoureuse, j'ai accompli une très grande transformation intérieure, une purification intense de mes besoins instinctuels et émotionnels. J'ai vécu un réel sevrage affectif au fil duquel j'ai nettoyé mes mémoires marquées du besoin d'aimer et d'être aimé. J'avais toujours tout fait pour que les gens soient heureux autour de moi, pour qu'ils m'aiment et, maintenant, je devais apprendre à m'aimer moi-même, à me connaître en profondeur et à m'affirmer correctement. Ce grand nettoyage de mes mémoires émotionnelles s'activait dans mes nuits, à travers d'intenses cauchemars.

La purification du plan affectif est la tâche la plus exigeante dans le processus de conversion de la conscience ordinaire vers une conscience angélique. On entend souvent parler de l'amour inconditionnel, mais ce concept demeure abstrait. On ne peut ressentir l'amour inconditionnel que lorsqu'on a purifié tous les besoins personnels. Il se traduit par une acceptation intégrale du Plan Divin, un accueil total des autres tels qu'ils sont, ainsi que par la capacité de fusionner avec eux et d'agir pour leur bien, sans rien attendre en retour. Cela ne veut pas dire qu'on doit renoncer à recevoir, bien au contraire, on remarquera avec le temps que l'amour inconditionnel ouvre les portes à l'abondance sur tous les plans.

Plus on intègre l'inconditionnalité de l'Amour Divin et les Lois qui le régissent, plus on devient capable d'aimer tous et chacun. On est alors également en mesure de comprendre les différentes dynamiques affectives que nous vivons dans nos relations, que ce soit avec nos parents, notre conjoint, notre enfant, nos amis, nos collègues de travail, etc. Et au lieu de ressentir ces Lois comme des limitations, on constatera qu'elles nous aident à renouveler notre propre structure et nos modes de fonctionnement, il devient alors tout naturel de les suivre, de se laisser guider par elles.

Les Lois Divines sont toutes interreliées et fonctionnent en parfaite harmonie. Elles se trouvent à la base des Qualités et Vertus qui, lorsqu'on arrive à les fusionner en notre être, nous élèvent à de hauts niveaux de pureté. Le respect des Lois de l'Amour et de la Sagesse nous fait connaître la béatitude et la plénitude. C'est ça en fait, le réel bonheur, la véritable longévité heureuse. C'est comme pour une société : s'il n'y a pas de guerre, si les lois sont respectées par tous, la paix peut régner et amener l'expansion, l'abondance et la prospérité. Il est toutefois essentiel de développer une confiance absolue dans la Justice Divine et de croire que tout ce qui nous arrive dans la vie, autant le positif que le négatif est nécessaire à notre évolution. Si on se retrouve seul, si on n'a pas encore rencontré l'amour véritable, c'est qu'il nous reste des travaux de défrichage et de nettoyage à faire sur cette route, et c'est sur ça que nous devons concentrer nos efforts dans l'immédiat. Ainsi nous préparons la voie et le terrain pour le bonheur durable.

Quand j'ai rencontré Christiane, j'avais déjà transcendé mes besoins affectifs. Un simple rayon de soleil me caressant la peau me rendait heureux, tout comme le parfum d'une fleur ou le sourire d'un enfant. Même voir les autres amoureux me comblait de bonheur. Je n'avais plus besoin de vivre l'amour de façon concrète, physiquement, pour le sentir en moi. J'étais dans une totale acceptation de mon célibat, et je n'aurais pas voulu vivre en couple avec une femme que le Ciel n'aurait pas préalablement approuvée comme étant la bonne épouse pour moi. J'étais profondément heureux dans cette solitude qui me permettait de découvrir d'autres facettes de l'amour à travers le sevrage affectif. Ce grand processus de purification émotionnelle m'a conduit à l'Illumination du cœur. Ce fut un long voyage, dont la première étape était de découvrir l'Amour de Dieu dans toute la Création et ensuite, d'apprendre à m'aimer et à aimer les autres divinement, pour finalement vivre cet Amour dans une relation de couple.

Le travail de transcendance de la sexualité a aussi été difficile au début. Lorsque notre inconscient s'ouvre, tout s'expanse en nous : les perceptions s'affinent et les sensations deviennent plus intenses. Notre clairsentience s'active, réveille nos besoins non transcendés et teste notre solidité intérieure face aux Principes Divins. Mes sens métaphysiques étaient si aiguisés que je devais parfois détourner le regard lorsque je voyais une femme dans la rue afin de ne pas succomber à des pensées qui auraient nourri mes instincts. Il m'arrivait même, en présence d'une femme, de ressentir les phéromones qui circulaient autour d'elle. Je percevais également si je pouvais la séduire, s'il y avait cette *chimie sexuelle* entre nous, et ce, même si elle se trouvait loin de moi. C'était tellement puissant !

Avec le temps, au fil du nettoyage des mémoires, on se stabilise : tout en gardant les sens subtils activés, on ne ressent plus ce besoin puissant de se nourrir affectivement ou sexuellement aux dépens de l'autre, ce qui peut parfois conduire à l'obsession. Le cheminement angélique est parsemé d'initiations intenses. En ayant vécu moi-même ses différentes étapes, je suis maintenant en mesure d'en témoigner espérant ainsi pouvoir rendre ce grand processus de transformation de la conscience plus facile aux autres.

L'Amour Divin entre un homme et une femme apporte un bien-être multidimensionnel. Il instaure dans le couple une capacité créative et réalisatrice exceptionnelle. La rencontre avec notre âme jumelle est une expérience si merveilleuse ! Elle est le cadeau que Dieu offre à tous les êtres qui travaillent intensément sur eux. Je le constate non seulement avec Christiane et moi, mais aussi avec de nombreux couples qui se sont formés en travaillant avec les 72 Anges et qui ont su attendre la confirmation du Ciel qu'ils avaient bien rencontré leur âme jumelle.

## 58- La femme d'expérience

Lorsque nous rencontrons notre âme jumelle, nous réalisons que le Ciel nous y a préparés longtemps à l'avance et que certaines affinités nous liaient déjà. Concernant mon lien avec Christiane, j'aimerais partager deux signes que le Ciel a orchestrés sur ma route. Elle vient de la Suisse et j'ai toujours été attiré par ce pays, même si personne de mon entourage proche n'y était allé. Jeune, quand je devais choisir un pays pour un travail scolaire, sans savoir exactement pourquoi, je prenais toujours la Suisse. J'ai aussi compris que le succès qu'a connu une des chansons de mon répertoire – *Une femme d'expérience* – était un autre signe extraordinaire.

J'avais composé la musique de cette chanson avec mon ami et collègue Marc Provençal et c'est Luc Plamondon qui devait écrire les paroles. Avant de remettre la partition musicale à Luc, j'y avais inséré quelques idées touchant l'aide humanitaire en Afrique et je croyais qu'il allait s'en inspirer. Mais lorsque j'ai reçu les paroles, ce fut la déception totale ! La chanson s'intitulait *Quand on se donne (à une femme d'expérience)* et racontait l'histoire d'un jeune homme qui vivait un amour angélique et une connexion très profonde avec une femme plus âgée que lui. Malgré tout le respect que j'avais pour Luc, j'étais découragé de lire ce texte, car je n'arrivais pas à m'identifier à cette chanson. À ce moment-là, j'étais loin de me douter que j'étais en train de lire l'histoire d'amour que j'allais vivre avec Christiane. Les paroles me révélaient même la différence d'âge qu'il y a entre nous !

Cette belle chanson restera toujours un morceau de mon destin. Lorsque j'ai commencé à recevoir les rêves me disant que Christiane allait être ma femme initiée, j'étais à la fois touché et émerveillé. Cette chanson qui avait marqué ma carrière était en train de se matérialiser, de devenir réalité…

Christiane était ma meilleure amie depuis des années et je me demandais comment elle pourrait être ma femme ? Je l'aimais *trop* pour cela. À mes yeux, ce n'était pas nécessaire qu'on forme un couple. Mais le Ciel est coquin avec nous, il nous voile continuellement les étapes, car si on n'est pas encore prêt à les comprendre, et à les suivre, on risquerait de contrecarrer notre programme. La synchronisation des plans de vie est bien importante, d'un point de vue individuel mais également d'un point de vue plus global : il y a des étapes collectives préprogrammées qui mettent en interrelation le destin de nombreuses personnes et dont les grandes lignes doivent être synchronisées pour assurer le déroulement harmonieux à tous les niveaux. Bien sûr, un plan de vie peut changer. Si on décide de suivre une autre tangente ou si on est en retard sur notre programme, l'Intelligence Cosmique peut faire des ajustements et mettre en place un remplaçant (ou un *backup* de la personne) qui répondra à la destinée prévue initialement dans notre plan de vie. Le train peut toujours être redirigé vers une autre destination lorsqu'on résiste à évoluer, ou si cela nuit au plan de vie de notre conjoint ou d'autres personnes proches de nous, voire d'une collectivité. Notre *train de vie* peut aussi prendre une nouvelle direction quand, à force de travailler sur nous, le Ciel constate que nous avons transformé nos faiblesses, que nous n'avons plus de résonances avec nos anciennes affinités négatives et que, de ce fait, des améliorations peuvent être apportées à notre programme d'évolution et notre plan de vie en général. Si nous travaillons de tout notre cœur et de toute notre âme sur nous, avec l'intention de manifester notre nature divine, alors absolument tout est possible, et notre destinée peut se modifier, s'ouvrir sur de nouveaux horizons.

Il est fascinant de comprendre les rouages multidimensionnels du Destin. Le travail spirituel nous amène à connaître un jour notre plan de vie ainsi que les grands changements personnels et collectifs en avance. Cela requiert toutefois un grand détachement et une soumission totale à la Volonté Divine, et tant que ces qualités ne sont pas assez développées en nous, les étapes de notre vie et de celle des autres demeurent voilées. De cette façon, le Ciel nous protège et nous aide dans notre cheminement, un peu comme on le ferait avec des enfants qui ne sont pas encore capables de tout comprendre.

Alors oui, j'en ai eu des surprises dans ma vie, et ce, même si j'ai fait beaucoup de rêves prémonitoires. La venue de Christiane a été l'une des plus belles d'entre elles. Je n'aurais pas été prêt à la rencontrer plus tôt : elle est arrivée au moment parfait dans mon cheminement pour m'aider à franchir une autre étape de ma transformation angélique.

## 59- Le rêve du mariage

Dans cette vie, Christiane et moi nous sommes rencontrés et redécouverts comme des enfants pourraient le faire. Nous avons d'abord partagé une amitié sincère empreinte d'affection et de pureté. Dès notre première rencontre, c'était comme si je l'avais toujours connue. Tout en elle m'inspirait : sa bonté, sa gentillesse, son amour, sa joie de vivre, sa grâce, son regard lumineux et sa dévotion à Dieu. Quand je me confiais à elle, je me sentais accueilli et compris, car elle vivait des expériences similaires aux miennes, mais en tant que femme. Ses enseignements sur l'Angéologie Traditionnelle ont tout de suite trouvé écho en moi, et c'est sans tarder que j'ai commencé à les intégrer dans mon quotidien.

Je me suis impliqué dès sa première conférence sur les Anges. Le thème portait sur l'accompagnement des personnes en phase terminale avec l'État de Conscience Angélique 70 Jabamiah. Sans lui en parler, j'avais acheté une page complète dans le journal régional, et elle s'est retrouvée, à sa grande surprise, devant une salle comble. Ses recherches et ses découvertes m'avaient tellement touché, qu'après seulement deux ou trois semaines de travail avec les Anges, je trouvais tout naturel de faire ce geste philanthropique. Je savais au fond de moi que j'étais sur Terre pour faire connaître l'Enseignement des Anges et que la vie m'y avait préparé depuis ma naissance.

Servir le Ciel a toujours éveillé en moi un état de grâce et un sentiment puissant d'être en accord avec mon programme. Donner un sens à ma vie par la réalisation d'une mission spirituelle est plus important que tout. Aujourd'hui, j'ai le bonheur de réaliser, avec l'aide de plusieurs bénévoles et philanthropes, de beaux et grands projets altruistes et humanitaires ; le sentiment que j'éprouve à travailler avec eux est aussi fort qu'au premier jour où j'ai acheté cette page de publicité pour Christiane. Voir les gens découvrir la réelle signification de ce qu'est un Ange me procure une joie immense.

La journée de cette conférence, c'est comme s'il y avait eu un petit tremblement de terre dans la ville où l'on vivait, tellement Christiane était nerveuse ☺. Nous avons en commun plusieurs vies de mission spirituelle et nous sommes bien conscients que ce que nous accomplissons aujourd'hui a débuté il y a fort longtemps. Mais les conditions de ces vies passées n'ont pas toujours été faciles; c'est pourquoi, au début, parler en public faisait ressortir des mémoires négatives en lien avec ces expériences antérieures.

Quelques semaines après cette première conférence et les rencontres qui l'ont suivie, je me suis retiré dans la solitude pour approfondir mes compréhensions et mon travail avec les Énergies Angéliques. Celle qui était devenue mon amie, ma sœur et ma confidente était toujours là quand j'avais besoin d'elle. Christiane savait me réconforter avec bonté et amour. Grâce à sa présence je trouvais la force de poursuivre ce travail soutenu que j'effectuais sur moi. De son côté, Christiane vivait aussi des initiations puissantes en invoquant les Anges, et le fait d'en parler ensemble tissait entre nos âmes un lien privilégié et magique.

Je continuais à évoluer vers toujours plus de Connaissance, mais en même temps, inconsciemment, une partie de moi devenait rigide, extrémiste et trop solitaire. Je pensais être en mesure de mieux servir le Divin en m'isolant. Mais j'ai finalement compris que vivre en ermite n'est pas le summum de l'évolution. C'est une étape importante qui permet d'effectuer un travail intense sur soi et développer de grandes qualités, mais ce n'est pas la dernière. Sur le chemin de l'évolution, on peut parfois se créer des glorioles spirituelles pour se solidifier intérieurement, mais un jour, on devra les déprogrammer, c'est absolu. L'illusion est éducationnelle et sert notre évolution et cela peut prendre du temps avant qu'on n'en ait plus besoin. Réaliser qu'on pouvait vivre l'Amour Divin en couple m'a amené à rectifier de vieux concepts véhiculés depuis des centaines d'années sur Terre et que j'avais acceptés dans cette vie-ci sans vraiment y réfléchir au début de mon parcours spirituel. L'expérience d'une vie de couple angélique est non seulement possible, mais également nécessaire à notre plein accomplissement.

C'est d'abord moi qui ai reçu des rêves m'annonçant que Christiane deviendrait ma femme. Pour elle, les rêves sont venus plus tard, au moment où tout allait se dévoiler à nous. Ces révélations troublantes m'ont d'abord incité à prendre mes distances pendant un certain temps, car je ne voulais pas compromettre notre amitié spirituelle et sacrée, si importante à mes yeux. J'avais aussi des doutes par rapport à la signification de mes rêves, je me disais qu'ils me révélaient peut-être simplement une union symbolique entre des parties de moi et non une union de couple dans le monde extérieur. Après plusieurs mois d'intériorisation et de réflexion, je l'ai recontactée et nous avons convenu de travailler ensemble afin d'enseigner notre vécu angélique. Je suis entré dans cette étape en me disant que notre union se vivrait dans l'amitié spirituelle. Cette idée me convenait parce qu'elle nous permettait de travailler en symbiose tout en ayant une connexion multidimensionnelle. Étant donné que j'avais travaillé pendant plusieurs mois avec l'Ange 20 Pahaliah pour transcender complètement ma sexualité, je n'avais plus aucun désir sexuel qui aurait pu me perturber ; je pouvais donc me consacrer pleinement à ma mission angélique.

À la même période, un couple d'amis qui assistait à nos premières conférences angéliques – un homme qui avait été très prospère dans le domaine de la construction et sa femme – souhaitait nous aider dans notre mission. Ce couple nous avait invités à visiter une terre en vue d'y construire éventuellement l'École Univers/Cité Mikaël. Nous sommes partis tous les quatre dans la même voiture. Je me souviendrai toujours de ce moment : Christiane et moi étions sur la banquette arrière, c'était la première fois que

nous étions assis si près l'un de l'autre. Pendant le trajet qui durait environ deux heures, j'ai ressenti une attirance physique pour Christiane. Je ne comprenais pas du tout ce qui se passait, car j'avais l'impression que le sentiment d'attraction ne venait pas de moi, mais d'elle, de son énergie. J'étais perplexe et j'ai commencé à faire la pratique récitatoire pour nettoyer toute envie qui aurait pu monter. Elle, en bonne Suissesse, était d'une grande discrétion. Je ne pouvais donc déceler aucune envie de son côté, mais mon ressenti était tellement fort ! C'était comme si on m'avait branché à une centrale électrique tellement le désir éveillait mon corps et mon cœur. J'avais chaud et vraiment hâte d'arriver pour sortir de la voiture. Je voulais tellement avoir une attitude juste avec elle, que l'idée d'activer l'énergie intime entre nous faisait monter une grande peur en moi. Nous sommes enfin arrivés à destination, et l'énergie s'est alors calmée. Le retour s'est bien passé, je ne ressentais plus cette intensité, mais quelque chose avait été déclenché, et ce n'était déjà plus tout à fait pareil entre nous.

Aujourd'hui nous rions de bon cœur en nous rappelant cet épisode, car nous étions vraiment naïfs de penser que nous aurions pu travailler ensemble pour les Anges sans ressentir de l'amour l'un pour l'autre. Nous étions un peu comme deux religieux coincés. Le Ciel a mis du temps à lever le voile sur ce que nous allions vivre ensemble, afin de nous donner le temps de bien nous préparer.

Le lendemain matin, le téléphone a sonné. C'était Christiane. Avec sa franchise habituelle, elle m'a partagé ce qu'elle avait ressenti la veille dans la voiture. Elle aussi avait capté cette nouvelle vibration qui s'était installée entre nous. Dans la nuit, elle avait reçu un rêve montrant que *je lui mettais affectueusement la main sur la cuisse.* Je me souviendrai toute ma vie du silence qui a suivi... Je savais qu'un nouveau programme s'activait pour nous. Pendant que j'hésitais, mes pensées tournaient dans ma tête. Je me demandais si c'était le bon moment de m'ouvrir à elle. J'ai finalement pris une grande respiration et lui ai partagé les rêves que j'avais reçus depuis quelques mois déjà. Je lui ai aussi parlé de la chanson *Une femme d'expérience* qu'elle ne connaissait pas puisqu'à l'époque où cette chanson était populaire au Québec, elle vivait encore en Suisse. À la fin de notre échange, je ressentais que nos cœurs étaient au diapason, qu'ils vibraient à l'unisson. Nous avons alors convenu de prendre trois jours de méditation chacun de son côté afin de demander au Ciel s'il était juste que nous formions un couple.

Après les trois jours, je lui ai téléphoné et elle a répondu en bredouillant un peu. Je lui ai demandé si tout allait bien, et elle a dit qu'elle était un peu étourdie, car au moment où le téléphone a sonné, elle était en train de faire du yoga et se trouvait en posture sur la tête. Avec un air coquin et en riant de bon cœur, je lui ai demandé: « Est-ce un signe? », connaissant déjà sa réponse. Elle a éclaté de rire et m'a dit qu'elle avait fait un grand travail avec l'Ange 18 Caliel, qui dévoile la vérité et donne toujours l'heure juste dans les moments importants. Elle m'a ensuite confié que dans l'un des rêves qu'elle avait reçus, *je lui ouvrais la porte sur la Lumière.*

Nous avons échangé notre premier baiser lors d'une sortie amoureuse, sur le bord d'une rivière par une belle journée d'automne. C'était magique! Assis sur des rochers près de l'eau, nous nous sentions comme deux jeunes adolescents qui apprennent à se découvrir. Il faut dire que j'étais seul depuis plusieurs années, et le fait de me retrouver avec une femme initiée bousculait des années de travail monastique en moi. En même temps, tous les deux avions à cœur d'être justes et de suivre la Guidance du Ciel.

Comme nos âmes se sentaient prêtes, nous avons décidé de vivre ensemble environ deux semaines après avoir reçu notre confirmation du Ciel. Nous étions tellement heureux de partager notre vie au quotidien, mais en même temps nous ne savions pas trop comment nous exprimer notre amour, comment être l'un avec l'autre. Il nous fallait découvrir ce qu'était un couple spirituel et angélique. Pour ce faire, nous devions nous donner le temps nécessaire afin que les révélations de nos rêves puissent s'incarner en nous pour se concrétiser. C'est le chemin à suivre pour matérialiser de façon angélique.

Ce qui est magnifique, c'est que notre relation était basée dès le départ sur une confiance mutuelle absolue. De plus, nous avions déjà intégré tous les deux un mode de vie très simple, qui nous convenait à merveille. Et comme nous étions autonomes, on ne s'ennuyait jamais l'un de l'autre; Christiane était une femme complète, tout comme moi je me sentais complet. Ayant accompli un travail important sur nos besoins et nos instincts, nous connaissions chacun le sentiment de complétude. L'idée que nous n'aurions peut-être pas besoin de vie sexuelle est même venue dans nos discussions. Bien sûr, aujourd'hui nous en rions, car comment aurions-nous pu vivre pleinement toutes les dimensions de notre couple sans vivre ces moments merveilleux d'intimité et de fusion ? Matérialiser l'amour jusque dans la relation physique permet de se régénérer, se vivifier et s'apporter un bien-être mutuel et multidimensionnel. C'est aussi par l'acte sexuel que le couple peut atteindre des hauts niveaux d'harmonie et de fusion sur tous les plans et, ultimement, avec le Divin.

Mais au début de notre vie commune, ne pas avoir de relations sexuelles était pour nous une possibilité. Afin d'être justes, nous avons décidé de méditer sur le sujet dans le but de recevoir la Guidance Divine.

À nouveau, nous sommes allés à la montagne. Tout en marchant, nous faisions notre pratique récitatoire en silence. Cette randonnée élévatrice nous a vivifiés. Le vent nous caressait doucement le visage et le soleil en cette période d'automne était rassurant et réconfortant. C'était une journée et un moment magnifiques. Rendus au sommet, nous nous sommes installés en méditation pour recevoir des signes. Les yeux fermés, j'ai posé la question en silence avec toute mon âme : « Est-ce juste pour l'évolution de nos âmes d'avoir des relations sexuelles dans notre couple ? » Une voix s'est manifestée instantanément et puissamment. Surpris, je me suis mis à rire, car j'ai vraiment entendu une voix dans ma tête qui m'a dit : « Mais tu es donc *twit* ! » – *Twit* est une expression québécoise qui veut dire complètement ridicule. Christiane, me voyant rire si spontanément, m'a regardé et m'a dit qu'elle avait reçu la même réponse en méditation et dans ses réflexions en escaladant la montagne. Il n'y avait aucune raison de ne pas vivre notre amour pleinement. Je suis conscient que cela peut avoir l'air drôle de poser une telle question, mais pour moi, c'était tout un pas à faire. Imaginez, depuis des années, je vivais quasiment comme un moine, et j'avais vraiment l'impression de renier des vœux de chasteté.

J'avais reçu de nombreux cauchemars puissants qui m'ont permis de nettoyer des mémoires distorsionnées en lien avec la sexualité et qui m'ont aidé à me libérer de ce besoin naturel. Je devais maintenant réactiver cet aspect en moi et l'intégrer avec une conscience angélique. J'ai cependant dit à Christiane que je préférais ne pas décider quand nous aurions notre première relation intime ; je voulais de tout mon être que ce soit juste. Nous avons alors convenu que ce serait elle qui, avec la Guidance du Ciel, choisirait le bon moment, même si cela pouvait prendre des mois. Ce n'était pas important pour moi.

Au moment de cette décision, nous demeurions déjà ensemble depuis quelques semaines ; c'est avec joie et enthousiasme que nous avions emménagé dans le même logement et que nous partagions maintenant notre vie quotidienne. À ma grande surprise, trois jours plus tard – comme m'a expliqué Christiane, trois pour les trois plans : tête, cœur et corps –, elle est venue vers moi dans un bel élan naturel et rayonnant de pureté ; nous avons fait l'amour comme si c'était le début d'un temps nouveau. Cette première fusion jusque dans le plan physique a inscrit en nous un nouveau programme de vie. J'aime Christiane de toute mon âme ; ce que nous vivons ensemble dépasse tout ce que je pouvais imaginer d'une relation entre un homme et une femme.

## 60- Le retour à la Source

Tout en étant auprès de ma bien-aimée, mon ascension vers l'Illumination avec les Anges a continué et s'est même intensifiée. Mais tout était différent : j'avais désormais à mes côtés ma femme, un véritable cadeau de Dieu.

Dans un de mes rêves, *je me suis retrouvé dans une prison asiatique. J'étais accroupi par terre en petit bonhomme et il y avait autour de moi une violence inimaginable. J'assistais à des scènes indescriptibles montrant la décadence dont l'être humain est capable. Dans ce rêve, on m'a dit que je me trouvais dans cette prison depuis trois ans.* Au réveil, à 3 h 30 du matin, j'étais paralysé et j'avais des douleurs vives aux jambes. Christiane, qui s'était également réveillée, m'a aidé en les massant doucement. Quoique ce rêve n'ait duré que quelques minutes, je me sentais comme si je n'avais pas marché depuis trois ans. Il m'a fallu plusieurs heures avant que je sois capable de marcher normalement. J'étais si heureux d'avoir Christiane à mes côtés! Nous avions dépassés la peur des initiations et savions tous les deux que j'étais en train de visiter des forces collectives qui allaient renforcer mon âme. Ce genre de rêves permet de dévelop-per les qualités des grands initiés, lesquelles sont nécessaires au travail dans les mondes parallèles en tant que guide et passeur d'âmes. Sa présence était une joie pour mon cœur que j'avais traité trop sévèrement, et ce, durant des années.

Je me souviens d'un des premiers soirs de notre vie commune. J'écoutais et analysais un programme à la télé. Christiane a commencé à préparer le repas et je me suis levé rapidement pour l'aider. Elle m'a alors dit gentiment et avec douceur: « Tu peux continuer à regarder et étudier cette émission. Préparer le repas est pour moi une détente, une méditation. J'invoque toujours un Ange quand je le fais. D'autant plus que je n'ai pas besoin d'aide pour le moment. » Mais j'ai insisté pour participer; j'avais toujours fonctionné comme ça en couple. Elle m'a rassuré en me disant: « Peut-être une autre fois, mais maintenant tu devrais apprendre à recevoir inconditionnellement, sans te sentir obligé de donner à l'autre en retour. » Ouf! J'étais estomaqué par ses propos; des larmes sont montées dans mes yeux tellement ses mots et son attitude remplis d'amour et de sagesse m'avaient touché. C'était tout à fait inhabituel pour moi. Dans mes relations précédentes, ma grande sensibilité m'avait toujours poussé à participer aux différentes activités avec mes conjointes. Je captais chez elles l'insistance de toujours agir à deux et en même temps si je ne voulais pas risquer la dispute énergétique ou concrète. J'ai partagé à Christiane mes pensées, et elle m'a dit que si j'avais été en train de faire quelque chose d'inutile, elle aurait répondu différemment et aurait accepté mon offre. Mais comme elle savait que j'écoutais les nouvelles et que je recevais des rêves à leur sujet, elle ressentait qu'il était juste que je continue à concentrer mon énergie sur ce travail initiatique.

Avec elle, je découvrais une nouvelle façon de vivre en couple et, au début, c'en était déconcertant. Mais au fond de moi, je la connaissais déjà cette belle et juste manière de vivre à deux, et Christiane ne faisait que la réactiver. Au fur et à mesure qu'elle m'enseignait et m'accompagnait, je retrouvais cet ancien savoir sur la complémentarité du couple dans l'action. Je me suis souvent dit que je devais être juste pour mériter son amour et sa confiance, et ainsi elle m'a permis de faire fleurir ce que je portais dans mon être depuis des temps immémoriaux.

Contrairement à des relations amoureuses qui se fanent avec le temps, la nôtre a continué de grandir et de s'expanser à un point tel, que je me demandais régulièrement s'il pouvait vraiment y avoir une étape de plus. Avec le temps, j'ai réalisé que le couple est en constante évolution. Tout comme nous le sommes aussi de façon individuelle. En tant que couple, Christiane et moi avons vu nos responsabilités collectives augmenter au fur et à mesure que la diffusion de notre enseignement prenait de l'ampleur. Cette dynamique collective et multiplicatrice est un terrain d'apprentissage et d'évolution multidimensionnel pour nous, en tant qu'individu, mais aussi pour notre couple. Ces exemples décrivant notre parcours amoureux ne représentent qu'une parcelle de la grandeur de notre relation et de notre fusion sur tous les plans. Au début, je ne pensais pas que l'on puisse vivre ce niveau de la vie de couple sur Terre, mais aujourd'hui, je peux affirmer qu'il est possible d'incarner l'Amour Divin avec sa femme ou son mari. Souvent, quand je prends Christiane dans mes bras, je ferme les yeux et rends grâce à Dieu pour cette union si élévatrice. Je souhaite à tous de vivre un jour une telle relation.

Nous ne pensions pas que le mariage était nécessaire tellement notre amour était élevé et pur. Mais une série de rêves et de signes clairs nous ont amenés à penser différemment. S'engager devant Dieu et les hommes est un acte sacré et active une étape plus profonde encore de l'amour. Très peu de temps après le début de notre vie commune, j'ai reçu ce rêve: *J'étais avec deux aînés spirituels aux cheveux blancs, Ken Appleman et Normand Désourdy, qui représentaient des patriarches et symbolisaient la sagesse, la fidélité conjugale et la stabilité affective et matérielle. Ils étaient beaux et lumineux. Ken m'a demandé avec un sourire paisible et réconfortant: «Est-ce que tu aimes Christiane?» J'ai répondu avec mon cœur que oui, je l'aimais. Il m'a alors regardé d'un air solennel en me disant: «Alors marie-la!»*

Le lendemain matin au réveil, j'ai demandé à Christiane si elle voulait venir faire une promenade avec moi. Ensemble, nous aimions marcher, partager et méditer en faisant le tour du village où nous habitions à cette époque, Saint-Sauveurs-des-Monts. Nous sommes partis et j'ai gardé le silence presque tout le long du chemin. Je savais que ce que j'allais lui demander nous ferait entrer dans une autre étape de vie. Comme toujours, je faisais les choses au rythme du Ciel, en suivant la guidance de mes rêves. Lorsque nous sommes arrivés à l'église, je l'ai invitée à s'asseoir sur les marches du parvis, puis je me suis éloigné quelques secondes pour prendre une grande respiration. En revenant vers elle, je me suis approché doucement de son visage angélique et lui ai demandé avec amour: « Est-ce que tu veux m'épouser? » Elle m'a regardé, sans être surprise, et a répondu spontanément, les yeux remplis de lumière, d'amour et de dévotion: « Oui, je le veux. » J'ai entouré ses mains d'un chapelet en bois, tout simple, et je l'ai pris tendrement dans mes bras.

En racontant ces merveilleux souvenirs, un autre moment sacré me revient. Après notre décision de nous marier, nous devions choisir le lieu de la cérémonie. Alors que nous étions en montagne en train de méditer, un oiseau s'est posé dans la main de Christiane en même temps qu'un autre est venu dans la mienne. Pour nous, c'était tout un signe du Ciel: à cette époque, nous donnions nos conférences dans une salle qui s'appelait *St-Francis-of-the-Birds*! C'est donc là que nous nous sommes mariés. Lorsqu'on fusionne avec l'Intelligence Cosmique, on devient réceptif à tous ces signes. Ils font partie de la Guidance Divine et nous permettent d'avancer avec la vraie confiance, car ils nous confirment que nous sommes en accord avec le Plan Divin.

## 61- Le masculin et le féminin

La vie monastique ou religieuse est une étape importante où l'on peut atteindre de hauts niveaux de conscience et de purification par le biais de la prière, de la méditation, du silence et du détachement matériel. Mais contrairement à ce que nous pourrions penser, cette réalisation de soi n'est pas l'accomplissement total: notre développement peut aller encore plus loin. Pour exprimer notre divinité intégralement, nous devons aussi apprendre à fusionner les deux principes, le masculin et le féminin, jusque dans le concret, au niveau physique. C'est pourquoi le couple offre un terrain d'apprentissage si évolutif. Quand nous mettons la dimension spirituelle de la vie au premier plan, une relation ordinaire et trop terre-à-terre ne nous attire plus. Il vaut mieux être seul et travailler à se transformer intérieurement que de vivre une relation matérialiste et compliquée qui amène des problèmes de toutes sortes. C'est la meilleure façon de se préparer à vivre un jour une relation de couple dans laquelle nous pourrons nous réaliser pleinement.

Quand j'ai rencontré Christiane, j'étais dépolarisé, mon principe féminin était beaucoup plus développé que mon principe masculin. C'est une caractéristique qu'on rencontre souvent chez les hommes spirituels. Ils ont de la difficulté à se manifester entre autres en raison de leur grande sensibilité. Ils sont généralement trop gentils, trop doux, trop conciliants, etc. Mais le *trop* cause des décalages dans notre façon d'être et de fonctionner qui entraînent nécessairement des difficultés. Il est facile d'abuser d'une personne trop gentille, et lorsqu'on n'arrive pas à s'affirmer, on se laisse souvent influencer malgré nous, on prend de mauvaises décisions, en particulier lorsqu'il y a des tensions ou des problèmes à résoudre. On a tendance à ne pas être assez rigoureux parce qu'on veut plaire à tout le monde et parce qu'on a besoin d'être aimé. Se repolariser représente tout un travail qui ne peut se faire concrètement qu'au sein d'un couple spirituel, un couple évolutif qui s'ajuste constamment jusqu'à ce que les qualités intégrées rayonnent et assurent l'équilibre et le bien-être chez la femme et l'homme.

Avant de rencontrer Christiane, j'attirais des femmes plutôt émissives, qui avaient fortement développé leur polarité masculine. À travers elles, la Loi de la résonance me mettait en contact avec ce qui me manquait à l'intérieur et ce que je devais développer, entre autres la capacité à prendre des décisions et à passer à l'action avec rigueur. L'homme et la femme sont tellement différents l'un de l'autre et à la fois si complémentaires lorsqu'ils ont réussi à équilibrer leurs essences respectives. C'est cet équilibre manifesté jusque dans le couple qui nous permet d'atteindre l'harmonie.

Le travail sur nos polarités masculine et féminine, en nous et à l'extérieur de nous, est un long parcours. Ce n'est pas parce qu'on est un couple spirituel qu'on n'a pas de discussions ou de confrontations. Bien au contraire, se repolariser est un immense travail, autant pour l'homme que pour la femme. Le diapason est une ligne fine parfois difficile à découvrir.

Ce qui était merveilleux dans notre cas, c'est que nous avions déjà travaillé en profondeur sur notre égo, nos instincts et nos besoins de base avant de nous rencontrer. Évidemment, on n'a pas besoin d'être seul pour commencer un cheminement angélique, et si on le fait à deux, c'est encore mieux. Il faut juste avoir beaucoup d'humilité vis-à-vis de l'autre et savoir dire chaque fois que cela est nécessaire les mots magiques : je m'excuse.

Il faut aussi ne jamais prendre pour acquis la présence de l'autre, sa gentillesse, sa douceur et son amour. Il y a des gens qui cherchent inconsciemment des problèmes pour stimuler leur amour. Quand tout va bien, ils s'ennuient. La nature humaine est parfois particulière et c'est pour cela qu'il faut la transcender et activer notre nature angélique, laquelle donne une dimension évolutive à la relation. Notre partenaire de vie ne devient pas seulement notre amoureux ; il est aussi notre ami, notre confident, et même notre parent ou notre collègue de travail. La complémentarité du couple angélique devrait se manifester dans tous les aspects positifs des deux polarités et non seulement dans la dynamique amoureuse et passionnelle. On peut alors créer de belles œuvres, voir nos enfants grandir de façon équilibrée, avec des valeurs justes. Lorsqu'un couple base sa vie sur les Qualités Divines, il devrait toujours être d'accord, car le bon sens et l'équilibre prennent leur source dans ces Qualités. Bien entendu, dans la vie tout n'est pas blanc ou noir, il y a toute une palette de couleurs à découvrir. Il faut développer la souplesse qui permet de suivre le cours de l'évolution en sachant accepter les expérimentations qui s'avèrent nécessaires. On ne peut pas en vouloir à l'autre quand il a suivi ce qu'il pensait être juste, même s'il s'est trompé. La vie nous guide aussi vers des karmas à réparer. Quand cela se produit, on ne peut pas se dire tout simplement que ce karma ne nous concerne pas. Non, car nous sommes tous liés ; chacun a quelque chose à comprendre et à intégrer. Vivre en couple ouvre la voie à la complète réalisation de soi.

## 62- Christiane, Kasara et Jean-Pierre

Notre bonheur n'aurait pas pu être complet sans la présence de nos enfants Kasara et Jean Pierre, le fils de Christiane issu de son premier mariage, qui était déjà adulte quand nous nous sommes connus. Le développement de notre conscience angélique nous a permis de reprogrammer des concepts de vie ordinaires que nous avions manifestés en tant que parents par le passé. L'Angéologie a permis à Christiane de devenir une nouvelle maman pour son fils, car elle n'avait pas cette Connaissance quand il était enfant. Jean-Pierre a su s'en inspirer et a développé son magnifique potentiel; il est aujourd'hui un homme intègre, responsable et rayonnant. Quant à Kasara, nous avons pu lui transmettre très tôt l'Enseignement des Anges, la connaissance du langage symbolique et l'interprétation des rêves et des signes, et voir se manifester en elle tous les bienfaits de cette philosophie de vie angélique. Avec le temps, nos enfants sont devenus les plus beaux fruits de notre épanouissement personnel, et nous en sommes heureux et reconnaissants.

Il est vrai qu'on pourrait qualifier notre famille d'extraterrestre ☺. Tous les matins, nous partageons nos rêves et nos voyages dans les autres dimensions. Chacun de nous a développé son autonomie spirituelle et reçoit ses informations et sa propre guidance. Nos enfants auraient pu rejeter ce cheminement angélique, les rêves, etc., mais au contraire, ils l'appliquent dans leur vie personnelle et constatent par eux-mêmes tous les bienfaits qui en découlent.

Kasara, qui a maintenant 21 ans, est devenue une jeune femme angélique. Elle a écrit deux livres, dont le premier pendant son enfance et le second durant son adolescence: *Le Journal spirituel d'une enfant de neuf ans* et *Le Journal spirituel d'une adolescente.* Elle y parle de son cheminement durant son enfance et son adolescence, de ses rêves et de sa perception de la vie. Ses témoignages montrent ce que peuvent devenir les nouveaux enfants quand ils ont accès à la Connaissance; ils aident également les parents, les enseignants, pédagogues et intervenants à découvrir leur propre potentiel. Son prochain livre est en préparation et elle enregistre actuellement la Collection de CD ANGELICA MANTRA, où elle chante les Noms des 72 Anges en s'inspirant de leurs Énergies. Je peux vous dire que servir les Anges sur Terre met en place une magnifique créativité et enrichit notre vie de partages extraordinaires. C'est pour moi un honneur et une responsabilité de l'aider et de la soutenir dans ses aspirations spirituelles au quotidien.

Mon parcours n'a pas été facile, surtout pendant les premières années, mais aujourd'hui, Dieu me récompense d'un bonheur incommensurable autant à travers nos enfants qui évoluent sainement et angéliquement, qu'en voyant toutes les familles qui se sont inspirées de notre vécu pour développer leur autonomie spirituelle et déployer leurs ailes avec le travail angélique.

# CHAPITRE HUIT
# L'ILLUMINATION

Même après son mariage d'amour et de sagesse avec Christiane, les initiations continuent pour Kaya. Dans ce chapitre, l'auteur nous fait plonger dans un univers d'évolution phénoménale où son esprit humain fusionne de plus en plus avec sa nature angélique. Il partage les quatre Illuminations angéliques qu'il a vécues, les reprogrammations profondes qu'elles ont générées en lui, ainsi que les objectifs de vie qu'elles lui ont révélés. Dans un langage accessible à tous, Kaya parle de ce que les grands sages ont pu vivre au cours de leurs puissantes transformations qui les ont conduits à de hauts niveaux de conscience et leur ont permis d'accomplir de grandes choses sur les plans métaphysique et physique. Le but de ce partage sur les étapes secrètes de sa vie mystique est de révéler que nous pouvons tous devenir des anges sur Terre si nous développons et incarnons les Qualités et les Vertus Divines dans notre vie quotidienne.

## 63- Les initiations continuent

Au début de notre relation amoureuse, Christiane et moi habitions un petit appartement dans les montagnes. Ce logement avait une mezzanine, et c'est là que je dormais plutôt que dans la chambre avec ma tendre épouse. Comme mes cauchemars étaient violents et me réveillaient régulièrement, je préférais être seul sachant que ce n'était que temporaire et qu'un jour, je pourrais dormir à ses côtés, comme je le fais désormais depuis de nombreuses années. Pendant les canicules estivales, la température pouvait monter à 46° Celsius, mais cela ne me dérangeait pas. Mon âme était *chauffée*, ça c'est sûr… jusque sur le plan physique ! C'était tellement intense ce que je vivais jour et nuit.

Maintenant c'est différent car je suis plus incarné, mais plus jeune, je ne ressentais ni la chaleur, ni le froid, ni les conditions climatiques en général. Je devais m'y attarder pour que cela m'affecte ou m'indispose. À ce niveau, Christiane m'aide beaucoup encore aujourd'hui, car en tant que femme elle est plus terrienne, dans le bon sens du terme, alors que moi, je suis plus aérien, plus spatial. Elle ressent facilement ce qui est proche d'elle, et moi, ce qui est plus loin. Avec le temps, nous avons découvert dans notre vie de couple, cette belle complémentarité de nos pouvoirs angéliques. Christiane ressent même quand j'ai faim ou soif avant que je ne m'en aperçoive moi-même. Elle arrive toujours au bon moment. Elle complète aussi mes pensées et y répond continuellement, car elle perçoit et comprend parfaitement les ambiances. En voiture, elle est la meilleure des copilotes : elle m'avertit quand il y a un danger potentiel et ajoute à ma vigilance, tout naturellement. C'est vraiment impressionnant de constater à quel point elle capte ce qui est autour d'elle et ce qui se passe dans son environnement. Sans son aide, j'aurais eu probablement plusieurs accidents de voiture et le Ciel aurait dû me téléguider pour les éviter ☺.

Ensemble, nous formons une équipe angélique formidable pour servir le Ciel sur Terre ; c'est grandiose de vivre cette expérience en couple. Parfois je reçois une information en rêve et elle reçoit des renseignements complémentaires, ce qui nous aide à mieux comprendre une situation et à savoir ce qui est en cours ou en préparation. Elle a également la faculté d'aider et de soigner, autant en rêve que de façon concrète. Sa simple présence peut purifier une ambiance, être source d'inspiration et apporter la joie, le réconfort, l'apaisement, le courage de continuer et le goût de vivre. Elle rayonne tellement d'amour, de compassion et de douceur, qu'elle transforme les personnes qui s'approchent d'elle. Mais avant d'arriver à ce niveau, Christiane a fait un intense travail sur elle et, tout au long du chemin, elle a également traversé des épreuves et vécu de nombreuses initiations.

On se demande parfois: Mais à quoi ça sert d'avoir autant de cauchemars et de vivre toutes ces épreuves? Pourquoi devons-nous autant souffrir et expérimenter toutes ces initiations pour atteindre l'Illumination, manifester la Sagesse et l'Amour Divins? Quel est le but de tous ces combats et de toutes ces luttes intenses que nous vivons en rêve ou dans la réalité concrète? Pourquoi n'est-ce pas plus facile?

En guise de réponse, je peux dire que l'objectif de l'être humain est de déployer sa nature angélique et de devenir un être universel. Pour y arriver, nous devons connaître tout ce qui existe, autant le bien que le mal. Nous devons retrouver et intégrer les Essences, les Qualités et les Lois Divines qui permettent de comprendre le fonctionnement de l'Univers. Le seul et unique but de nos multiples incarnations, questionnements et expérimentations est de développer les Qualités, les Vertus et les Pouvoirs à l'état pur, de comprendre les Lois et de les respecter en tout temps et en toutes circonstances. Ce travail se fait sur plusieurs plans simultanément au fil de nos vies, pendant que nous parcourons les différents cycles d'apprentissage, faisant parfois des erreurs et des mauvais choix, lesquels généreront ce qu'on appelle les karmas négatifs. Afin de les corriger et d'en apprendre les leçons, ceux-ci se présentent à nous ultérieurement sous différentes formes, nous amenant à comprendre que nous récoltons toujours ce que nous semons. C'est en cela que réside l'Essence de la Justice Divine.

Dans nos expérimentations de ce qui est juste ou non, il nous arrive de distorsionner l'Essence de la Justice, soit par ignorance, en créant des actes manqués, comme un enfant qui explore et apprend ou un scientifique qui fait des recherches, soit volontairement, à des fins égoïstes. Les injustices humaines, qui se manifestent dans le monde des conséquences, se créent de cette façon. Celles-ci nous révèlent à la fois les dettes karmiques que nous avons contractées et ce que nous devons réparer et rectifier pour nous en libérer. Avec le temps, nous réalisons que les injustices générées par nos défauts et faiblesses proviennent d'un manque de Connaissance et de l'incompréhension de ce qu'est véritablement la Justice. Nous réalisons alors que les expériences et les situations qui nous semblent injustes résultent en fait de l'application de la Justice Divine, qui est un Principe absolu.

Sur ce parcours, nous avons tous la possibilité d'expérimenter et de développer progressivement, chacun à son propre rythme, les Qualités des différents Rayons ou Essences Angéliques. Afin d'apprécier la valeur d'une Qualité, on doit avoir expérimenté son opposé, sa forme distorsionnée. Avec le temps, on apprend à reconnaître ce qui est juste et ce qui engendre le bien. Notre jugement se raffine et on arrive de mieux en mieux à distinguer les nuances du bien et du mal, jusque dans leurs moindres subtilités.

Les beaux rêves tout comme les cauchemars accélèrent notre expérimentation de l'existence, car en vivant les situations sur le plan métaphysique, dans la réalité onirique, nous n'aurons pas nécessairement besoin de les traverser sur le plan physique, dans la réalité concrète. Les cauchemars servent à nettoyer nos karmas, à rectifier nos attitudes et actions erronées que nous avons commises par le passé, ainsi que les pensées et émotions négatives que nous avons enregistrées au fil de nos vies dans notre âme. Je dis souvent aux gens que j'aime mieux évoluer dans mes rêves et avoir des cauchemars intenses, que vivre une succession de difficultés durant 25 ans. Bien sûr, notre programme de vie peut prévoir une série d'épreuves lorsqu'il est devenu nécessaire d'être confronté de façon concrète aux conséquences des karmas que nous avons accumulés. Il faut alors comprendre que nous les avons créées non seulement par nos pensées et nos émotions négatives, mais aussi par nos actions empreintes de dureté, de méchanceté et de violence à l'égard des autres.

La Justice Divine est omniprésente dans notre processus d'apprentissage et d'évolution. Elle se manifeste dans notre programme de vie en fonction du pourcentage d'énergies distorsionnées que nous avons enregistrées dans notre inconscient et qui influencent notre façon de penser, d'aimer et d'agir. Bien entendu, nous sommes libres de faire ce que nous voulons, positivement et négativement. Mais le bien et le mal générés par nos choix déterminent automatiquement ce que nous allons récolter par la suite à petite ou à grande échelle. Nous devons inscrire cette évidence dans toutes nos cellules et nous éduquer à faire consciemment des choix qui illuminent notre vie et servent le bien. En ce sens, nous sommes les maîtres de notre destin et de notre devenir, et ce, autant sur le plan individuel que collectif. Quand on se sent submergé, bousculé et qu'on ne sait plus à quoi sert notre cheminement spirituel, il est important de se rappeler qu'une âme évoluée est *une âme qui connaît le mal et qui décide volontairement de ne plus le faire.*

Le jour où nous réaliserons que le mal engendre le mal, nous choisirons de façon libre et consciente d'arrêter de le nourrir en nous et autour de nous. Nous agirons alors en accord avec la Sagesse qui, en fin de compte, n'est que *le bon sens* appliqué dans toutes les situations de la vie. Elle n'a rien de mystique, mais réside dans la prise de décisions justes qui assurent la manifestation du bien dans notre vie, tout simplement.

Il est important d'appliquer cette Sagesse partout, même dans ce qui peut sembler anodin, car, avec le temps, l'accumulation de petits karmas crée de graves conséquences. Nos bagages karmiques se construisent au fil du temps par des manques, des besoins, des tensions, des inconforts, des préjugés, des indispositions, des frustrations et des envies de toutes sortes qui nous encombrent, nous alourdissent et nous poussent finalement à commettre des actes négatifs. Au fond de nous-mêmes, nous savons toujours quand notre façon d'agir n'est pas juste, quand nous nageons dans des eaux troubles ; tout le monde le sait. Même le criminel qui commet un acte nuisible et illégal, mais c'est plus fort que lui à cause des mémoires négatives qu'il a accumulées et alimentées sur une longue période de temps et qui ont fini par prendre le contrôle de sa vie. C'est la dimension instinctive et animale de notre être que nous devons transcender, puisqu'elle ne fonctionne pas avec une vision altruiste et universelle, mais est principalement fixée sur le détail et la satisfaction des besoins personnels dans l'immédiat. Un être évolué fait des choix conscients qui sont bons et justes à la fois pour lui-même et pour les autres. C'est la vision d'ensemble de nos actions, sentiments et pensées qui nous inspire un comportement spirituel et nous confère une compréhension profonde et plus vaste de qui nous sommes véritablement.

Évidemment, nous ne sommes pas angéliques dès le départ de nos expérimentations, et c'est tout à fait normal. Nous le devenons progressivement en nous fixant comme objectif de développer les Qualités, les Vertus et les Pouvoirs à l'état pur, faisant ainsi grandir la parcelle de Lumière Divine que nous portons en notre être et qui est connectée avec l'Univers entier. Dans un premier temps cependant, nos facultés sont limitées par l'Intelligence Cosmique pour que nous apprenions à les appliquer dans le petit avant de le faire dans le grand, comme on le fait pour les enfants. Notre but final est de fusionner avec le Tout et de retourner à l'Origine, c'est ce qu'on appelle l'Illumination: la capacité de reconnaître que Dieu est une Énergie qui est en tout être et en toute chose.

## 64- Les quatre Illuminations angéliques

Les étapes de l'Illumination se font par de nombreuses initiations qui nous amènent à découvrir graduellement le contenu de notre inconscient, c'est-à-dire tout le bien et le mal que nous avons créés au fil de nos vies depuis le tout début de notre existence. Nous sommes souvent bouleversés, voire horrifiés, par ce qui nous est dévoilé. Les injustices, les erreurs et les actes manqués que nous découvrons nous donnent mal au cœur. Ce n'est pas facile de mettre en lumière nos illusions, nos intentions malveillantes, nos comportements remplis de vanité, jalousie, convoitise, méchanceté et jugements basés sur des lois et des critères personnels qui nous ont fait agir de manière égoïste, agressive, cruelle et destructrice. Les nombreuses ouvertures de l'inconscient et les révélations qui se succèdent nous font réfléchir en profondeur sur notre vie et nos agissements. Les prises de conscience qui en découlent engendrent fréquemment des états de malaise et de mal-être, avec des symptômes de dépression, de fibromyalgie ou autre. Lorsque notre faculté de perception subtile commence à se développer, nous devenons plus sensibles, et ce, jusqu'au niveau cellulaire. Cette sensibilité se manifeste de différentes façons; par exemple nous pouvons chercher à améliorer notre alimentation et notre environnement, mais nous serons aussi plus facilement dérangés par les comportements distorsionnés des autres, les bruits, les odeurs, etc. La plupart du temps, un besoin de propreté et de pureté se manifeste et nous pouvons, surtout au début, devenir extrémistes, nous juger ou juger les autres avec dureté, les exclure ou essayer de leur imposer nos valeurs et nos principes.

L'ouverture de la conscience et la rencontre avec les mémoires inconscientes conduisent parallèlement à une meilleure connaissance de soi. En effet, les initiations que nous traversons servent essentiellement à nous faire comprendre que toutes nos peurs et tout ce qui nous dérange ou nous agresse nous révèlent des aspects de notre être dont nous ne sommes pas conscients. Au début, nous devons travailler à nettoyer nos mémoires personnelles, et nos rêves nous dévoilent les problèmes qui y sont directement liés. Simultanément, nous apprenons à analyser les situations et les évènements de notre vie avec la Loi de la résonance et à appliquer le retour à soi lorsqu'un dérangement se manifeste. Cette attitude intérieure amène de grands changements dans nos relations avec les autres: en cessant de projeter sur eux nos propres faiblesses et de les juger avec sévérité, nous pouvons maintenir des relations plus harmonieuses et authentiques avec notre entourage. Le travail angélique, qui devient de plus en plus facile et naturel au fil du cheminement, nous fait réaliser que les autres sont des parties de nous qui nous aident à évoluer, la plupart du temps à leur insu.

On ne peut pas comprendre les autres si on ne se connaît pas soi-même. Pour développer une conscience angélique, il est primordial d'intégrer cet ancien adage : *Connais-toi toi-même et tu connaîtras l'Univers.* Il définit la dynamique d'évolution spirituelle qui amène l'être humain à développer ses forces et capacités divines. Nous ne connaissons qu'une infime partie de notre potentiel, ignorant ce que nous pouvons tous devenir. L'Ange est l'image idéale pour symboliser le cadeau que les quatre étapes de l'Illumination apportent dans notre vie : l'activation de nos pouvoirs spirituels grâce auxquels nous sommes en mesure d'explorer l'Univers physique et métaphysique au-delà de la dimension terrestre. Mon expérience m'a fait réaliser que les Illuminations ne se demandent pas ; on les reçoit tout naturellement quand on est prêt.

Dans le travail avec l'Angéologie Traditionnelle, on distingue quatre phases majeures d'Illumination. Bien entendu, on pourrait augmenter ce nombre et les présenter différemment. Les quatre niveaux ou degrés principaux que je présenterai ici sont confirmés par des rêves qui nous révèlent l'activation de nos pouvoirs spirituels sur les quatre plans de notre être :

1) Illumination angélique sur le plan intellectuel
2) Illumination angélique sur le plan émotionnel
3) Illumination angélique sur le plan physique
4) Illumination angélique sur le plan spirituel

## Première Illumination angélique : Les pointes de flèche

J'ai vécu ma première Illumination angélique à Miami lors de notre voyage de noces. Nous avions été invités par une amie à séjourner chez elle. Heureusement que mon épouse était une femme initiée, car j'ai fait tellement de cauchemars intenses durant notre voyage que, très souvent, j'ai dû aller marcher seul sur la plage pour me libérer des tensions et résoudre les énigmes reçues en rêve. Christiane comprenait ce que je vivais et m'accompagnait avec tant d'amour et de sagesse. Une femme dans une conscience ordinaire aurait facilement pu se mettre en colère ou être déçue, mais ce n'était pas son cas. Christiane recevait aussi des informations et des réponses par le biais de son intuition et dans ses rêves; elle savait très bien que ce que je vivais était juste et évolutif. Elle a d'ailleurs vécu sa première Illumination angélique peu de temps après la mienne.

Pendant cette étape, tout se mélangeait dans ma tête, et la quantité d'informations à traiter, classer et comprendre devenait presque insupportable. À l'époque, n'étant pas conscient que j'étais en train de traverser le processus de la première Illumination angélique, j'ai gardé le secret sur ce que je vivais, même face à mon épouse. Je n'avais pas le goût de lui raconter toutes les choses lugubres et terrifiantes que je voyais dans mes rêves et, si je lui en parlais, je mentionnais uniquement les grandes lignes, sans aller dans les détails. Vu l'intensité de ce qui se passait en moi, je me doutais qu'un évènement se préparait, car ce n'était pas habituel de vivre un voyage de noces dans de telles circonstances. En Haut, Ils sont de très bons pédagogues et savent où, quand et comment nous déstabiliser, contrecarrer notre recherche de confort ou déranger nos habitudes.

La nuit de cette Illumination, j'ai vécu un intense assaut de cauchemars atroces. Je me sentais comme un pays bombardé avec des forces atomiques. J'étais habitué de vivre des choses intenses, mais ce que j'ai vu cette nuit-là dans mes rêves était encore plus effrayant. Si j'avais consulté un psychiatre à ce propos, on m'aurait probablement enfermé. La maîtrise des pensées négatives et dévastatrices est cruciale à ce niveau de l'Illumination. Je l'ai d'abord appris à travers mon propre vécu et, par la suite, à travers celui de certains de nos étudiants qui ont également passé ce cap éprouvant.

Le rêve me confirmant que j'avais réussi l'épreuve mystique de cette étape était simple et très précis. Ce dernier rêve de la nuit m'a laissé dans le plus grand calme.

*Je voyais une sorte de diagramme à l'arrière de ma tête, au niveau de la médulla oblongata, dans lequel On m'a montré trois pointes de flèche dirigées vers le haut et superposées à la verticale, l'une au-dessus de l'autre. J'ai ressenti physiquement dans ma tête des élancements d'énergies magnétiques qui provoquaient l'écartement des deux côtés de la pointe supérieure (les deux autres pointes étaient déjà ouvertes). Je comprenais que ces ouvertures étaient des portails de réceptivité et qu'elles permettaient d'augmenter la circulation de l'énergie au niveau de la médulla. Je me trouvais dans une sorte de salle toute blanche dans laquelle il y avait des médecins et des guides qui observaient et supervisaient. J'ai senti un puissant courant électrique passer dans ma tête et, en même temps, je voyais le processus en radiographie. Quand le portail de la médulla s'est ouvert, On m'a annoncé que j'avais atteint ce degré d'Illumination.*

Je me suis réveillé avec une grande paix intérieure. Christiane dormait à mes côtés. J'ai regardé le plafond, puis tout autour de moi. Je ne me sentais pas différent de qui j'étais la veille, mais en même temps, je savais que j'avais franchi une étape. Je n'avais pas le goût d'en parler. C'était comme si j'avais réussi un examen de doctorat pour lequel j'avais étudié intensément pendant des années, et je me sentais calme, en paix avec ce que j'avais accompli.

Par la suite, dans les heures et les jours qui ont suivi, je me suis rendu compte que je comprenais tout plus facilement. Je n'avais plus aucun doute que l'humanité entière était sur Terre pour évoluer spirituellement. Je regardais la télé, les gens et la vie autour de moi avec cette certitude totale. Je réalise aujourd'hui que, à ce moment-là, j'ai vécu une solidification de ma conscience, une sensation de complétude et de compréhension intégrale. Comme bien des gens spirituels qui méditent beaucoup, j'avais déjà fait l'expérience d'un état de bien-être parfait, sans toutefois réussir à le stabiliser en moi. Mais depuis cette nuit, je suis absolument convaincu de l'omniprésence de Dieu. En percevant que Dieu est partout, qu'Il est l'Énergie qui anime tout être et toute chose, j'avais reçu la réponse à tout; même à ce que je ne comprenais pas encore. Désormais, toutes les autres questions que je pouvais avoir sur les phénomènes de la vie n'étaient plus que des énigmes passagères, lesquelles me permettaient d'avancer toujours plus loin dans ma quête pour connaître le Plan Divin et apprendre à y participer consciemment.

## Deuxième Illumination angélique : Le cœur

Des années plus tard, la deuxième Illumination m'a permis d'élever et de stabiliser mon niveau d'amour inconditionnel. Les initiations liées à cette étape sont émotionnellement très difficiles. On reçoit des rêves qui nous présentent de multiples scénarios ayant pour thème l'amour sous toutes ses formes, autant dans le positif que dans le négatif. Le Ciel nous teste entre autres en nous plaçant dans des situations de trahison, de rejet, de manque d'amour et de non-reconnaissance avec des membres de notre famille, des amis, mais aussi à plus grande échelle, au niveau collectif. On nous fait aussi visiter notre passé et le monde intérieur des autres à travers des scénarios tissés par l'égoïsme, la haine, la violence, la tristesse, la dépendance affective et sexuelle, etc. Au matin, on est parfois tellement imprégné de toutes ces énergies, qu'il est difficile de s'en remettre.

Ces rêves ont pour but de renforcer notre amour inconditionnel et de nous faire ressentir, encore mieux que les films ne sauraient le faire, les essences véritables qui nous animent et les multiples égrégores qui se sont infiltrés dans notre corps émotionnel.

Le rêve suivant m'a annoncé que j'avais atteint l'Illumination du cœur, que j'avais réalisé le passage vers une nouvelle conscience affective et une compréhension sensitive grâce auxquelles j'ai pu effacer les peines du passé et inscrire dans toutes mes cellules l'Amour Infini, Angélique, capable de toujours voir le bien, même dans le mal le plus profond et au cœur de la plus grande épreuve.

*Je me suis retrouvé dans l'Arbre de Vie, dans la Séphira Netzach, qui représente dans la tradition kabbalistique l'Amour Angélique, la douceur, les solutions heureuses, le bonheur, la beauté, l'esthétisme et le raffinement. Jésus et Bouddha étaient également présents. Netzach semblait être leur sphère de vie, leur planète. Il y avait des enfants de toutes les races et toutes les nations. Je voyais un monde sans guerre, sans violence, aux paysages majestueux et paisibles. Il y avait des rivières, des lacs et des mers d'une beauté indescriptible et inégalée sur Terre. Il y avait aussi des femmes, des hommes et des couples d'une beauté sublime qui dégageaient un amour infini pour Dieu et la Création entière. Tout était facile et paisible à cet endroit.*

## Troisième Illumination angélique: La Clé des Mondes

La troisième Illumination angélique concerne le plan physique et elle est précédée par un cycle d'initiations nous préparant à accéder à la matérialisation divine. Ces initiations nous entraînent à devenir incorruptible, intègre et honnête, et nous font vivre de grandes épreuves morales et physiques, autant en rêve que dans la réalité concrète, afin d'apprendre à maîtriser la peur de perdre, y compris notre vie.

Il faut savoir qu'à chaque nouvelle Illumination, nous revivons le processus des précédentes afin de les intégrer plus profondément. Ainsi, avant d'atteindre le troisième degré, nous devons travailler à nouveau nos plans intellectuel et émotionnel. On peut comparer cet apprentissage à celui des mathématiques: au début, on apprend les calculs de base et les équations simples, mais plus on avance dans nos études, plus les opérations deviennent complexes et spécialisées. Les cycles d'apprentissage qui conduisent aux différents degrés d'Illumination se déroulent sur plusieurs vies, et la fin d'une étape nous est annoncée par une série de rêves qui aboutissent à un examen final confirmant que nous avons intégré une nouvelle étape d'Illumination angélique.

Les initiations reliées au troisième niveau visent à la fois notre capacité à matérialiser, notre détachement de la matière et la transcendance du besoin de réussir, de faire carrière, d'avoir du succès, d'accumuler des biens et de s'enrichir matériellement. À cette étape angélique, on atteint un degré d'évolution et de manifestation où l'on est en totale symbiose avec nos projets, nos réalisations concrètes et notre environnement. On ne ressent plus le besoin d'acquérir et de posséder des choses pour être heureux. Ça ne veut pas dire pour autant qu'on arrête de matérialiser, bien au contraire. Mais on le fait avec une nouvelle conscience, et tout ce qu'on accomplit s'intègre harmonieusement dans ce que le Plan Divin prévoit pour le bien collectif. L'égoïsme n'existe plus car l'égo et la volonté personnelle se sont fondus dans la Volonté Divine.

Un rêve puissant m'a confirmé cette étape de vie angélique. *Habillé de blanc, debout, les deux pieds sur Terre, je regardais vers le Ciel. Je me sentais bien, paisible, dans une ambiance bienveillante. J'avais la certitude que tout était désormais possible pour moi sur Terre et, simultanément, je n'avais plus besoin de rien, je ressentais un détachement total. Une colonne de Lumière est descendue du Ciel et je me suis mis à léviter, à monter dans cette Lumière blanche, pure et étincelante. Dans mon élévation, je voyais danser autour de moi des objets, des symboles représentant des actions et des situations que j'avais vécues ; tout s'approchait puis disparaissait dans une énergie de complétude, comme si tout cela était terminé, comme si je pouvais tout avoir mais que je n'en avais plus besoin. Au-dessus de moi, la Source de Lumière m'aspirait doucement vers elle, vers le Ciel. Je me trouvais maintenant au-dessus des symboles, les bras à l'horizontale, en croix, la tête inclinée vers le Ciel, le corps illuminé d'un bonheur indescriptible, alors que je continuais à m'élever dans la colonne de Lumière.*

*Pendant que je m'approchais de la Source lumineuse, dont la Force me faisait ressentir une si grande paix, une telle béatitude, j'ai entendu dans ma tête, par télépathie, que je pouvais continuer mon ascension et me fondre dans la Lumière si je le souhaitais. J'avais le choix de fusionner avec la Lumière ou de retourner sur Terre pour continuer à servir et à aider. Mon corps tremblait tellement la Lumière était forte. Tous mes sens participaient à cette expérience. C'était une sensation de retour à la Maison, la fin de tous les problèmes. Je savais que je mourrais si je continuais, que mon corps terrestre se consumerait. Je regardais vers la Source dont les faisceaux de Lumière pure et puissante baignaient toujours mon corps, et d'une voix solennelle, j'ai répondu : « Je choisis de servir, de continuer ma Mission sur Terre pour aider les autres. »*

*Un changement de scène s'est alors produit et je me suis retrouvé devant un rideau d'étoiles sur fond noir. C'était tellement réel et pur, comme si notre galaxie et l'Univers entier étaient dessinés sur le rideau. Un homme s'est approché de moi et m'a demandé : « Est-ce que tu peux me prêter la clé que tu portes à ton cou ? » Réalisant que j'avais effectivement une clé en or et en cristal, d'une rare beauté, autour du cou, je lui ai posé la question : « Pourquoi en as-tu besoin ? » Avec un ton un peu plus insistant, comme s'il me donnait un ordre, et sans répondre à ma question, il a répété : « Prêtes-moi ta clé ! », et à nouveau, je lui ai demandé gentiment : « Mais explique-moi pourquoi tu la veux, que veux-tu en faire ? » Sa voix est devenue encore plus insistante, caverneuse, avec un début d'agressivité : « Donne-moi ta clé ! » Au lieu de lui répondre, je l'ai regardé avec amour et sagesse. Sa forme corporelle s'est alors transformée et il est devenu le diable qui, très fâché, s'est mis à crier : « Donne-moi ta clé !!! » Je suis resté calme, serein et stable, sans aucune peur, et il a fini par se calmer lui aussi. Puis avec une énergie mielleuse, il s'est essayé à nouveau, cette fois par la tentation : « Si tu me prêtes ta clé, je t'offrirai tout ce que tu veux. » J'ai alors vu des maisons, différents passeports, des voitures de luxe ; je sentais que je pouvais tout avoir, il y avait même une femme, belle et riche, près d'une demeure somptueuse. Le diable continuait à me tenter en me disant que tous mes souhaits, absolument tous, seraient exaucés si je lui donnais ma clé. Je lui ai répondu : « Mais tout ça n'est pas à moi. Je ne prendrai jamais ce qui ne m'appartient pas. » Le diable s'est mis en colère, puis je l'ai vu s'estomper, comme aspiré au loin, et disparaître dans l'Univers.*

*Je me suis alors retrouvé à nouveau devant le rideau d'étoiles, paisible. Un homme à la barbe et aux cheveux bruns, habillé d'une toge de couleur terre, est venu vers moi. Il dégageait une énergie mystique, sacrée, et me regardait en silence. Le rideau d'étoiles s'est ouvert et j'ai aperçu un ascenseur ultra moderne. J'y suis entré avec lui et, comme si je savais exactement quoi faire, j'ai inséré ma clé dans un verrou ; l'ascenseur s'est mis en marche, vers le bas. – C'était tellement puissant et solennel. Je m'en souviens comme si c'était hier. – La porte de l'ascenseur s'est ouverte et je me suis retrouvé avec cet homme dans une immense bibliothèque. C'était Daath, la Bibliothèque Universelle, les Archives Akashiques. L'homme me regardait et j'ai compris intuitivement que j'avais désormais accès à Daath, que je pourrais consulter toutes les connaissances nécessaires à mon travail afin de matérialiser sur Terre et agir dans les mondes parallèles.*

Après ce rêve, j'ai commencé à recevoir une quantité phénoménale de rêves prémonitoires sur la matérialisation, la bourse, l'économie mondiale, les gouvernements, le fonctionnement des entreprises, etc. Durant la nuit, je recevais des renseignements complémentaires aux nouvelles que j'avais lues et aux conversations que j'avais eues la veille. Parfois, je visitais même en rêve les personnes ou les lieux concernés par ce que j'avais vu à la télé ou lu dans les journaux. Je pouvais aussi vérifier, en méditation et dans des rêves lucides, des informations sur des gens, des situations et des évènements. Depuis ce temps, ma faculté d'obtenir des renseignements dans les réalités concrète et onirique s'est fortement développée, et j'ai désormais accès à des données en lien avec le passé, le présent et l'avenir, comme si j'avais dans ma tête un moteur de recherche Internet multidimensionnel. C'est ainsi que je vis maintenant et que je reçois les informations nécessaires pour accomplir ma mission sur Terre.

Les pouvoirs angéliques que nous pouvons tous obtenir sont incommensurables et ils doivent toujours être utilisés dans le plus grand respect du Plan Divin. Il faut aussi obéir aux Lois Divines : on ne peut pas faire ce que l'on veut dans l'Univers. Avant de déclencher des forces et de passer à l'action, on doit s'assurer que la démarche est juste et qu'elle est en accord avec le Plan Divin. Tant que nous sommes incarnés sur Terre, il est également important d'accepter notre rôle et de l'assumer pour le bien de l'humanité.

Il ne suffit pas de souhaiter les pouvoirs angéliques pour les recevoir. Notre intention première doit viser la pureté et les Qualités Divines, le reste suivra de manière plus merveilleuse que tout ce que l'on peut imaginer. Le travail angélique permet d'atteindre les différents degrés d'Illumination dans cette vie ou de les préparer pour une autre.

## Quatrième Illumination angélique : Les sept démons

La quatrième Illumination consiste à activer les pouvoirs angéliques en lien avec la Justice Divine, la bravoure et la faculté de remettre en ordre des situations et des plans de vie. À ce niveau, nous devons avoir fourni la preuve que nous sommes capables d'être justes en toutes circonstances. On nous confère alors un *passeport universel* nous permettant de participer à des décisions majeures relatives au destin d'autres êtres humains ou de l'humanité en général. On devient un guerrier de Lumière ou, en termes plus modernes, un agent secret du Ciel, avec des droits spécifiques pour intervenir au service du bien dans l'Univers, tout en comprenant et en respectant le rôle éducationnel du mal. Cette étape implique l'intégration de la rigueur, la droiture, l'incorruptibilité et l'autorité juste, ce qui se manifeste dans notre regard, nos gestes, nos actions et notre énergie sur tous les plans.

Je ne me doutais pas de l'existence de ce degré d'Illumination. J'avais vécu les trois autres dans un état d'acceptation totale, pensant que je ne pourrais pas être plus heureux et me sentir plus complet. Bien sûr, le chemin vers chacune de ces Illuminations a été un long calvaire, mais j'ai parcouru toutes ces étapes en étant convaincu que le Ciel guide notre évolution avec bienveillance quand nous nous engageons dans le travail et le service angéliques. La quatrième Illumination est la dernière et elle n'est en fait jamais achevée puisque nous continuons d'apprendre à vivre avec les pouvoirs angéliques et à les utiliser au service du Divin autant sur Terre que dans les mondes parallèles. Nous pouvons participer dans les autres réalités à des projets dont le but est d'aider l'humanité à évoluer et à s'améliorer. En tant que guerriers de Lumière, nous sommes en mesure de déclencher des évènements, des prises de conscience et des ouvertures de l'inconscient chez d'autres personnes, de les aider à découvrir leur potentiel angélique, à traverser les épreuves initiatiques et à développer l'autonomie spirituelle.

Dans le rêve qui m'a annoncé cette quatrième étape de compréhension profonde, *je me suis retrouvé devant sept démons. Ils me confrontaient et voulaient que je me batte avec eux. L'ambiance était très tendue et dangereuse, je ressentais leur énergie impitoyable, machiavélique et je savais que je devais m'attendre au pire. Ils m'insultaient, me provoquaient pour que je me fâche, mais je restais sans réagir, sans bouger, sans me sentir dérangé par leurs paroles. Après quelque temps, voyant que rien n'arrivait à me déstabiliser, l'un des démons m'a dit: « Tu es arrivé à un stade important de maîtrise, mais nous allons t'avoir avec ceci... » Et j'ai aperçu à ma gauche une paroi transparente à travers laquelle je voyais des malfaiteurs qui enlevaient ma fille et la forçaient à monter dans une voiture. Elle criait, hurlait... j'ai commencé à trembler de tout mon corps pendant que le démon me provoquait: « Allez, viens te battre... viens me frapper pour la délivrer... on ne peut plus t'avoir, te faire mal, te faire de la peine, mais on va le faire en passant par ta fille! » J'ai serré les poings en tremblant et j'ai senti monter en moi une force tellement puissante que j'aurais pu tout faire exploser. Mais j'ai réussi à me maîtriser en disant à haute voix et avec un ton solennel: « Si telle est la Volonté de Dieu, je l'accepte. » Soudainement, les sept démons ont disparu et je savais que ma fille était en sécurité, que tout était terminé. Un grand apaisement s'est installé en moi, une paix profonde, une confiance absolue dans la Justice de Dieu, dans tout ce qui nous arrive. J'ai commencé à monter dans une colonne de Lumière d'un rouge magnifique, je montais et montais jusqu'à ce que je me retrouve dans un Ciel étoilé d'une beauté incomparable. Je ressentais Dieu tout autour de moi et en moi, je fusionnais avec son Amour, sa Sagesse et sa Justice absolue. C'était un état indescriptible.*

*Une autre scène s'est ensuite rapidement activée. Je me trouvais dans une chambre avec un lit simple, j'étais assis par terre, recroquevillé dans le coin près du lit tellement l'énergie était puissante. Il y avait le diable à côté de moi. Il était plus grand qu'un édifice de 120 étages. La force qu'il dégageait était si puissante, qu'elle créait des vagues d'énergie en moi et autour de moi. J'avais l'impression que tout pouvait être anéanti en un seul instant. Le diable m'a dit d'une voix très ferme et insistante: « Tu as maintenant un grand pouvoir de Justice dans l'Univers... mais tu as besoin de te mêler de tes affaires, as-tu compris? Tu vas me laisser faire mon travail! Tu as bien compris??? »* Je me suis réveillé complètement imprégné de cet Enseignement puissant m'expliquant que le bien et le mal travaillent ensemble, que les épreuves sont toujours éducationnelles et au service du bien. Dans la même nuit, j'ai reçu un autre rêve dans lequel *il y avait un démon. Je pouvais voir au fond de lui qu'en réalité c'était un guide de Lumière, un être bienveillant, juste et magnifique, qui préparait des épreuves. Il utilisait le mal pour faire découvrir le bien.*

Maintenant, je vis en étant continuellement conscient que la Justice Divine existe en tout temps et en toutes circonstances et que Dieu est au-dessus du bien et du mal. J'ai inscrit dans toutes mes cellules que chaque guerre, chaque conflit, à petite ou à grande échelle, a un rôle éducationnel pour faire évoluer les âmes en cause. Ces situations sont le résultat de karmas accumulés et préparent la voie à une compréhension plus profonde et globale. Je sais désormais qu'une âme évoluée, tout comme un monde évolué, connaît le mal et décide volontairement de ne plus le faire parce qu'elle l'a assez expérimenté. Après avoir longtemps vacillé entre le positif et le négatif, elle a choisi délibérément de chercher et de maintenir l'équilibre.

Je suis conscient que ce livre est le premier à décrire en détail le travail à accomplir et les étapes d'Illumination qu'une âme doit traverser pour devenir un ange. Les notions que le mal est éducationnel et que la Justice Divine est absolue ne sont pas faciles à intégrer, et le développement de la conscience est rempli de mystères et d'ambigüités. Au début, quand des démons ont commencé à se manifester dans mes rêves, je les combattais avec ardeur comme un chevalier vaillant, jusqu'au jour où, tel un maître d'art martiaux qui a atteint le summum de son art, j'ai compris qu'il n'y a rien à combattre; un seul regard rempli de compréhension et de compassion peut remettre en mouvement toutes les forces de l'Univers.

J'ai reçu l'autorisation d'écrire ce livre… et je sais dans mon âme qu'il inspirera des millions de personnes sur la Terre à emprunter cette voie de transformation angélique; il les aidera à découvrir que le développement des Qualités, des Vertus et des Pouvoirs Divins est le sens véritable de notre existence.

# CHAPITRE NEUF
# LA VIE ANGÉLIQUE

Dans ce dernier chapitre, l'auteur partage sa vie au quotidien et explique comment il matérialise, prend ses décisions et met en route des projets. Après avoir vécu pendant des années en ermite et dans la solitude, comme un enfant, Kaya a réappris à se manifester progressivement avant d'enseigner et de témoigner de son parcours pour inspirer d'autres âmes à développer leurs pouvoirs angéliques sur Terre.

Les années de peines, de souffrances psychiques et d'initiations intenses ont finalement conduit Kaya au bonheur, à la paix et à la sérénité. Il comprend aujourd'hui l'extrémisme qu'il a traversé avant de se stabiliser et il est heureux de pouvoir aider des gens partout dans le monde à découvrir et à intégrer leurs facultés célestes dans la stabilité, sans avoir à passer d'abord par la solitude et l'isolement.

Ce chapitre parle également de l'origine des Anges et des aspects techniques du travail angélique grâce auquel nous pouvons développer nos facultés multidimensionnelles et devenir des anges sur Terre. Il contient aussi les trois Calendriers Angéliques, explique comment on trouve ses trois Anges de naissance et donne un aperçu des principales Qualités des 72 Anges de l'Angéologie Traditionnelle et des distorsions humaines.

*

## 65- Le bottin téléphonique

Je me souviens du moment où j'ai rencontré notre premier ami philanthrope, Jean Morissette, avec lequel Christiane et moi avons fondé l'association internationale Univers/Cité Mikaël (UCM). C'était lors d'une séance de méditation et de guérison qui a eu lieu dans la librairie dont j'ai parlé précédemment. Je ne le connaissais pas encore et, pendant la séance, il était assis à ma droite. On m'avait dit qu'il était avocat, et cela m'a incité à invoquer intensément un Ange pendant que je tenais sa main gauche afin de lui envoyer le plus d'énergie possible avec l'intention qu'il devienne un avocat

angélique sur Terre. C'était à l'époque où j'étais un peu extrémiste. Mais au fil de mon entraînement angélique, j'ai appris à me calmer et à modérer mon souhait de transformer les gens et l'humanité.

Étant très solitaire et intériorisé, je ne parlais pas beaucoup. J'étais plutôt dans l'observation et l'analyse. J'ai donc échangé peu de mots avec Jean lors de cette rencontre. Dans les deux semaines qui ont suivi, j'ai dû m'occuper de certains dossiers qui nécessitaient le recours à un avocat. Habituellement, quand je téléphonais au bureau de l'avocat avec lequel je travaillais depuis des années, il me rappelait tout de suite, mais cette fois-ci, j'ai dû lui laisser un deuxième message, et plusieurs journées se sont écoulées sans qu'il me rappelle. J'ai considéré cela comme un signe que je devais changer d'avocat.

J'ai donc pris le bottin téléphonique et cherché la section des avocats. Je me suis installé à genoux devant le bottin et j'ai demandé à Dieu de me guider vers la bonne personne. Les yeux fermés, j'ai glissé mon doigt sur les dizaines d'annonces qui s'y trouvaient et il s'est arrêté en plein milieu d'une page sur : Jean Morissette, avocat, Sainte-Agathe-des-Monts.

En bon soldat angélique, sans savoir de qui il s'agissait, j'ai appelé à son bureau pour prendre rendez-vous, et la semaine suivante je me suis présenté à l'heure fixée avec sa secrétaire.

En montant les marches qui mènent au bureau, j'ai senti une odeur familière : celle d'un encens de méditation, le même que j'utilisais. De l'encens dans un cabinet d'avocat ! C'était pour moi du jamais vu... j'étais aux Anges et je me sentais plein de gratitude envers le Ciel qui me guidait toujours au bon endroit, au bon moment. Chaque fois je suis ému, je remercie Dieu en silence et rends grâce à Sa Grandeur et à Sa Puissance. Nous vivons réellement dans un Ordinateur Vivant qui orchestre tout, je peux vous l'assurer. C'est ainsi que toutes les synchronicités peuvent se manifester, reliant les différents plans de façon harmonieuse et magique.

Un avocat associé de la firme m'a reçu dans son bureau. J'étais en train de lui expliquer la raison de ma visite, quand j'ai vu arriver dans l'entre-porte... Jean Morissette. La même personne avec qui j'avais médité et à qui j'avais intensément envoyé de l'énergie pendant que je lui tenais la main dans le cercle de prière à la librairie.

Il m'a regardé avec un beau sourire et m'a dit: « Je suis heureux de voir que l'Univers t'a guidé ici. » Avec le temps, il est devenu mon ami, un de nos premiers étudiants angéliques et aussi mon beau-frère, en mariant ma sœur Nathalie avec laquelle il a eu deux beaux angelots. Il est également cofondateur et administrateur de l'association et maison d'édition sans but lucratif Univers/Cité Mikaël (UCM).

La vie m'a guidé de cette façon par des rêves et des signes dans toutes mes décisions. Quand j'arrivais à un endroit et que j'y rencontrais une nouvelle personne qui me paraissait être en affinité avec ma mission, je vérifiais cette intuition en rêve la nuit suivante. Je vis de cette façon depuis 20 ans, et nous avons maintenant des étudiants et des collaborateurs dans plus de 43 pays à travers le monde. Ma fille Kasara, qui est adulte aujourd'hui, enseigne elle aussi le langage symbolique et le travail avec les Anges. Elle aide également sa mère à interpréter ses rêves. Ma vie est devenue la promesse que Dieu m'avait faite en me conviant à Le servir sur Terre. L'entraînement a été intense, mais ce qu'il m'a apporté, et m'apporte encore, dépasse tout ce que je pouvais imaginer en termes de bonheur et de longévité heureuse. Et je suis certain que je ne suis pas une exception, tout le monde en a le potentiel.

## 66- Les anges sur Terre

À ceux qui souhaitent que notre monde s'améliore, je peux dire qu'un mouvement mondial est à l'œuvre pour aider à instaurer la conscience angélique sur Terre. Depuis de nombreuses années on constate un désir de changement, présent même sur les réseaux sociaux, à travers des évènements surprenants et souvent troublants qui touchent tous les domaines de la vie et tous les pays de la Terre. Ces manifestations révèlent que l'humanité aspire à plus de transparence et de justice et qu'elle en a assez de subir les abus de pouvoir et l'avidité des riches et puissants de ce monde. Bien que ces évènements soient motivés par le souhait d'améliorer les choses, ils créent différentes formes de déstabilisation et de difficultés tant économiques que politiques et sociales. Tout cela se déroule au moment même où j'écris ces lignes, et ce n'est que le début des réajustements. Rien de tout ce qui arrive n'est le fruit du hasard. Ce nouveau courant d'éthique qui concerne les personnalités publiques a été mis en route récemment par l'Intelligence Cosmique. La population mondiale exprime de façon toujours plus évidente qu'elle souhaite vivre dans un monde nouveau, un monde plus juste, plus sain, plus équilibré. Une nouvelle conscience planétaire émerge et œuvre à la mise en place de valeurs altruistes et spirituelles. L'humanité sera représentée dans l'avenir par des leaders plus sages et plus évolués qui géreront les affaires du monde avec une vision globale et une compréhension multidimensionnelle.

Oui, on peut dire que notre monde est en cheminement spirituel, qu'il vit une transformation complète des valeurs et principes sur lesquels s'est basé son fonctionnement jusqu'à présent. Mais un long processus de conscientisation, de réorientation, de réparation et de rectification de nos façons de consommer nous attend avant que ce nouveau monde puisse se concrétiser ; cela prendra du temps et ne se fera pas sans de puissantes vagues de changements qui affecteront tous les pays. De ce processus émergera une nouvelle manière de vivre qui pourrait s'appeler *le capitalisme altruiste* et qui sera essentiellement un mode de vie angélique.

## 67- L'origine des Anges

L'origine des 72 Anges de l'Angéologie Traditionnelle est difficile à retracer avec précision et, de ce fait, elle est considérée comme un des plus grands mystères. Selon les données disponibles, elle remonterait aux civilisations égyptienne, phénicienne et babylonienne. Étroitement reliée à la Kabbale, l'Angéologie Traditionnelle réunit un ensemble de méthodes permettant de comprendre la Création ainsi que les Lois et Principes qui régissent le macrocosme et le microcosme. Parmi celles-ci on retrouve le travail avec les États de Conscience Angéliques et le langage universel qui est constitué de symboles. La compréhension de ces derniers est indispensable si l'on veut être en mesure d'interpréter correctement les rêves et les signes. Ce sont les Israélites qui ont établi, avec la notion d'un Dieu unique, la représentation des 72 Anges, des 72 Essences, Qualités et Pouvoirs de Dieu. Ils auraient utilisé le chapitre de l'Exode pour définir, selon un système de codes basé sur les lettres hébraïques, les combinaisons mystiques définissant les Noms sacrés des Archanges et des Anges.

Selon la tradition judéo-chrétienne, les 72 Anges seraient le trésor caché dans la mystérieuse Arche d'Alliance. Celle-ci aurait été la représentation symbolique du plus important secret dévoilé à l'humanité, c'est-à-dire la Connaissance des 72 Puissances Angéliques. Lorsque les Juifs ont été expulsés de Jérusalem à l'époque de la domination romaine, au premier siècle, ce Savoir ancien aurait été transféré à Gérone, en Espagne, pour y être sauvegardé pour la première fois sous forme écrite.

Au cours des 14 siècles suivants, les initiés qui s'étaient réfugiés dans cette région catalane ainsi que leurs descendants ont appliqué le travail angélique à tous les domaines de leur vie. La structure sociale et administrative de cette communauté ainsi que la vie personnelle de ses membres étaient basées sur l'Arbre de Vie et les Qualités, les Vertus et les Pouvoirs des 72 Anges.

## 68- Le sanctuaire des Anges

L'année après notre mariage, j'ai reçu un rêve m'annonçant que nous devions aller en Europe. *Un sage tout vêtu de blanc me disait que Christiane et moi devions nous rendre à Gérone, en Espagne… que nous y étions attendus.* Au réveil, j'ai tout de suite commencé à réfléchir sur la réalisation de ce voyage, car Gérone est l'endroit où avaient été découverts les manuscrits de l'Angéologie Traditionnelle en 1975 ; durant l'Inquisition, ils avaient été ensevelis, et c'est seulement 500 ans plus tard qu'on les a retrouvés. Une amie qui suivait nos conférences sur les 72 Anges savait que ce voyage important était relié à notre mission et a décidé de nous aider à le réaliser en nous offrant les billets d'avion et la location d'un camping car.

Notre parcours et les expériences mystiques que nous avons vécues durant ce voyage sont décrits dans *Le Livre des Anges – Les secrets retrouvés* (dans le chapitre sur l'Ange 19 Leuviah, Mémoire des vies antérieures). La nuit avant de nous rendre à Gérone, nous avons dormi au sommet de la montagne du *Sanctuaire des Anges. Durant la nuit, en rêve, je me voyais arriver dans la ville de Gérone ; il y avait une femme arborant des symboles anciens qui me remettait une clé en or. Tout était étincelant autour de nous.*

Au réveil, je savais que quelque chose de très important allait se produire. Nous sommes partis tôt pour nous rendre à la ville. Christiane et moi étions tous les deux très émus de retourner à cet endroit mystique que nos âmes connaissaient déjà. En traversant le pont qui mène à la vieille partie de la ville, près du musée du Call où les textes avaient été retrouvés, j'ai eu l'inspiration d'engager un guide touristique – ce que je n'avais jamais fait auparavant. Au bureau de tourisme, on nous a informés qu'une guide privée serait disponible à 13h. Quand j'ai vu arriver la guide touristique en question, j'ai reconnu la femme qui m'avait remis la clé en or dans mon rêve. Je savais par expérience que les gens qui apparaissent dans nos rêves ne sont pas nécessairement au courant, dans le concret, de la rencontre et des évènements qu'on a vécus avec eux dans la réalité onirique. C'est pourquoi j'ai tout simplement attendu de voir ce qui allait se passer.

Pendant la visite de la ville, la guide nous parlait surtout des aspects historiques et de son architecture et, quoique cela soit intéressant d'un point de vue symbolique, cette journée-là, tout ce qui m'intéressait réellement était l'information relative aux Anges et aux textes découverts à Gérone. Voyant qu'elle n'était pas réellement connectée avec nous sur le plan spirituel, je lui ai demandé si elle était au courant de l'Angéologie Traditionnelle et de la découverte des textes. Elle nous a répondu qu'elle en avait entendu parler vaguement, puis nous a référés au musée du Call où l'on pourrait probablement nous donner des réponses à ce propos.

Arrivés au Call, j'ai posé ma question à un monsieur âgé qui tenait la boutique du musée. Je l'ai senti réticent et mal à l'aise face à mon intérêt pour ce sujet, comme s'il s'agissait d'un tabou qu'on ne pouvait pas aborder. Il m'a dit la même chose que la guide, qu'il en avait vaguement entendu parler, mais à travers ses mots, j'ai perçu qu'il y avait des non-dits, qu'il cachait quelque chose, probablement parce qu'il avait une consigne à respecter. Je n'ai donc pas insisté. Nous sommes ensuite allés dans une librairie, mais aucun livre ne parlait directement du sujet, mis à part les aspects archéologiques et sociologiques relatifs à la vie des Juifs à cette époque, la mention du fait que durant l'Inquisition l'endroit avait été emmuré et que, pendant plus de 500 ans, personne n'avait eu accès au site.

Nous voyant toujours en questionnement et non satisfaits de nos découvertes, notre guide a mentionné qu'il y avait un *Jardin des Anges* et nous a demandé si nous serions intéressés à le visiter. Elle a ajouté qu'elle ne l'avait pas proposé plus tôt parce qu'il n'y avait pas grand-chose à voir dans ce jardin.

Arrivés sur place, Christiane et moi étions heureux comme des enfants qui avaient trouvé le plus grand des trésors : sur la pierre, il y avait des plaques en cuivre où étaient gravés les Noms des 72 Anges. Nous avons alors expliqué à la guide que nous travaillions avec les Anges et que c'était la raison pour laquelle nous étions venus à Gérone. Elle nous a raconté que le jardin avait été créé par un poète catalan, qui vivait tout près de Gérone, et qu'il y avait une histoire secrète en lien avec ce jardin. Son créateur aurait également eu des problèmes avec la mairie dans le passé, mais elle n'en savait pas plus. Elle s'est ensuite proposée pour nous aider à rencontrer cet homme. Après quelques appels, elle nous a annoncé : « J'ai réussi à avoir son numéro de téléphone. Si vous voulez, je peux l'appeler pour voir s'il est en mesure de vous recevoir car il est très âgé. » Comme nous étions très intéressés à le rencontrer, notre guide l'a contacté et, à notre grande joie, il a accepté de nous recevoir chez lui le lendemain matin à 11 h.

Cette rencontre qui s'est organisée comme par magie a été un réel bonheur. Nous avons passé environ une semaine ensemble, durant laquelle il nous a aussi présenté des architectes qui avaient conçu les plans d'une cathédrale destinée aux 72 Anges. Il s'est mis à pleurer quand nous lui avons parlé des CD de MEDITATION ANGELICA de Christiane et des musiques originales que nous étions alors en train de préparer pour présenter les Anges. Il souhaitait même les faire jouer en continu dans le *Jardin des Anges* de Gérone. Il était rempli de projets et désirait ardemment nous aider. Il était tellement touché d'apprendre qu'à l'autre bout de la planète, au Canada, une école prenait forme et que déjà des centaines de personnes (nos premiers étudiants) travaillaient avec les Anges, invoquant leurs Noms pour rêver et éveiller leur conscience. À cette époque, nous n'avions pas encore commencé à publier de livres, car nous n'étions qu'au début de nos conférences. Il a souligné qu'il n'était pas au courant que l'on pouvait travailler avec les Anges. Cela l'attristait, car après avoir trouvé les textes, sa vie était devenue un enchaînement d'épreuves. Il avait vécu de la trahison par des personnes proches et avait tout perdu sur les plans matériel et financier. La mairie avait tout fait pour l'exproprier afin de s'approprier le privilège de ses découvertes, et même ses amis, qui avaient écrit les premiers textes sur le sujet, ne l'avaient pas soutenu… Se remémorer tout cela le rendait très émotif.

Il nous a aussi partagé que sa famille, qui était descendante des Juifs de l'époque de l'Inquisition, avait conservé au fil des générations une carte gravée dans la pierre parlant d'un trésor caché dans le quartier maintenant appelé le Call. Pendant l'Inquisition, sa famille et de nombreuses autres personnes de Gérone avaient vécu tellement de drames que, poussées par la honte de tout ce qui s'était passé, elles avaient préféré oublier ces évènements.

On ne retrouve aujourd'hui que quelques traces de ces faits historiques au musée du Call, qui est d'ailleurs relié à l'Université de Tel-Aviv en Israël. Après avoir été expropriée, sa famille a gardé tous les textes, ce qui explique pourquoi aucun document écrit ne se trouve au musée.

Lorsqu'ils étaient enfants, lui et ses amis allaient jouer dans les caves du quartier emmuré et oublié pendant des siècles, et c'est ainsi qu'ils découvrirent les manuscrits angéliques et les ramenèrent à leurs familles. Après la Deuxième Guerre mondiale et l'époque franquiste de l'Espagne, cet homme, maintenant retraité, a décidé d'acheter la section principale du quartier emmuré de Gérone, celle où ils avaient trouvé les textes et où est maintenant situé le musée. Puis en 1975, il y a ouvert un café philosophique. Son but était de faire venir les gens du monde entier afin qu'ils puissent savoir que les Anges étaient un de leurs plus grands trésors. Grâce à lui, beaucoup de gens influents sont venus à Gérone pour voir ces découvertes extraordinaires. Plus l'intérêt pour les textes grandissait, plus la population de la ville se demandait ce qui allait se passer, car dans les journaux de Gérone, on titrait à pleine page : « Des millions seront investis pour faire connaître Gérone », ce qui a rapidement nourri la jalousie et la convoitise à l'égard de cet homme et de ses découvertes.

Mais les fonds promis ne sont jamais arrivés, ce qui a causé la perte de sa fortune. Ses amis ont publié quelques livres sur les textes, qui ont connu un succès surtout en France, mais il n'a reçu aucune forme d'aide ou de support de leur part. Il nous a confié : « Je n'ai pas travaillé avec les Anges comme vous. Si j'avais su ! J'étais tellement exalté et occupé à faire connaître l'existence de ces manuscrits, que j'y travaillais sans relâche. Je comprends que ce n'était pas mon destin de révéler leur contenu. » Malgré son âge avancé, cet homme solide et lumineux était très heureux d'apprendre que l'Enseignement des Anges connaissait une renaissance, et que ce qu'il avait accompli allait servir aux générations futures sous une forme réactualisée, comme nous étions en train de la présenter au sein de l'Univers/Cité Mikaël (UCM).

Aujourd'hui, l'UCM publie l'essentiel de ces textes sacrés, et lorsque nous disposerons des fonds nécessaires, nous retournerons à Gérone pour y déposer les textes sur les 72 Anges, véritable Trésor de l'Humanité. Nous comprenons que le périple difficile de l'Angéologie Traditionnelle a été prévu par le Ciel afin de préserver cet Enseignement et de le garder libre de tout dogme et endoctrinement religieux. À présent, des millions de personnes à travers le monde vivent selon cette philosophie initiatique qui offre un nouveau courant de pensée, un nouveau paradigme, lequel marquera la façon de vivre des générations à venir.

## 69- Qu'est-ce qu'un Ange ?

Un Ange représente un État de Conscience originel, un ensemble de Qualités, Vertus et Pouvoirs à l'état pur. Les Anges de la Tradition kabbalistique symbolisent les 72 facettes du Créateur qui sont contenues dans toute son Œuvre, dans tout ce qu'Il a créé, et donc aussi dans l'être humain. Les Anges sont des Énergies pures représentant à la fois notre origine et notre potentiel divins. Cependant, l'être humain, dans ses multiples expérimentations, distorsionne parfois les Énergies Angéliques, développant ainsi des faiblesses et des défauts qu'il devra un jour rectifier et transcender.

Tel que défini dans l'Angéologie Traditionnelle, à chaque Essence Angélique est attribué un nom hébreu qui lui confère une vibration spécifique, ainsi qu'un nombre qui le situe dans la Hiérarchie Céleste. Lorsqu'on prononce le Nom sacré d'un Ange à voix haute ou en pensée, on se connecte à l'immense Champ de Conscience Divine qu'il représente. De plus, la fréquence vibratoire générée par son Nom agit directement sur la mémoire cellulaire et réactive progressivement notre conscience angélique et notre capacité de rêver et de voyager dans les multidimensions de l'Univers.

Depuis la nuit des temps, l'image de l'Ange a été utilisée comme une métaphore pour exprimer les pouvoirs spirituels et le travail des messagers et des guides des mondes parallèles qui nous aident à suivre notre plan de vie et à accomplir nos programmes d'apprentissage et d'évolution. L'Ange est également le symbole de ce que nous sommes destinés à devenir : des êtres ayant intégré les 72 rayons des Qualités, Vertus et Pouvoirs à l'état pur ; c'est l'unique raison de nos incarnations terrestres.

## Les Anges Gardiens ou Anges de naissance

À sa naissance, l'être humain reçoit trois Anges Gardiens. Leurs Qualités et les distorsions humaines correspondantes indiquent les forces et les faiblesses qu'il devra travailler dans cette vie. Comme en astrologie, la date et l'heure de naissance nous servent de points de repère.

Le premier Ange Gardien correspond au plan physique : il guide le monde de l'action et on l'identifie grâce au Calendrier Angélique n° 1 à partir de la date de naissance.

Le deuxième Ange Gardien correspond au plan émotionnel : il est donc en lien avec les émotions et les sentiments. Il indique le potentiel et les vertus que l'être doit travailler sur le plan affectif. On le trouve dans le Calendrier Angélique n° 2 à partir de la date de naissance.

Le troisième Ange Gardien correspond au plan intellectuel : il concerne l'intellect et le monde des pensées. On l'identifie grâce au Calendrier Angélique n° 3 au moyen de l'heure de naissance.

L'objectif du travail avec les États de Conscience Angéliques consiste à intégrer non seulement le potentiel de nos trois Anges Gardiens, mais aussi la Connaissance totale que représentent les 72 Anges, les 72 États de Conscience de Dieu.

## Les Calendriers Angéliques

Les pages qui suivent présentent les trois Calendriers Angéliques mentionnés plus haut. Le premier concerne le plan physique, le deuxième le plan émotionnel et le troisième le plan intellectuel.

# CALENDRIER ANGÉLIQUE nº 1
## Plan physique

| | | | | |
|---|---|---|---|---|
| 21 mars | au | 25 mars | 1 | VEHUIAH |
| 26 mars | au | 30 mars | 2 | JELIEL |
| 31 mars | au | 04 avril | 3 | SITAEL |
| 05 avril | au | 09 avril | 4 | ELEMIAH |
| 10 avril | au | 14 avril | 5 | MAHASIAH |
| 15 avril | au | 20 avril | 6 | LELAHEL |
| 21 avril | au | 25 avril | 7 | ACHAIAH |
| 26 avril | au | 30 avril | 8 | CAHETEL |
| 01 mai | au | 05 mai | 9 | HAZIEL |
| 06 mai | au | 10 mai | 10 | ALADIAH |
| 11 mai | au | 15 mai | 11 | LAUVIAH |
| 16 mai | au | 20 mai | 12 | HAHAIAH |
| 21 mai | au | 25 mai | 13 | IEZALEL |
| 26 mai | au | 31 mai | 14 | MEBAHEL |
| 01 juin | au | 05 juin | 15 | HARIEL |
| 06 juin | au | 10 juin | 16 | HEKAMIAH |
| 11 juin | au | 15 juin | 17 | LAUVIAH |
| 16 juin | au | 21 juin | 18 | CALIEL |
| 22 juin | au | 26 juin | 19 | LEUVIAH |
| 27 juin | au | 01 juillet | 20 | PAHALIAH |
| 02 juillet | au | 06 juillet | 21 | NELKHAEL |
| 07 juillet | au | 11 juillet | 22 | YEIAYEL |
| 12 juillet | au | 16 juillet | 23 | MELAHEL |
| 17 juillet | au | 22 juillet | 24 | HAHEUIAH |
| 23 juillet | au | 27 juillet | 25 | NITH-HAIAH |
| 28 juillet | au | 01 août | 26 | HAAIAH |
| 02 août | au | 06 août | 27 | YERATHEL |
| 07 août | au | 12 août | 28 | SEHEIAH |
| 13 août | au | 17 août | 29 | REIYEL |
| 18 août | au | 22 août | 30 | OMAEL |
| 23 août | au | 28 août | 31 | LECABEL |
| 29 août | au | 02 septembre | 32 | VASARIAH |
| 03 septembre | au | 07 septembre | 33 | YEHUIAH |
| 08 septembre | au | 12 septembre | 34 | LEHAHIAH |
| 13 septembre | au | 17 septembre | 35 | CHAVAKHIAH |
| 18 septembre | au | 23 septembre | 36 | MENADEL |

# CALENDRIER ANGÉLIQUE nº 1 (suite)
## Plan physique

| | | | | |
|---|---|---|---|---|
| 24 septembre | au | 28 septembre | **37** | **Aniel** |
| 29 septembre | au | 03 octobre | **38** | **Haamiah** |
| 04 octobre | au | 08 octobre | **39** | **Rehael** |
| 09 octobre | au | 13 octobre | **40** | **Ieiazel** |
| 14 octobre | au | 18 octobre | **41** | **Hahahel** |
| 19 octobre | au | 23 octobre | **42** | **Mikael** |
| 24 octobre | au | 28 octobre | **43** | **Veuliah** |
| 29 octobre | au | 02 novembre | **44** | **Yelahiah** |
| 03 novembre | au | 07 novembre | **45** | **Sealiah** |
| 08 novembre | au | 12 novembre | **46** | **Ariel** |
| 13 novembre | au | 17 novembre | **47** | **Asaliah** |
| 18 novembre | au | 22 novembre | **48** | **Mihael** |
| 23 novembre | au | 27 novembre | **49** | **Vehuel** |
| 28 novembre | au | 02 décembre | **50** | **Daniel** |
| 03 décembre | au | 07 décembre | **51** | **Hahasiah** |
| 08 décembre | au | 12 décembre | **52** | **Imamiah** |
| 13 décembre | au | 16 décembre | **53** | **Nanael** |
| 17 décembre | au | 21 décembre | **54** | **Nithael** |
| 22 décembre | au | 26 décembre | **55** | **Mebahiah** |
| 27 décembre | au | 31 décembre | **56** | **Poyel** |
| 01 janvier | au | 05 janvier | **57** | **Nemamiah** |
| 06 janvier | au | 10 janvier | **58** | **Yeialel** |
| 11 janvier | au | 15 janvier | **59** | **Harahel** |
| 16 janvier | au | 20 janvier | **60** | **Mitzrael** |
| 21 janvier | au | 25 janvier | **61** | **Umabel** |
| 26 janvier | au | 30 janvier | **62** | **Iahhel** |
| 31 janvier | au | 04 février | **63** | **Anauel** |
| 05 février | au | 09 février | **64** | **Mehiel** |
| 10 février | au | 14 février | **65** | **Damabiah** |
| 15 février | au | 19 février | **66** | **Manakel** |
| 20 février | au | 24 février | **67** | **Eyael** |
| 25 février | au | 29 février | **68** | **Habuhiah** |
| 01 mars | au | 05 mars | **69** | **Rochel** |
| 06 mars | au | 10 mars | **70** | **Jabamiah** |
| 11 mars | au | 15 mars | **71** | **Haiaiel** |
| 16 mars | au | 20 mars | **72** | **Mumiah** |

# CALENDRIER ANGÉLIQUE n° 2

## Plan émotionnel

| JANVIER | FÉVRIER | MARS |
|---|---|---|
| 1: **65 Damabiah** | 1: **25 Nith-Haiah** | 1: **53 Nanael** |
| 2: **66 Manakel** | 2: **26 Haaiah** | 2: **54 Nithael** |
| 3: **67 Eyael** | 3: **27 Yerathel** | 3: **55 Mebahiah** |
| 4: **68 Habuhiah** | 4: **28 Seheiah** | 4: **56 Poyel** |
| 5: **69 Rochel** | 5: **29 Reiyel** | 5: **57 Nemamiah** |
| 6: **70 Jabamiah** | 6: **30 Omael** | 6: **58 Yeialel** |
| 7: **71 Haiaiel** | 7: **31 Lecabel** | 7: **59 Harahel** |
| 8: **72 Mumiah** | 8: **32 Vasariah** | 8: **60 Mitzrael** |
| 9: **1 Vehuiah** | 9: **33 Yehuiah** | 9: **61 Umabel** |
| 10: **2 Jeliel** | 10: **34 Lehahiah** | 10: **62 Iahhel** |
| 11: **3 Sitael** | 11: **35 Chavakhiah** | 11: **63 Anauel** |
| 12: **4 Elemiah** | 12: **36 Menadel** | 12: **64 Mehiel** |
| 13: **5 Mahasiah** | 13: **37 Aniel** | 13: **65 Damabiah** |
| 14: **6 Lelahel** | 14: **38 Haamiah** | 14: **66 Manakel** |
| 15: **7 Achaiah** | 15: **39 Rehael** | 15: **67 Eyael** |
| 16: **8 Cahetel** | 16: **40 Ieiazel** | 16: **68 Habuhiah** |
| 17: **9 Haziel** | 17: **41 Hahahel** | 17: **69 Rochel** |
| 18: **10 Aladiah** | 18: **42 Mikael** | 18: **70 Jabamiah** |
| 19: **11 Lauviah** | 19: **43 Veuliah** | 19: **71 Haiaiel** |
| 20: **12 Hahaiah** | 20: **44 Yelahiah** | 20: **72 Mumiah** |
| 21: **13 Iezalel** | 21: **45 Sealiah** | 21: **1 Vehuiah** |
| 22: **14 Mebahel** | 22: **46 Ariel** | 22: **2 Jeliel** |
| 23: **15 Hariel** | 23: **47 Asaliah** | 23: **3 Sitael** |
| 24: **16 Hekamiah** | 24: **48 Mihael** | 24: **4 Elemiah** |
| **17 Lauviah** | 25: **49 Vehuel** | 25: **5 Mahasiah** |
| 25: **18 Caliel** | 26: **50 Daniel** | 26: **6 Lelahel** |
| 26: **19 Leuviah** | 27: **51 Hahasiah** | 27: **7 Achaiah** |
| 27: **20 Pahaliah** | 28: **52 Imamiah** | 28: **8 Cahetel** |
| 28: **21 Nelkhael** | 29: **52 Imamiah** | 29: **9 Haziel** |
| 29: **22 Yeiayel** | | 30: **10 Aladiah** |
| 30: **23 Melahel** | | 31: **11 Lauviah** |
| 31: **24 Haheuiah** | | |

Pour trouver votre Ange Gardien au niveau émotionnel, il suffit de localiser votre date de naissance dans le tableau ci-dessus. Le nombre et le Nom de l'Ange qui gouverne cette journée-là se trouvent en gras à la droite de la date. Par exemple, si vous êtes né un 25 février, votre Ange Gardien au niveau émotionnel est l'Ange 49 Vehuel. **Particularités :** (1) L'astérisque (*) qui apparaît à la droite de sept dates du Calendrier indique que de minuit à midi ces journées-là, c'est l'Ange de la journée précédente qui gouverne, et que de midi à mi-

## CALENDRIER ANGÉLIQUE nº 2 (suite)
### Plan émotionnel

| AVRIL | MAI | JUIN |
|---|---|---|
| 1: 12 HAHAIAH | 1: 41 HAHAHEL | 1: 71 HAIAIEL |
| 2: 13 IEZALEL | 2: 42 MIKAEL | 2: 72 MUMIAH |
| 3: 14 MEBAHEL | 3: 43 VEULIAH | 3: 1 VEHUIAH |
| 4: 15 HARIEL | 4: 44 YELAHIAH | 4: 2 JELIEL |
| 5: 16 HEKAMIAH | 5: 45 SEALIAH | 5: 3 SITAEL |
| 6: 17 LAUVIAH | 6: 46 ARIEL | 6: 4 ELEMIAH |
| 7: 18 CALIEL | 7: 47 ASALIAH | 7: 5 MAHASIAH |
| 8: 19 LEUVIAH | 8: 48 MIHAEL | 8: 6 LELAHEL |
| 9: 20 PAHALIAH | 9: 49 VEHUEL | 9: 7 ACHAIAH |
| 10: 21 NELKHAEL | 10: 50 DANIEL | 10: 8 CAHETEL |
| 11: 22 YEIAYEL | 11: 51 HAHASIAH | 11: 9 HAZIEL |
| 12: 23 MELAHEL | 12: 52 IMAMIAH | 12: 10 ALADIAH |
| 13: 24 HAHEUIAH | 13: 53 NANAEL | 13: * |
| 14: 25 NITH-HAIAH | 14: 54 NITHAEL | 14: 11 LAUVIAH |
| 15: 26 HAAIAH | 15: 55 MEBAHIAH | 15: 12 HAHAIAH |
| 16: 27 YERATHEL | 16: 56 POYEL | 16: 13 IEZALEL |
| 17: * | 17: 57 NEMAMIAH | 17: 14 MEBAHEL |
| 18: 28 SEHEIAH | 18: 58 YEIALEL | 18: 15 HARIEL |
| 19: 29 REIYEL | 19: 59 HARAHEL | 19: 16 HEKAMIAH |
| 20: 30 OMAEL | 20: * | 20: 17 LAUVIAH |
| 21: 31 LECABEL | 21: 60 MITZRAEL | 21: 18 CALIEL |
| 22: 32 VASARIAH | 22: 61 UMABEL | 22: 19 LEUVIAH |
| 23: 33 YEHUIAH | 23: 62 IAHHEL | 23: 20 PAHALIAH |
| 24: 34 LEHAHIAH | 24: 63 ANAUEL | 24: 21 NELKHAEL |
| 25: 35 CHAVAKHIAH | 25: 64 MEHIEL | 25: 22 YEIAYEL |
| 26: 36 MENADEL | 26: 65 DAMABIAH | 26: 23 MELAHEL |
| 27: 37 ANIEL | 27: 66 MANAKEL | 27: 24 HAHEUIAH |
| 28: 38 HAAMIAH | 28: 67 EYAEL | 28: 25 NITH-HAIAH |
| 29: 39 REHAEL | 29: 68 HABUHIAH | 29: 26 HAAIAH |
| 30: 40 IEIAZEL | 30: 69 ROCHEL | 30: 27 YERATHEL |
| | 31: 70 JABAMIAH | |

nuit, c'est l'Ange de la journée suivante qui gouverne. Ainsi, si vous êtes né un 20 mai avant midi, votre Ange Gardien au niveau émotionnel est l'Ange 59 HARAHEL, et si vous êtes né à cette date en après-midi ou en soirée, votre Ange Gardien est MITZRAEL, l'Ange 60 ; (2) dans les cas où la date réfère à deux Anges – soit les 24 janvier et 27 décembre – le premier Ange gouverne de 0h00 à 18h00, et le deuxième de 18h00 à 24h00. Ces particularités résultent de la non-concordance des jours (365) et des degrés (360) ainsi que de la précession des équinoxes.

# CALENDRIER ANGÉLIQUE n° 2 (suite)
## Plan émotionnel

| JUILLET | AOÛT | SEPTEMBRE |
|---|---|---|
| 1: **28 Seheiah** | 1: **57 Nemamiah** | 1: **15 Hariel** |
| 2: **29 Reiyel** | 2: **58 Yeialel** | 2: **16 Hekamiah** |
| 3: **30 Omael** | 3: **59 Harahel** | 3: **17 Lauviah** |
| 4: **31 Lecabel** | 4: **60 Mitzrael** | 4: **18 Caliel** |
| 5: * | 5: **61 Umabel** | 5: **19 Leuviah** |
| 6: **32 Vasariah** | 6: 62 **Iahhel** | 6: **20 Pahaliah** |
| 7: **33 Yehuiah** | 7: 63 **Anauel** | 7: **21 Nelkhael** |
| 8: **34 Lehahiah** | 8: 64 **Mehiel** | 8: **22 Yeiayel** |
| 9: **35 Chavakhiah** | 9: 65 **Damabiah** | 9: **23 Melahel** |
| 10: **36 Menadel** | 10: 66 **Manakel** | 10: **24 Haheuiah** |
| 11: **37 Aniel** | 11: 67 **Eyael** | 11: **25 Nith-Haiah** |
| 12: **38 Haamiah** | 12: 68 **Habuhiah** | 12: **26 Haaiah** |
| 13: **39 Rehael** | 13: 69 **Rochel** | 13: **27 Yerathel** |
| 14: **40 Ieiazel** | 14: 70 **Jabamiah** | 14: **28 Seheiah** |
| 15: **41 Hahahel** | 15: 71 **Haiaiel** | 15: **29 Reiyel** |
| 16: **42 Mikael** | 16: 72 **Mumiah** | 16: **30 Omael** |
| 17: **43 Veuliah** | 17: 1 **Vehuiah** | 17: **31 Lecabel** |
| 18: **44 Yelahiah** | 18: 2 **Jeliel** | 18: **32 Vasariah** |
| 19: **45 Sealiah** | 19: * | 19: **33 Yehuiah** |
| 20: **46 Ariel** | 20: 3 **Sitael** | 20: **34 Lehahiah** |
| 21: **47 Asaliah** | 21: 4 **Elemiah** | 21: * |
| 22: **48 Mihael** | 22: 5 **Mahasiah** | 22: **35 Chavakhiah** |
| 23: **49 Vehuel** | 23: 6 **Lelahel** | 23: **36 Menadel** |
| 24: **50 Daniel** | 24: **7 Achaiah** | 24: **37 Aniel** |
| 25: **51 Hahasiah** | 25: **8 Cahetel** | 25: **38 Haamiah** |
| 26: * | 26: **9 Haziel** | 26: **39 Rehael** |
| 27: **52 Imamiah** | 27: **10 Aladiah** | 27: **40 Ieiazel** |
| 28: **53 Nanael** | 28: **11 Lauviah** | 28: **41 Hahahel** |
| 29: **54 Nithael** | 29: **12 Hahaiah** | 29: **42 Mikael** |
| 30: **55 Mebahiah** | 30: **13 Iezalel** | 30: **43 Veuliah** |
| 31: **56 Poyel** | 31: **14 Mebahel** | |

Pour trouver votre Ange Gardien au niveau émotionnel, il suffit de localiser votre date de naissance dans le tableau ci-dessus. Le nombre et le Nom de l'Ange qui gouverne cette journée-là se trouvent en gras à la droite de la date. Par exemple, si vous êtes né un 25 février, votre Ange Gardien au niveau émotionnel est l'Ange 49 Vehuel. **Particularités :** (1) L'astérisque (*) qui apparaît à la droite de sept dates du Calendrier indique que de minuit à midi ces journées-là, c'est l'Ange de la journée précédente qui gouverne, et que de midi à mi-

## CALENDRIER ANGÉLIQUE nº 2 (suite)
### Plan émotionnel

| OCTOBRE | NOVEMBRE | DÉCEMBRE |
|---|---|---|
| 1: **44** YELAHIAH | 1: **3** SITAEL | 1: **33** YEHUIAH |
| 2: **45** SEALIAH | 2: **4** ELEMIAH | 2: **34** LEHAHIAH |
| 3: **46** ARIEL | 3: **5** MAHASIAH | 3: **35** CHAVAKHIAH |
| 4: **47** ASALIAH | 4: **6** LELAHEL | 4: **36** MENADEL |
| 5: **48** MIHAEL | 5: **7** ACHAIAH | 5: **37** ANIEL |
| 6: **49** VEHUEL | 6: **8** CAHETEL | 6: **38** HAAMIAH |
| 7: **50** DANIEL | 7: **9** HAZIEL | 7: **39** REHAEL |
| 8: **51** HAHASIAH | 8: **10** ALADIAH | 8: **40** IEIAZEL |
| 9: **52** IMAMIAH | 9: **11** LAUVIAH | 9: **41** HAHAHEL |
| 10: **53** NANAEL | 10: **12** HAHAIAH | 10: **42** MIKAEL |
| 11: **54** NITHAEL | 11: **13** IEZALEL | 11: **43** VEULIAH |
| 12: **55** MEBAHIAH | 12: **14** MEBAHEL | 12: **44** YELAHIAH |
| 13: **56** POYEL | 13: **15** HARIEL | 13: **45** SEALIAH |
| 14: **57** NEMAMIAH | 14: **16** HEKAMIAH | 14: **46** ARIEL |
| 15: **58** YEIALEL | 15: **17** LAUVIAH | 15: **47** ASALIAH |
| 16: **59** HARAHEL | 16: **18** CALIEL | 16: **48** MIHAEL |
| 17: **60** MITZRAEL | 17: **19** LEUVIAH | 17: **49** VEHUEL |
| 18: **61** UMABEL | 18: **20** PAHALIAH | 18: **50** DANIEL |
| 19: **62** IAHHEL | 19: **21** NELKHAEL | 19: **51** HAHASIAH |
| 20: **63** ANAUEL | 20: **22** YEIAYEL | 20: **52** IMAMIAH |
| 21: **64** MEHIEL | 21: **23** MELAHEL | 21: **53** NANAEL |
| 22: **65** DAMABIAH | 22: **24** HAHEUIAH | 22: **54** NITHAEL |
| 23: **66** MANAKEL | 23: **25** NITH-HAIAH | 23: **55** MEBAHIAH |
| 24: **67** EYAEL | 24: **26** HAAIAH | 24: **56** POYEL |
| 25: **68** HABUHIAH | 25: **27** YERATHEL | 25: **57** NEMAMIAH |
| 26: **69** ROCHEL | 26: **28** SEHEIAH | 26: **58** YEIALEL |
| 27: **70** JABAMIAH | 27: **29** REIYEL | 27: **59** HARAHEL<br>**60** MITZRAEL |
| 28: **71** HAIAIEL | 28: **30** OMAEL | 28: **61** UMABEL |
| 29: **72** MUMIAH | 29: **31** LECABEL | 29: **62** IAHHEL |
| 30: **1** VEHUIAH | 30: **32** VASARIAH | 30: **63** ANAUEL |
| 31: **2** JELIEL | | 31: **64** MEHIEL |

nuit, c'est l'Ange de la journée suivante qui gouverne. Ainsi, si vous êtes né un 20 mai avant midi, votre Ange Gardien au niveau émotionnel est l'Ange 59 HARAHEL, et si vous êtes né à cette date en après-midi ou en soirée, votre Ange Gardien est MITZRAEL, l'Ange 60 ; (2) dans les cas où la date réfère à deux Anges – soit les 24 janvier et 27 décembre – le premier Ange gouverne de 0h00 à 18h00, et le deuxième de 18h00 à 24h00. Ces particularités résultent de la non-concordance des jours (365) et des degrés (360) ainsi que de la précession des équinoxes.

# CALENDRIER ANGÉLIQUE nº 3
## Plan intellectuel

| | | | | |
|---|---|---|---|---|
| 0 h 00 | à | 0 h 19 | 1 | Vehuiah |
| 0 h 20 | à | 0 h 39 | 2 | Jeliel |
| 0 h 40 | à | 0 h 59 | 3 | Sitael |
| 1 h 00 | à | 1 h 19 | 4 | Elemiah |
| 1 h 20 | à | 1 h 39 | 5 | Mahasiah |
| 1 h 40 | à | 1 h 59 | 6 | Lelahel |
| 2 h 00 | à | 2 h 19 | 7 | Achaiah |
| 2 h 20 | à | 2 h 39 | 8 | Cahetel |
| 2 h 40 | à | 2 h 59 | 9 | Haziel |
| 3 h 00 | à | 3 h 19 | 10 | Aladiah |
| 3 h 20 | à | 3 h 39 | 11 | Lauviah |
| 3 h 40 | à | 3 h 59 | 12 | Hahaiah |
| 4 h 00 | à | 4 h 19 | 13 | Iezalel |
| 4 h 20 | à | 4 h 39 | 14 | Mebahel |
| 4 h 40 | à | 4 h 59 | 15 | Hariel |
| 5 h 00 | à | 5 h 19 | 16 | Hekamiah |
| 5 h 20 | à | 5 h 39 | 17 | Lauviah |
| 5 h 40 | à | 5 h 59 | 18 | Caliel |
| 6 h 00 | à | 6 h 19 | 19 | Leuviah |
| 6 h 20 | à | 6 h 39 | 20 | Pahaliah |
| 6 h 40 | à | 6 h 59 | 21 | Nelkhael |
| 7 h 00 | à | 7 h 19 | 22 | Yeiayel |
| 7 h 20 | à | 7 h 39 | 23 | Melahel |
| 7 h 40 | à | 7 h 59 | 24 | Haheuiah |
| 8 h 00 | à | 8 h 19 | 25 | Nith-Haiah |
| 8 h 20 | à | 8 h 39 | 26 | Haaiah |
| 8 h 40 | à | 8 h 59 | 27 | Yerathel |
| 9 h 00 | à | 9 h 19 | 28 | Seheiah |
| 9 h 20 | à | 9 h 39 | 29 | Reiyel |
| 9 h 40 | à | 9 h 59 | 30 | Omael |
| 10 h 00 | à | 10 h 19 | 31 | Lecabel |
| 10 h 20 | à | 10 h 39 | 32 | Vasariah |
| 10 h 40 | à | 10 h 59 | 33 | Yehuiah |
| 11 h 00 | à | 11 h 19 | 34 | Lehahiah |
| 11 h 20 | à | 11 h 39 | 35 | Chavakhiah |
| 11 h 40 | à | 11 h 59 | 36 | Menadel |

# CALENDRIER ANGÉLIQUE nº 3 (suite)
## Plan intellectuel

| | | | | |
|---|---|---|---|---|
| 12 h 00 | à | 12 h 19 | 37 | Aniel |
| 12 h 20 | à | 12 h 39 | 38 | Haamiah |
| 12 h 40 | à | 12 h 59 | 39 | Rehael |
| 13 h 00 | à | 13 h 19 | 40 | Ieiazel |
| 13 h 20 | à | 13 h 39 | 41 | Hahahel |
| 13 h 40 | à | 13 h 59 | 42 | Mikael |
| 14 h 00 | à | 14 h 19 | 43 | Veuliah |
| 14 h 20 | à | 14 h 39 | 44 | Yelahiah |
| 14 h 40 | à | 14 h 59 | 45 | Sealiah |
| 15 h 00 | à | 15 h 19 | 46 | Ariel |
| 15 h 20 | à | 15 h 39 | 47 | Asaliah |
| 15 h 40 | à | 15 h 59 | 48 | Mihael |
| 16 h 00 | à | 16 h 19 | 49 | Vehuel |
| 16 h 20 | à | 16 h 39 | 50 | Daniel |
| 16 h 40 | à | 16 h 59 | 51 | Hahasiah |
| 17 h 00 | à | 17 h 19 | 52 | Imamiah |
| 17 h 20 | à | 17 h 39 | 53 | Nanael |
| 17 h 40 | à | 17 h 59 | 54 | Nithael |
| 18 h 00 | à | 18 h 19 | 55 | Mebahiah |
| 18 h 20 | à | 18 h 39 | 56 | Poyel |
| 18 h 40 | à | 18 h 59 | 57 | Nemamiah |
| 19 h 00 | à | 19 h 19 | 58 | Yeialel |
| 19 h 20 | à | 19 h 39 | 59 | Harahel |
| 19 h 40 | à | 19 h 59 | 60 | Mitzrael |
| 20 h 00 | à | 20 h 19 | 61 | Umabel |
| 20 h 20 | à | 20 h 39 | 62 | Iahhel |
| 20 h 40 | à | 20 h 59 | 63 | Anauel |
| 21 h 00 | à | 21 h 19 | 64 | Mehiel |
| 21 h 20 | à | 21 h 39 | 65 | Damabiah |
| 21 h 40 | à | 21 h 59 | 66 | Manakel |
| 22 h 00 | à | 22 h 19 | 67 | Eyael |
| 22 h 20 | à | 22 h 39 | 68 | Habuhiah |
| 22 h 40 | à | 22 h 59 | 69 | Rochel |
| 23 h 00 | à | 23 h 19 | 70 | Jabamiah |
| 23 h 20 | à | 23 h 39 | 71 | Haiaiel |
| 23 h 40 | à | 23 h 59 | 72 | Mumiah |

## 70- La pratique récitatoire ou les mantras angéliques

La base du travail pour intégrer la conscience angélique est très simple : il suffit de répéter le Nom d'un Ange comme un mantra, avec un sens sacré. Nous appelons cette pratique la *récitation* ou *mantra angélique*, et dans l'usage quotidien tout simplement la *pratique récitatoire*. Il s'agit d'une méthode à la fois puissante et sécuritaire qui peut être pratiquée autant par les adultes que par les enfants. En position debout, assise ou couchée, on respire naturellement en répétant le Nom d'un Ange. On le fait à son propre rythme, en silence, à voix basse ou à voix haute, plusieurs fois durant la journée. On peut également réciter les mantras angéliques en famille ou avec les enfants au moment du coucher. Cet exercice peut être pratiqué dans tous les contextes et situations de vie : à la maison, au travail, pendant les loisirs, en voyage, pendant les moments de repos, de méditation, avant de s'endormir ou au réveil, dans les moments difficiles comme dans les moments heureux. Son intégration dans notre vie quotidienne garde notre esprit constamment branché sur notre dimension angélique et aide à l'incarner dans la matière.

Une merveilleuse façon d'optimiser cette pratique est de la combiner avec l'ANGELICA YOGA* ou l'écoute des ANGELICA MEDITATION*, des ANGELICA MANTRAS* ou des ANGELICA MUSICA*.

## 71- Le travail angélique

L'énergie invoquée par le travail avec un Ange se manifeste à travers des intuitions, des rêves, des signes, des coïncidences ou synchronicités. Il est fascinant d'observer les correspondances entre le contenu de nos rêves et les situations de notre vie quotidienne dans lesquels se révèlent les Qualités de l'Ange invoqué ou les distorsions humaines que nous devons transformer. La récitation angélique met en route un processus initiatique et, en ce sens, le Nom de l'Ange sert de *formule magique*. Lorsqu'il est effectué sur une base quotidienne, le travail angélique crée une ouverture graduelle du subconscient et de l'inconscient qui se manifeste de plusieurs façons :

---

* *Voir les pages Autres réalisations, à la fin de ce livre.*

- Dans un premier temps, nos états d'âme passent d'un extrême à l'autre, par exemple d'un grand bien-être à des états de mal-être, de malaise ou d'angoisse.

- L'acuité des sens (vue, ouïe, odorat, toucher et goût) augmente de façon considérable et on développe progressivement la clairvoyance, la clairaudience, la clairsentience et les autres facultés de perception subtile.

- Il se produit une augmentation graduelle de la fréquence et de l'intensité des rêves, et on peut mieux les interpréter en les associant à l'Essence Angélique avec laquelle on travaille. Si on ne rêve pas ou ne se rappelle pas de ses rêves, on constatera qu'après quelques semaines de récitation angélique assidue, les rêves se déclenchent, on s'en souvient plus facilement et on arrive à mieux les comprendre.

- L'interprétation des rêves et la lecture des signes du quotidien engendrent des expériences mystiques profondes.

- On acquiert une grande autonomie spirituelle, car en étudiant les rêves et les signes, on est informé des diverses étapes de notre parcours initiatique.

- L'âme acquiert la capacité de sortir du corps et de visiter les différents mondes et dimensions, découvrant ainsi progressivement les secrets de l'Univers.

Le travail avec les Énergies Angéliques nous amène bien au-delà du temps et de l'espace, il nous fait découvrir notre multidimensionnalité et nous plonge dans la contemplation des multiples réalités parallèles.

# LES QUALITÉS DES 72 ANGES
## (en résumé)

| | | |
|---|---|---|
| 1 | **Vehuiah** | Volonté Divine |
| 2 | **Jeliel** | Amour, sagesse |
| 3 | **Sitael** | Construction |
| 4 | **Elemiah** | Pouvoir Divin |
| 5 | **Mahasiah** | Rectification des erreurs |
| 6 | **Lelahel** | Lumière Divine qui guérit tout (Lumière d'Amour) |
| 7 | **Achaiah** | Patience |
| 8 | **Cahetel** | Bénédiction Divine |
| 9 | **Haziel** | Amour Universel |
| 10 | **Aladiah** | Seconde chance |
| 11 | **Lauviah** | Victoire |
| 12 | **Hahaiah** | Refuge, méditation, intériorisation |
| 13 | **Iezalel** | Fidélité |
| 14 | **Mebahel** | Engagement |
| 15 | **Hariel** | Purification |
| 16 | **Hekamiah** | Loyauté aux Principes Divins |
| 17 | **Lauviah** | Révélations |
| 18 | **Caliel** | Vérité |
| 19 | **Leuviah** | Intelligence |
| 20 | **Pahaliah** | Délivrance |
| 21 | **Nelkhael** | Facilité d'apprentissage |
| 22 | **Yeiayel** | Renommée, célébrité |
| 23 | **Melahel** | Capacité de guérir, nourriture saine |
| 24 | **Haheuiah** | Protection |
| 25 | **Nith-Haiah** | Porteur de la Sagesse et de l'Amour suprêmes |
| 26 | **Haahiah** | Discrétion |
| 27 | **Yerathel** | Confiance |
| 28 | **Seheiah** | Prévoyance |
| 29 | **Reiyel** | Libération |
| 30 | **Omael** | Multiplication, joie |
| 31 | **Lecabel** | Talent pour résoudre les énigmes de la vie |
| 32 | **Vasariah** | Clémence, facilité à pardonner |
| 33 | **Yehuiah** | Subordination, écoute le bien |
| 34 | **Lehahiah** | Obéissance |
| 35 | **Chavakhiah** | Réconciliation, famille |
| 36 | **Menadel** | Travail |

# LES QUALITÉS DES 72 ANGES
## (en résumé, suite)

| | | |
|---|---|---|
| 37 | **Aniel** | Aide à changer les mauvaises habitudes |
| 38 | **Haamiah** | Sens des rituels et des préparations |
| 39 | **Rehael** | Soumission, réceptivité |
| 40 | **Ieiazel** | Consolation, réconfort |
| 41 | **Hahahel** | Mission |
| 42 | **Mikael** | Ordre politique |
| 43 | **Veuliah** | Prospérité |
| 44 | **Yelahiah** | Guerrier de Lumière |
| 45 | **Sealiah** | Motivation |
| 46 | **Ariel** | Perception révélatrice, médiumnité |
| 47 | **Asaliah** | Contemplation |
| 48 | **Mihael** | Fécondité, mariage |
| 49 | **Vehuel** | Élévation vers la grandeur et la Sagesse |
| 50 | **Daniel** | Éloquence, aide à bien parler |
| 51 | **Hahasiah** | Médecine Universelle |
| 52 | **Imamiah** | Facilité à reconnaître ses erreurs |
| 53 | **Nanael** | Communication spirituelle |
| 54 | **Nithael** | Éternelle jeunesse |
| 55 | **Mebahiah** | Lucidité intellectuelle, belles idées |
| 56 | **Poyel** | Fortune, soutien et richesse |
| 57 | **Nemamiah** | Discernement, reconnaît ce qui est juste |
| 58 | **Yeialel** | Force mentale |
| 59 | **Harahel** | Richesse intellectuelle |
| 60 | **Mitzrael** | Réparation |
| 61 | **Umabel** | Amitié, affinité |
| 62 | **Iahhel** | Connaissance retrouvée |
| 63 | **Anauel** | Perception de l'unité, bien-être sur tous les plans |
| 64 | **Mehiel** | Vivification, inspiration |
| 65 | **Damabiah** | Fontaine de Sagesse, pureté |
| 66 | **Manakel** | Connaissance du bien et du mal |
| 67 | **Eyael** | Sublimation, facilité d'adaptation |
| 68 | **Habuhiah** | Guérison |
| 69 | **Rochel** | Restitution, retrouve ce que l'on a perdu |
| 70 | **Jabamiah** | Alchimie, transforme le mal en bien |
| 71 | **Haiaiel** | Armes Divines, force intérieure |
| 72 | **Mumiah** | Renaissance, aime la vie |

## LES DISTORSIONS HUMAINES
## (en résumé)

| | | |
|---|---|---|
| 1 | **Vehuiah** | *Manque de volonté, colère* |
| 2 | **Jeliel** | *Manque d'amour et de sagesse* |
| 3 | **Sitael** | *Force qui détruit* |
| 4 | **Elemiah** | *Manipulation pour la satisfaction des besoins personnels* |
| 5 | **Mahasiah** | *Tendance à vouloir se venger, rancune* |
| 6 | **Lelahel** | *Ambition* |
| 7 | **Achaiah** | *Impatience* |
| 8 | **Cahetel** | *Pense juste à soi* |
| 9 | **Haziel** | *Absence d'amour: possessivité, jalousie, peur d'aimer et d'être aimé* |
| 10 | **Aladiah** | *Sorcelleries, gaspillage* |
| 11 | **Lauviah** | *Échec, jalousie, orgueil* |
| 12 | **Hahaiah** | *Isolement, fuit les autres* |
| 13 | **Iezalel** | *Infidélité, ne tient pas ses promesses* |
| 14 | **Mebahel** | *Désengagement, repousse les autres* |
| 15 | **Hariel** | *Accuse les autres* |
| 16 | **Hekamiah** | *Trahison, guerre, révolte* |
| 17 | **Lauviah** | *Tristesse* |
| 18 | **Caliel** | *Mensonge* |
| 19 | **Leuviah** | *Perte des facultés intellectuelles, problèmes de mémoire* |
| 20 | **Pahaliah** | *Abus et gaspillage, extrémisme, abuse des autres* |
| 21 | **Nelkhael** | *Difficulté à apprendre, examens difficiles* |
| 22 | **Yeiayel** | *Profiteur, cherche à être reconnu* |
| 23 | **Melahel** | *Maladie, nourriture artificielle* |
| 24 | **Haheuiah** | *Manque de protection* |
| 25 | **Nith-Haiah** | *Magie noire, sorcellerie* |
| 26 | **Haahiah** | *Indiscrétion, égocentrisme, problèmes familiaux* |
| 27 | **Yerathel** | *Hyperactivité, manque de confiance* |
| 28 | **Seheiah** | *Imprudence, inquiétude profonde* |
| 29 | **Reiyel** | *Situation limitative, prison* |
| 30 | **Omael** | *Insuccès, échec répétitif* |
| 31 | **Lecabel** | *Manipule et exploite les autres* |
| 32 | **Vasariah** | *Vengeance* |
| 33 | **Yehuiah** | *Rébellion, agressivité, n'écoute pas* |
| 34 | **Lehahiah** | *Désobéissance* |
| 35 | **Chavakhiah** | *Problèmes familiaux* |
| 36 | **Menadel** | *Ne veut pas travailler* |

## LES DISTORSIONS HUMAINES
## (en résumé, suite)

| | | |
|---|---|---|
| 37 | **ANIEL** | *Refuse de changer* |
| 38 | **HAAMIAH** | *Impolitesse, manque de préparation* |
| 39 | **REHAEL** | *N'accepte pas l'autorité* |
| 40 | **IEIAZEL** | *Dépendances, chagrin* |
| 41 | **HAHAHEL** | *Cherche à convaincre* |
| 42 | **MIKAEL** | *Désordre* |
| 43 | **VEULIAH** | *Ne pense qu'à l'argent* |
| 44 | **YELAHIAH** | *Extrémiste, terroriste* |
| 45 | **SEALIAH** | *Manque de motivation et d'enthousiasme* |
| 46 | **ARIEL** | *Manque d'intuition* |
| 47 | **ASALIAH** | *Panique déclenchée par l'incompréhension* |
| 48 | **MIHAEL** | *Séparation, divorce, jalousie* |
| 49 | **VEHUEL** | *Abaisse les autres* |
| 50 | **DANIEL** | *Difficultés d'élocution* |
| 51 | **HAHASIAH** | *Ne comprend pas la maladie* |
| 52 | **IMAMIAH** | *Ne reconnaît pas ses erreurs, problèmes amoureux* |
| 53 | **NANAEL** | *Refuse la connaissance spirituelle* |
| 54 | **NITHAEL** | *Séduction* |
| 55 | **MEBAHIAH** | *Manque d'idées* |
| 56 | **POYEL** | *Pauvreté* |
| 57 | **NEMAMIAH** | *Mentalité sans principes, mauvaises idées* |
| 58 | **YEIALEL** | *Ruse, impose ses idées* |
| 59 | **HARAHEL** | *Difficultés intellectuelles* |
| 60 | **MITZRAEL** | *Ne veut pas réparer, corriger, rectifier* |
| 61 | **UMABEL** | *Difficulté à trouver des amis* |
| 62 | **IAHHEL** | *Refuse d'apprendre* |
| 63 | **ANAUEL** | *Se sent séparé des autres* |
| 64 | **MEHIEL** | *Manque d'inspiration, critique* |
| 65 | **DAMABIAH** | *Problèmes émotionnels* |
| 66 | **MANAKEL** | *Ne comprend pas le bien et le mal* |
| 67 | **EYAEL** | *Peur des changements* |
| 68 | **HABUHIAH** | *Maladie* |
| 69 | **ROCHEL** | *Prend ce qui ne lui appartient pas* |
| 70 | **JABAMIAH** | *Blocage, reste pris dans ses problèmes* |
| 71 | **HAIAIEL** | *Chicanes, conflits, guerre, terrorisme* |
| 72 | **MUMIAH** | *Suicide, difficulté à finir ce qu'on commence, n'aime pas la vie* |

## 72- Le travail angélique dans le monde

Depuis sa fondation en 2001, l'Univers/Cité Mikaël a vu le nombre de ses collaborateurs bénévoles augmenter sans cesse. Actuellement, plus de 500 personnes à travers le monde sont activement impliquées dans les différentes étapes de travail et les nombreux projets visant à partager la Connaissance et l'Enseignement des Anges : organisation, rédaction, révision, traduction, graphisme, création artistique, diffusion, etc. Depuis plusieurs années, des centaines de milliers de personnes cheminent sur la voie de la vie angélique, travaillant sur elles pour transcender leurs faiblesses et distorsions, développer les Qualités et les Vertus et les intégrer dans leur quotidien, et ce, autant dans leur vie familiale que dans leur milieu de travail ; elles aspirent toutes à devenir des anges sur Terre. Comme moi, elles traversent d'intenses initiations qui les transforment quotidiennement. Les conférences, les ateliers, les séminaires Web, les stages, les consultations et soins offerts à la Clinique Angelica Pratica, ainsi que la formation IRSS ont pour but d'aider ces personnes à bien vivre le processus de transformation de l'humain à l'ange. Les ouvrages et enseignements de l'UCM sont maintenant diffusés à l'échelle planétaire et continuent à rejoindre de plus en plus d'âmes, des initiés en devenir.

Mon épouse Christiane et moi avons le bonheur de partager cette mission angélique sur Terre avec notre fille Kasara et son fiancé Anthony, qui manifestent et enseignent également les bienfaits de la vie angélique.

Pour plus d'information, nous vous invitons à visiter nos sites Internet : **www.72anges.ca**, **www.ucm.ca** et **www.angelicapratica.ca**.

**Notre message : VOUS POUVEZ DEVENIR UN ANGE**

L'essentiel de notre mission sur Terre est d'aider l'être humain à découvrir, à développer et à vivre son potentiel angélique. Les Anges sont souvent représentés de façon trop légère et abstraite alors qu'ils sont en fait les Clés de la Conscience Universelle. Notre objectif est d'amener les gens, indépendamment de leurs nationalité, race et religion, à découvrir que le but de notre existence sur Terre est de devenir des anges.

# TABLE DES MATIÈRES

**Remerciements**

Nous remercions tous les bénévoles qui nous aident et qui participent à faire connaître le langage symbolique, l'Angéologie Traditionnelle et l'Angelica Yoga dans le monde.

**Pour nous contacter :**

*Univers/Cité Mikaël (UCM)* offre des ateliers, des stages, des séminaires Web et des formations sur le langage symbolique et l'interprétation des rêves, signes et symboles, des conférences sur l'Angéologie Traditionnelle et des cours d'Angelica Yoga.

Dans le cadre de la Clinique Angelica Pratica, nous proposons des soins physiques et métaphysiques ainsi que des services d'aide et de soutien dans le développement personnel et spirituel. Les consultations peuvent se faire sur place ou par Skype.

Toute personne qui souhaite participer à l'organisation des activités dans sa région ou qui aimerait se joindre à l'équipe des bénévoles est de tout coeur la bienvenue et peut nous contacter *via* notre site.

UNIVERSE/CITY MIKAËL (UCM)
Organisme sans but lucratif
Maison d'édition et de diffusion
53, rue St-Antoine
Sainte-Agathe-des-Monts, QC
Canada J8C 2C4

Télécopieur : 1-514-352-5272
Courriel : info@ucm.ca
Sites : www.ucm.ca et www.72anges.ca

Pour info sur la Clinique Angelica Pratica,
visitez : www.angelicapratica.ca

***Univers/Cité Mikaël*** *est un organisme sans but lucratif qui n'est relié d'aucune manière à un groupe ou à un mouvement religieux. L'enseignement dispensé est de type universel et s'adresse à tous et chacun.*

# AUTRES RÉALISATIONS
# DES ÉDITIONS UNIVERS/CITÉ MIKAËL (UCM)

**Distribuées en librairie et disponibles via le site Internet : www.ucm.ca**

**LE LIVRE DES ANGES**
RÊVES – SIGNES – MÉDITATION
**Les Secrets retrouvés**
Kaya et Christiane Muller, 472 p.
ISBN : 978-2-923097-00-8

**LE LIVRE DES ANGES**
RÊVES – SIGNES – MÉDITATION
**La guérison des mémoires**
Kaya et Christiane Muller, 662 p.
ISBN : 978-2-923097-05-3

**LE LIVRE DES ANGES**
RÊVES – SIGNES – MÉDITATION
**La Source de la Connaissance**
Kaya et Christiane Muller, 480 p.
ISBN : 978-2-923097-25-1

**LE LIVRE DES ANGES**
RÊVES – SIGNES – MÉDITATION
**Le Chemin du Destin**
Kaya et Christiane Muller, 538 p.
ISBN : 978-2-923097-12-1

**Dictionnaire**
**Rêves-Signes-Symboles,**
**Le Code Source**
Kaya, 880 p.
ISBN : 978-2-923654-02-7

**RÊVES ET SYMBOLES, Tome 1**
Kaya, 552 p.
ISBN : 978-2-923097-07-7

**RÊVES ET SYMBOLES**
**La Matérialisation de la vie**
Kaya, 368 p.
ISBN : 978-2-923097-14-5

**COMMENT LIRE LES SIGNES**
PSYCHOLOGIE INITIATIQUE
Kaya et Christiane Muller, 410 p.
ISBN : 978-2-923097-04-6

**LES CARTES 72 ANGES**
**RÊVES – SIGNES – MÉDITATION**
Kaya et Christiane Muller
74 cartes et 1 livret
accompagnateur de 44 p.
ISBN : 978-2-923097-08-4

**ANGELICA YOGA, Introduction**
Kaya et Christiane Muller, 176 p.
ISBN : 978-2-923097-01-5

**ANGELICA YOGA, Tome 1**
François Bouchard et
Denise Fredette, 528 p.
ISBN : 978-2-923097-06-0

**ANGELICA YOGA, Tome 2**
François Bouchard et
Denise Fredette, 680 p.
ISBN : 978-2-923097-24-4

**LE POUVOIR DES ANGES**
**La Légende de Gérone**
Illustrations : Dominique Grelot / Texte : Kaya
Bande dessinée, 48 p.
ISBN : 978-2-923097-98-5

**LE JOURNAL SPIRITUEL**
**D'UNE ENFANT**
**DE NEUF ANS**
Kasara, 162 p.
ISBN : 978-2-923097-03-9

**LE JOURNAL SPIRITUEL**
**D'UNE ADOLESCENTE**
Kasara, 184 p.
ISBN : 978-2-922467-22-2

**AU PAYS DU CIEL BLEU**
(CONTE POUR ENFANT)
Kaya et Christiane Muller
Illustrations : Gabriell
38 p. avec illustrations couleurs
ISBN : 978-2-922467-20-8

## COLLECTION CD ANGELICA MEDITATION, Vol. 1 à 12

Méditations guidées par Christiane Muller

| | | | | | |
|---|---|---|---|---|---|
| CD Vol. 1 | (Anges | 72 | à | 67) | ISBN : 9787793600129 |
| CD Vol. 2 | (Anges | 66 | à | 61) | ISBN : 9787793600136 |
| CD Vol. 3 | (Anges | 60 | à | 55) | ISBN : 9787793600143 |
| CD Vol. 4 | (Anges | 54 | à | 49) | ISBN : 9787793600150 |
| CD Vol. 5 | (Anges | 48 | à | 43) | ISBN : 9787793600167 |
| CD Vol. 6 | (Anges | 42 | à | 37) | ISBN : 9787793600174 |
| CD Vol. 7 | (Anges | 36 | à | 31) | ISBN : 9787793600181 |
| CD Vol. 8 | (Anges | 30 | à | 25) | ISBN : 9787793600198 |
| CD Vol. 9 | (Anges | 24 | à | 19) | ISBN : 9787793600204 |
| CD Vol. 10 | (Anges | 18 | à | 13) | ISBN : 9787793600211 |
| CD Vol. 11 | (Anges | 12 | à | 7) | ISBN : 9787793600228 |
| CD Vol. 12 | (Anges | 6 | à | 1) | ISBN : 9787793600235 |

## COLLECTION CD ANGELICA MUSICA, Vol. 1 à 12

Musique instrumentale par André Leclair et Kaya

| | | | | | |
|---|---|---|---|---|---|
| CD Vol. 1 | (Anges | 72 | à | 67) | ISBN : 9787793600242 |
| CD Vol. 2 | (Anges | 66 | à | 61) | ISBN : 9787793600259 |
| CD Vol. 3 | (Anges | 60 | à | 55) | ISBN : 9787793600266 |
| CD Vol. 4 | (Anges | 54 | à | 49) | ISBN : 9787793600273 |
| CD Vol. 5 | (Anges | 48 | à | 43) | ISBN : 9787793600280 |
| CD Vol. 6 | (Anges | 42 | à | 37) | ISBN : 9787793600297 |
| CD Vol. 7 | (Anges | 36 | à | 31) | ISBN : 9787793600303 |
| CD Vol. 8 | (Anges | 30 | à | 25) | ISBN : 9787793600310 |
| CD Vol. 9 | (Anges | 24 | à | 19) | ISBN : 9787793600327 |
| CD Vol. 10 | (Anges | 18 | à | 13) | ISBN : 9787793600334 |
| CD Vol. 11 | (Anges | 12 | à | 7) | ISBN : 9787793600341 |
| CD Vol. 12 | (Anges | 6 | à | 1) | ISBN : 9787793600358 |

**COLLECTION ANGELICA MANTRA**
Par Kasara

| | |
|---|---|
| ANGELICA MANTRA Vol. 1 | ISBN : 978-2-923654-35-5 |
| ANGELICA MANTRA Vol. 2 | ISBN : 978-2-923654-36-2 |
| ANGELICA MANTRA Vol. 3 | ISBN : 978-2-923654-37-9 |
| ANGELICA MANTRA Vol. 4 | ISBN : 978-2-923654-38-6 |

**RÉUSSIR UNE ÉPREUVE – ANGE 11 LAUVIAH**
ANGELICA YOGA, COFFRET DE 2 CD
François Bouchard et Denise Fredette
ISBN : 978-2-923097-26-8

**REIYEL – CONDUIT VERS LES HAUTS SOMMETS**
CD de méditation de Jean-François Bohémier, Sonia Gagnon, François Bouchard, Denise Fredette, Kaya et Christiane Muller
ISBN : 978-2-923097-52-7

**72 ANGES**
**LES 72 PRONONCIATIONS**
Kaya et Christiane Muller
ISBN : 978-2-923097-56-5

**REHAEL...**
**RÉCEPTIVITÉ À L'AMOUR DIVIN**
François Bouchard, Jean-François Bohémier
ISBN : 978-2-922467-28-4

**DUDUK ANGEL – EYAEL**
ANGELICA CONCERT
Jean-François Bohémier
ISBN : 978-2-923654-23-2

**DISPONIBLES EN VERSION MP3 SEULEMENT SUR NOTRE SITE INTERNET WWW.UCM.CA/BOUTIQUE/MUSIQUE**

| | |
|---|---|
| **ANGE 48 MIHAEL** | - **Pratique récitatoire** |
| **ANGE 53 NANAEL** | - **Les 7 étapes du cheminement** |
| **ANGE 58 YEIALEL** | - **Prière - Je focalise sur mon plan de vie** |
| **ANGE 58 YEIALEL** | - **Le chant du regard intérieur** |
| **ANGE 58 YEIALEL** | - **Pratique récitatoire chantée -** Version courte |
| **ANGE 58 YEIALEL** | - **Pratique récitatoire chantée -** Version longue |
| **ANGE 58 YEIALEL** | - Version orchestrée avec Duduk |
| **ANGE 63 ANAUEL** | - **La perception de l'unité -** Version chantée |
| **ANGE 63 ANAUEL** | - **La perception de l'unité -** Version instrumentale |
| **ANGE 63 ANAUEL** | - **La perception de l'unité -** Version instrumentale avec Duduk |
| **PRIÈRE ARAMÈENNE** | - Version solo |
| **PRIÈRE ARAMÈENNE** | - Version trio |

**CONFÉRENCES AUDIO**
par Christiane Muller

| | |
|---|---|
| **ANGE 26 HAAIAH** | - **Savoir et savoir rester discret** |
| **ANGE 27 YERATHEL** | - **Comment aider les autres** |
| **ANGE 29 REIYEL** | - **Conduit vers les hauts sommets** |
| **ANGE 33 YEHUIAH** | - **Les hautes tensions** |
| **ANGE 39 REHAEL** | - **Père manquant, père dominant** |
| **ANGE 40 IEIAZEL** | - **Réconfort après l'épreuve** |
| **ANGE 41 HAHAHEL** | - **Mission Terra Angelica** |
| **ANGE 44 YELAHIAH** | - **Comment résoudre les conflits** |
| **ANGE 46 ARIEL** | - **Comment comprendre les nouveaux enfants** |

**CONFÉRENCES AUDIO**
par Kasara

**COMMENT COMPRENDRE LES NOUVEAUX ENFANTS**
Versions CD et mp3
ISBN : 978-2-923654-65-2)

**JE M'EXCUSE**
Versions CD et mp3
ISBN : 978-2-923654-66-9

**BORN UNDER THE STAR OF CHANGE**
CD avec13 chansons inspirantes qui touchent l'âme et l'esprit
Textes et musiques : Kaya / Production : Russ DeSalvo
Inclus, un livret de 32 pages contenant les textes des chansons et le partage de Kaya sur ses inspirations qui ont servi à leur composition.
Disponible également en format digital mp3
ISBN : 62784315908

**CONFÉRENCE AUDIO**
par Kaya
(version mp3 seulement)
**RÊVES ET SYMBOLES - Les rêves, la clé de notre futur**

**DREAM JOURNAL**
**Born Under the Star of Change**
200 pages blanches pour écrire vos rêves
ISBN : 978-2-923654-20-1

**EXPOSITION ANGELICA**
Gabriell
Peintures originales et reproductions,
cartes de souhaits, calendriers et affiches
**www.expositionangelica.ca**

**Plus d'info sur : www.ucm.ca**
**UCMFR / KAYA (OFFICIAL)**
**KAYA & CHRISTIANE MULER (OFFICIAL)**

# NOTES

# NOTES

# NOTES

NOTES

## NOTES

NOTES